L'homme sans pays et autres contes

Edward Everett Hale

Writat

Cette édition parue en 2024

ISBN : 9789359945361

Publié par
Writat
email : info@writat.com

Contenu

L'HOMME SANS PAYS.

DES PAPIERS D'INGHAM.

Cette histoire a été écrite au cours de l'été 1863, comme une contribution, aussi humble soit-elle, à la formation d'un sentiment national juste et véritable, ou d'un sentiment d'amour envers la nation. C'était à l'époque où M. Vallandigham avait été envoyé de l'autre côté de la frontière. J'avais en effet souhaité que l'histoire soit imprimée avant les élections d'automne de cette année-là, comme mon « témoignage » sur les principes impliqués dans ces élections, mais les circonstances ont retardé sa publication jusqu'à la parution du numéro de décembre de l'Atlantique.

C'est entièrement une fiction, « fondée sur des faits ». Les faits sur lesquels elle est fondée sont les suivants : Aaron Burr a navigué sur le fleuve Mississippi en 1805, de nouveau en 1806, et a été jugé pour trahison en 1807. Le reste, à une exception près, est entièrement fictif.

J'avais l'intention que l'histoire soit publiée sans nom d'auteur, autre que celui du capitaine Frederic Ingham, USN. Que j'écrive sous son nom ou sous le mien, je n'ai pris aucune liberté avec l'histoire autre que celle que tout écrivain de fiction est c'est un privilège de prendre, et c'est en fait un devoir de prendre si l'on veut écrire de la fiction.

L'histoire ayant été publiée, elle m'a échappé. A partir de ce moment, il a progressivement acquis différents accessoires, dont je ne suis pas responsable. Ainsi, j'ai entendu dire que dans un bureau du Département de la Marine, on disait que Nolan avait en fait été gracié et était rentré chez lui pour mourir. Dans un autre bureau, on me dit que la réponse aux questions est que, même s'il est vrai qu'un officier a été retenu à l'étranger toute sa vie, son nom n'était pas Nolan. Un de mes vénérables amis à Boston, qui discrédite toute tradition, se souvient encore de cette « cour martiale de Nolan ». L'un de mes plus jeunes amis les plus précis avait remarqué la mort de Nolan dans le journal, mais se souvenait « que c'était en septembre et non en août ». Une dame de Baltimore m'écrit, je crois de bonne foi, que Nolan a deux sœurs veuves qui résident dans ce quartier. Un correspondant du Philadelphia Despatch a estimé que « l'article était faux, car la corvette américaine « Levant » a été perdue en mer il y a près de trois ans, entre San Francisco et San Juan. Je peux remarquer que cette incertitude quant au lieu de sa perte ajoute plutôt à la probabilité qu'elle revienne après trois ans à Lat. 2° 11' S., Longue. 131° W. Un écrivain du New Orleans Picayune, dans un article historique minutieux, a longuement expliqué que je m'étais trompé depuis le début ; que Philip Nolan n'est jamais allé en mer, mais au Texas ; que là, il fut fusillé au combat, le 21 mars 1801, et que, sur ordre de l'Espagne, un homme sur cinq de son parti devait être fusillé, s'il n'était pas mort en prison. Mais heureusement, il laissa ses papiers et ses cartes, qui tombèrent entre les mains d'un ami du correspondant du Picayune . Cet ami se propose de les publier , et le public aura alors, espérons-le, la véritable histoire de Philip Nolan, l'homme sans patrie.

Mais avec toutes ces continuations, je n'ai rien à voir. Je ne peux que répéter que mon Philip Nolan est une pure fiction. Je ne peux pas envoyer son album à mon ami qui le demande, car je n'ai pas à l'envoyer.

Je me suis souvenu, lorsque je rassemblais des éléments pour mon histoire, que dans les galimatias du général Wilkinson, qu'il appelle ses « Mémoires », il est fréquemment fait référence à un de ses partenaires commerciaux, du nom de Nolan, qui, au tout début de cette histoire, siècle, a été tué au Texas. Chaque fois que Wilkinson se trouvait dans un bourbier plus profond que d'habitude, il se justifiait en disant qu'il ne pouvait pas expliquer telle ou telle accusation parce que "les papiers qui y faisaient référence avaient été perdus lorsque *M. Nolan* était emprisonné au Texas". Retrouvant ce personnage mythique dans les légendes mythiques d'une époque mythique, j'ai pris la liberté de lui donner un cousin, un peu plus mythique, dont les aventures devraient se dérouler sur les mers. J'avais l'impression que l'ami de Wilkinson s'appelait Stephen et c'est pour cette raison que j'ai parlé de lui dans les premières éditions de cette histoire. Mais longtemps après la publication de cet article, j'ai découvert que le journal de la Nouvelle-Orléans avait raison de dire que le héros texan s'appelait Philip Nolan.

Si je l'avais oublié, lui et son nom, je peux seulement dire que M. Jefferson, qui ne l'a pas oublié, l'a abandonné, lui et le sien, lorsque le gouvernement espagnol l'a assassiné et a emprisonné ses associés à vie. J'ai fait de mon mieux pour réparer ma faute et rappeler à la mémoire un homme courageux, en racontant son sort dans un livre intitulé « Les amis de Philip Nolan ». Le lecteur est renvoyé aux déclarations historiques contenues dans ce livre. Que le Texan Philip Nolan ait joué un rôle important, quoique oublié, dans notre histoire nationale, le lecteur le comprendra , quand je dis que la terreur du gouvernement espagnol, excité par ses aventures, a également gouverné toute sa politique à l'égard du Texas et de la Louisiane. jusqu'à ce que le dernier territoire ne leur appartienne plus.

Si un lecteur considère l'invention d'un cousin comme une trop grande liberté à prendre dans la fiction, j'ose lui rappeler que « cela fait soixante ans » ; et que j'aurais la plus haute autorité en littérature, même pour des libertés bien plus grandes prises avec des annales si éloignées de notre époque.

Un journal de Boston, en remarquant l'histoire de "My Double", contenue dans une autre partie de cette collection, a déclaré qu'elle était hautement *improbable* . J'ai toujours été d'accord avec ce critique. J'avoue avoir le même avis sur cette histoire de Philip Nolan. Il transite sur des navires qui n'existaient pas, se porte garant d'officiers qui n'ont jamais vécu. Son héros se trouve à deux ou trois endroits en même temps, selon un processus totalement impossible sous aucune administration imaginable des affaires. Lorsque mon ami, M. WH Reed, m'envoya de City Point, en Virginie, le procès-verbal du décès de PHILIP NOLAN, un nègre de Louisiane, mort pour la cause de son pays en servant dans un régiment de couleur, j'ai senti que il avait fait quelque chose pour expier la culpabilité imaginaire de l'homonyme imaginaire de son malheureux parrain.

EHE

ROXBURY, MASS., 20 mars 1886.

* * * * *

Je suppose que très peu de lecteurs occasionnels du New York Herald du 18 août ont observé, dans un coin obscur, parmi les « Décès », l' annonce suivante :

> "NOLAN. Décédé, à bord de la Corvette américaine
> Levant, Lat. 2° 11' S., Long. 131° W., le 11 mai,
> PHILIP NOLAN."

Il m'est arrivé de l'observer, parce que j'étais bloqué à l'ancienne Mission-House de Mackinaw, en attendant un bateau à vapeur du lac Supérieur qui n'a pas choisi de venir, et je dévorais jusqu'au chaume toute la littérature actuelle que je pouvais trouver. jusqu'aux décès et aux mariages rapportés dans le Herald. Ma mémoire des noms et des personnes est bonne, et le lecteur verra au fur et à mesure que j'avais suffisamment de raisons de me souvenir de Philip Nolan. Il y a des centaines de lecteurs qui se seraient arrêtés à cette annonce, si l'officier du Levant qui l'a rapporté avait voulu le faire ainsi : « Mort, le 11 mai, L'HOMME SANS PAYS. Car c'était sous le nom d'« Homme sans patrie » que le pauvre Philip Nolan était généralement connu des officiers qui le commandaient pendant une cinquantaine d'années, comme d'ailleurs de tous les hommes qui naviguaient sous leurs ordres. J'ose dire qu'il y a beaucoup d'hommes qui ont pris du vin avec eux une fois tous les quinze jours, au cours d'une croisière de trois ans, qui n'ont jamais su que son nom était « Nolan », ni si le pauvre malheureux avait un nom.

Il ne peut plus y avoir de mal à raconter l'histoire de cette pauvre créature. Il y a eu une raison suffisante jusqu'à présent, depuis la fin de l'administration de Madison en 1817, pour un secret très strict, le secret de l'honneur lui-même, entre les messieurs de la marine qui ont eu successivement Nolan à leur tête. Et cela témoigne certainement de l' *esprit de corps* de la profession et de l'honneur personnel de ses membres que le fait que l'histoire de cet homme soit restée totalement inconnue de la presse et, je pense, du pays dans son ensemble également. J'ai des raisons de penser, d'après certaines enquêtes que j'ai faites dans les Archives navales lorsque j'étais attaché au Bureau of Construction, que tous les rapports officiels le concernant ont été brûlés lorsque Ross a incendié les bâtiments publics de Washington. L'un des Tucker, ou peut-être l'un des Watson, avait Nolan aux commandes à la fin de la guerre ; et quand, au retour de sa croisière, il se présenta à Washington à l'un des Crowninshields , qui était au Département de la Marine lorsqu'il rentra chez lui, il découvrit que le Département ignorait toute l'affaire. Qu'ils n'en savaient vraiment rien ou que c'était un " *Non mi Ricordo* », déterminé comme une mesure politique, je ne le sais pas. Mais ce que je sais, c'est que depuis 1817, et peut-être avant, aucun officier de marine n'a mentionné Nolan dans son rapport de croisière.

Mais comme je l'ai dit, le secret n'est plus nécessaire. Et maintenant que le pauvre être est mort, il me semble utile de raconter un peu son histoire, afin de montrer aux jeunes Américains d'aujourd'hui ce que signifie être UN HOMME SANS PAYS .

* * * * *

Philip Nolan était un jeune officier aussi remarquable qu'il y en avait dans la « Légion de l'Ouest », comme on appelait alors la division occidentale de notre armée. Lorsqu'Aaron Burr effectua sa première expédition fringante à la Nouvelle-Orléans en 1805, à Fort Massac, ou quelque part au-dessus de la rivière, il rencontra, comme le voulait le Diable, ce jeune homme gai, fringant et brillant, lors d'un dîner. , Je pense. Burr le marquait, lui parlait, marchait avec lui, lui faisait faire un jour ou deux de voyage dans son bateau plat et, en un mot, le fascinait. L'année suivante, la vie en caserne fut très apprivoisée pour le pauvre Nolan. Il profitait parfois de la permission que le grand homme lui avait donnée pour lui écrire. De longues lettres orgueilleuses et guinchées que le pauvre garçon écrivait, réécrivait et copiait. Mais il n'a jamais eu une réponse du trompeur gay. Les autres garçons de la garnison se moquaient de lui, parce qu'il sacrifiait dans cette affection non partagée pour un homme politique le temps qu'ils consacraient à Monongahela, Hazard et High-Low-Jack. Le bourbon, l'euchre et le poker étaient encore inconnus. Mais un jour, Nolan a eu sa revanche. Cette fois, Burr descendit la rivière, non pas en avocat cherchant un siège pour son bureau, mais en conquérant déguisé. Il avait vaincu je ne sais combien de procureurs ; il avait dîné à je ne sais combien de dîners publics ; il avait été annoncé dans je ne sais combien d'Argus hebdomadaires, et le bruit courait qu'il avait une armée derrière lui et un empire devant lui. Ce fut un grand jour – son arrivée – pour le pauvre Nolan. Burr n'était pas au fort depuis une heure avant de l'envoyer chercher. Ce soir-là, il demanda à Nolan de l'emmener dans sa barque, de lui montrer une canne à sucre ou un peuplier, comme il disait, — vraiment pour le séduire ; et au moment où la navigation fut terminée, Nolan était enrôlé corps et âme. À partir de ce moment-là, même s'il ne le savait pas encore, il vécut comme UN HOMME SANS PATRIE .

Ce que Burr voulait faire, je ne le sais pas plus que vous, cher lecteur. Ce ne sont pas nos affaires pour le moment. Seulement, lorsque survint la grande catastrophe, et que Jefferson et la maison de Virginie de l'époque entreprirent de briser sur la roue tous les Clarences possibles de la maison d'York d'alors, par le grand procès pour trahison de Richmond, certains des plus petits alevins de cette lointaine vallée du Mississippi, qui était plus éloignée de nous que Puget's Sound ne l'est aujourd'hui, introduisit la même nouveauté sur leur scène provinciale et, pour passer la monotonie de l'été à Fort Adams, leva, pour *spectacles* , une série de spectacles. des cours martiales sur les officiers là-bas. Les uns et les autres colonels et majors furent jugés, et, pour compléter la liste, le petit Nolan, contre qui, Dieu sait, il y avait suffisamment de preuves, — qu'il en avait assez du service, avait bien voulu y mentir. , et aurait obéi à n'importe quel ordre de marcher n'importe où avec quiconque le suivrait si l'ordre avait été signé, "Par ordre de Son Exc. A. Burr." Les tribunaux s'éternisent. Les grosses mouches se sont échappées, à juste titre, autant que je sache. Nolan a été suffisamment reconnu coupable, comme je l'ai dit ; pourtant, vous et moi n'aurions jamais entendu parler de lui, lecteur, sans que, lorsque le président du tribunal lui demanda à la fin s'il souhaitait dire quelque chose pour montrer qu'il avait toujours été fidèle aux États-Unis, il s'écria : , dans un accès de frénésie,—

« Au diable les États-Unis ! J'aimerais ne plus jamais entendre parler des États-Unis ! »

Je suppose qu'il ne savait pas à quel point ces paroles choquaient le vieux colonel Morgan, qui tenait la cour. La moitié des officiers qui y siégeaient avaient servi pendant la Révolution, et leur vie, pour ne pas dire leur vie, avait été risquée pour cette idée même qu'il maudissait si cavalièrement dans sa folie. Lui, lui, avait grandi dans l'Ouest de l'époque, au milieu du « complot espagnol », du « complot d'Orléans » et de tout le reste. Il avait fait ses études dans une plantation où la meilleure compagnie était un officier espagnol ou un marchand français d'Orléans. Son éducation, telle qu'elle était, s'était perfectionnée lors d'expéditions commerciales à Vera Cruz, et je crois qu'il m'a raconté que son père avait engagé un jour un Anglais comme précepteur privé pour un hiver dans la plantation. Il avait passé la moitié de sa jeunesse avec un frère aîné, à chasser les chevaux au Texas ; et, en un mot, pour lui, les « États-Unis » n'étaient guère une réalité. Pourtant, il avait été nourri par les « États-Unis » pendant toutes les années depuis qu'il était dans l'armée. Il avait juré sur sa foi de chrétien d'être fidèle aux « États-Unis ». Ce sont les « États-Unis » qui lui ont donné l'uniforme qu'il portait, et l'épée à son côté. Non, mon pauvre Nolan, c'est seulement parce que les « États-Unis » vous avaient d'abord choisi comme l'un de ses hommes d'honneur de confiance que « A. Burr » se souciait un peu plus de vous que des hommes de bateau plat qui naviguaient sur son navire. arche pour lui. Je n'excuse pas Nolan; J'explique seulement au lecteur pourquoi il a damné son pays et a souhaité ne plus jamais entendre son nom.

Il n'entendit son nom qu'une fois de plus. Depuis ce moment, le 23 septembre 1807, jusqu'au jour de sa mort, le 11 mai 1863, il n'entendit plus jamais son nom. Pendant ce demi-siècle et plus, il fut un homme sans patrie.

Le vieux Morgan, comme je l'ai dit, était terriblement choqué. Si Nolan avait comparé George Washington à Benedict Arnold, ou s'il avait crié : « Que Dieu sauve le roi George », Morgan ne se serait pas senti plus mal. Il appela le tribunal dans son cabinet particulier, et revint au bout d'un quart d'heure, avec un visage comme un drap, pour dire :
"Prisonnier, écoutez la sentence de la Cour ! La Cour décide, sous réserve de l'approbation du Président, que vous n'entendrez plus jamais le nom des États-Unis."
Nolan a ri. Mais personne d'autre n'a ri. Le vieux Morgan était trop solennel et toute la pièce resta silencieuse comme la nuit pendant une minute. Même Nolan a perdu son aplomb en un instant. Puis Morgan ajouta :
"Monsieur le maréchal, emmenez le prisonnier à Orléans dans un bateau armé et livrez-le là-bas au commandant de la marine."
Le Maréchal donna ses ordres et le prisonnier fut emmené hors du tribunal.
« M. Marshal, continua le vieux Morgan, veillez à ce que personne ne mentionne les États-Unis au prisonnier. M. Marshal, présentez mes respects au lieutenant Mitchell à Orléans et demandez-lui d'ordonner que personne ne mentionne les États-Unis au prisonnier. " Le prisonnier pendant qu'il est à bord du navire. Vous recevrez ce soir vos ordres écrits de l'officier de service ici. L'audience est ajournée sans jour. "
J'ai toujours supposé que le colonel Morgan lui-même avait emmené les débats du tribunal à Washington City et les avait expliqués à M. Jefferson. Il est certain que le président les a approuvés, — certain, du moins, si j'en crois les hommes qui disent avoir vu sa signature. Avant que le Nautilus ne quitte la Nouvelle-Orléans pour se rendre sur la côte nord de l'Atlantique avec le prisonnier à bord, la sentence avait été approuvée et il était un homme sans pays.
Le plan alors adopté était sensiblement le même qui fut nécessairement suivi depuis toujours. Peut-être que cela était suggéré par la nécessité de l'envoyer par eau depuis Fort Adams et Orléans. Le secrétaire à la Marine – ce devait être le premier Crowninshield , bien que ce soit un homme dont je ne me souviens pas – fut prié de mettre Nolan à bord d'un navire gouvernemental à destination d'une longue croisière et d'ordonner qu'il ne soit que dans la mesure du possible. confiné là pour s'assurer qu'il n'a jamais vu ni entendu parler du pays. Nous faisions alors peu de longues croisières et la marine était très en disgrâce ; et comme presque toute cette histoire est traditionnelle, comme je l'ai expliqué, je ne sais avec certitude quelle fut sa première croisière. Mais le commandant à qui il était confié , — c'était peut-être Tingey ou Shaw, bien que je pense que c'était l'un des plus jeunes hommes — nous sommes tous assez vieux maintenant — réglementait l'étiquette et les précautions de l'affaire, et selon son plan, ils ont été exécutés, je suppose, jusqu'à la mort de Nolan.

Lorsque j'étais second officier de l'Intrepid, quelque trente ans plus tard, j'ai vu le document d'instructions original. Depuis, je suis désolé de ne pas l'avoir copié en entier. Cependant, cela se passait de la manière suivante :

"WASHINGTON (avec une date tardive en 1807).

" MONSIEUR, — Vous recevrez du lieutenant Neale la personne de Philip Nolan, défunt lieutenant dans l'armée des États-Unis.

"Cette personne, lors de son procès devant une cour martiale, a exprimé sous serment le souhait de ne plus jamais entendre parler des États-Unis".

"Le tribunal l'a condamné à ce que son souhait soit exaucé.

"Pour le moment, l'exécution de l'ordre est confiée par le Président à ce Département.

"Vous emmènerez le prisonnier à bord de votre navire et l'y garderez avec toutes précautions qui empêcheront son évasion.

"Vous lui fournirez les logements, les rations et les vêtements qui conviendraient à un officier de son dernier grade, s'il était passager sur votre navire pour les affaires de son gouvernement .

"Les messieurs à bord prendront toutes les dispositions qui leur conviennent concernant sa société. Il ne doit être exposé à aucune indignité d'aucune sorte, et il ne faut jamais lui rappeler inutilement qu'il est prisonnier.

"Mais en aucune circonstance il ne doit jamais entendre parler de son pays ni voir aucune information le concernant, et vous avertirez particulièrement tous les officiers sous votre commandement de veiller à ce que, dans les diverses indulgences qui pourront être accordées, cette règle, dans lequel sa punition est impliquée, ne sera pas brisé.

« L'intention du gouvernement est qu'il ne reverra plus jamais le pays qu'il a renié. Avant la fin de votre croisière , vous recevrez des ordres qui donneront effet à cette intention.

"Respectueusement vôtre,

"W. SOUTHARD, pour le Secrétaire de la Marine."

Si seulement j'avais conservé la totalité de ce papier, il n'y aurait pas de rupture dans le début de mon esquisse de cette histoire. Car le capitaine Shaw, si c'était lui, l' a remis à son successeur dans la charge, et lui au sien, et je suppose que le commandant du Levant l'a aujourd'hui comme autorité pour garder cet homme sous cette douce garde.

La règle adoptée à bord des navires sur lesquels j'ai rencontré « l'homme sans patrie » a été, je pense, transmise dès l'origine. Aucun désordre n'aimait l'avoir en permanence, parce que sa présence coupait toute conversation sur la maison ou sur la perspective d'un retour, de politique ou de lettres, de paix ou de guerre, et coupait plus de la moitié des conversations que les hommes aimaient avoir en mer. Mais on a toujours pensé trop fort qu'il ne devrait jamais nous rencontrer, sauf pour toucher des chapeaux, et nous avons finalement sombré dans un seul système. Il n'était pas autorisé à parler avec les hommes, à moins qu'un officier ne soit présent. Avec les officiers, il avait des relations sexuelles sans restriction, autant qu'eux et lui le souhaitaient. Mais il est devenu timide, même s'il avait des favoris : j'en faisais partie. Ensuite, le capitaine l'invitait toujours à dîner le lundi. Chaque gâchis successif répondit à l'invitation à son tour. Selon la taille du navire, vous l'aviez plus ou moins souvent à votre mess au dîner. Il prenait son petit-déjeuner dans sa propre cabine, — il avait toujours une cabine d'apparat, — où une sentinelle ou quelqu'un de garde pouvait voir la porte. Et tout ce qu'il mangeait ou buvait, il mangeait ou buvait seul. Parfois, lorsque les marines ou les marins avaient une réjouissance particulière, ils étaient autorisés à inviter des « Plain-Buttons », comme ils l'appelaient. Ensuite, Nolan fut envoyé avec un officier, et il fut interdit aux hommes de parler de chez eux pendant qu'il était là. Je crois à la théorie selon laquelle la vue de sa punition leur a fait du bien. On l'appelait « Plain-Buttons », car, s'il choisissait toujours de porter un uniforme réglementaire de l'armée, il n'était pas autorisé à porter le bouton de l'armée, car il portait soit les initiales, soit les insignes du pays dans lequel il se trouvait. avait renié.

Je me souviens que peu de temps après avoir rejoint la marine, j'étais à terre avec quelques-uns des officiers les plus âgés de notre navire et du Brandywine, que nous avions rencontrés à Alexandrie. Nous avions la permission de faire une fête et de monter au Caire et aux Pyramides. Pendant que nous courions (vous alliez alors à dos d'âne), quelques messieurs (nous, les garçons, les appelions « Dons », mais l'expression avait depuis longtemps changé) se mirent à parler de Nolan, et quelqu'un raconta le système qui avait été adopté depuis l'époque. d'abord à propos de ses livres et autres lectures. Comme il n'était presque jamais autorisé à descendre à terre, même si le navire restait au port pendant des mois, son temps, au mieux, était lourd ; et chacun était autorisé à lui prêter des livres, s'ils n'étaient pas publiés en Amérique et n'y faisaient aucune allusion. C'était assez courant autrefois, quand les gens de l'autre hémisphère parlaient aussi peu des États-Unis que nous du Paraguay. Il possédait presque tous les papiers étrangers qui arrivaient tôt ou tard à bord du navire ; il suffit que quelqu'un les examine d'abord et supprime toute publicité ou paragraphe parasite faisant allusion à

l'Amérique. C'était parfois un peu cruel, quand le dos de ce qui était découpé pouvait être aussi innocent qu'Hésiode. En plein milieu d'une bataille de Napoléon ou d'un discours de Canning, le pauvre Nolan trouvait un grand trou, car au verso de la page de ce journal il y avait une annonce d'un paquet pour New York, ou un morceau de papier provenant de New York. le message du Président. Je dis que c'était la première fois que j'entendais parler de ce projet, dont j'ai ensuite eu assez et plus qu'assez de choses à faire. Je m'en souviens, parce que le pauvre Phillips, qui était de la partie, dès que l'allusion à la lecture fut faite, raconta l'histoire de quelque chose qui s'était passé au cap de Bonne-Espérance lors du premier voyage de Nolan ; et c'est la seule chose que j'ai jamais connue de ce voyage. Ils avaient touché au Cap et avaient fait affaire civile avec l'amiral anglais et la flotte, puis, partant pour une longue croisière dans l'océan Indien, Phillips avait emprunté à un officier beaucoup de livres anglais qui, dans ces jours, comme d'ailleurs pendant ces jours-là, c'était une véritable aubaine. Parmi eux, comme le Diable l'ordonnerait, se trouvait le « Lay du dernier ménestrel », dont ils avaient tous entendu parler, mais que la plupart d'entre eux n'avaient jamais vu. Je pense qu'il n'aurait pas pu être publié longtemps. Eh bien, personne ne pensait qu'il pouvait y avoir un quelconque risque de quelque chose de national là-dedans, même si Phillips avait juré que le vieux Shaw avait coupé la "Tempête" de Shakespeare avant de le laisser à Nolan, parce qu'il disait "les Bermudes devraient être à nous, et, par Jupiter, ça devrait être un jour." Nolan a donc été autorisé à rejoindre le cercle un après-midi alors que beaucoup d'entre eux étaient assis sur le pont, fumant et lisant à haute voix. Les gens ne font plus ce genre de choses si souvent maintenant, mais quand j'étais jeune , nous perdions beaucoup de temps. Eh bien, il se trouve qu'à son tour Nolan prend le livre et le lit aux autres ; et il lisait très bien, comme je le sais. Personne dans le cercle ne connaissait un vers du poème, seulement c'était de la magie et de la chevalerie frontalière, et c'était il y a dix mille ans. Le pauvre Nolan lut régulièrement le cinquième chant, s'arrêta une minute et but quelque chose, puis commença, sans penser à ce qui allait arriver :
"Respire là l'homme, à l'âme si morte,
Qui ne s'est jamais dit: "-
Il nous semble impossible que quelqu'un ait jamais entendu cela pour la première fois ; mais tous ces gens l'ont fait alors, et le pauvre Nolan lui-même a continué, toujours inconsciemment ou machinalement :
"C'est ma propre terre, ma terre natale !"
Puis ils ont tous compris qu'il fallait payer ; mais il s'attendait à s'en sortir, je suppose, il devint un peu pâle, mais se lança :
"Dont le cœur n'a jamais brûlé en lui,
En rentrant chez lui, ses pas se sont retournés
                D'avoir erré sur un rivage étranger ?
S'il y en a qui respirent, allez, remarquez-le bien, "—

À ce moment-là, les hommes étaient tous hors d'eux-mêmes, souhaitant qu'il y ait un moyen de lui faire tourner deux pages ; mais il n'avait pas vraiment de présence d'esprit pour cela ; il eut un petit haut-le-cœur, devint cramoisi, et continua à chanceler :
"Pour lui, aucun ravissement de ménestrel ne gonfle ;
Malgré ses titres, fier de son nom,
Sa richesse est illimitée comme le souhaite peut le prétendre,
Malgré ces titres, ce pouvoir et ce pouvoir,
Le misérable, concentré tout en lui-même, "-
Et ici, le pauvre garçon s'étouffa, ne put continuer, mais sursauta, balança le livre dans la mer, disparut dans sa chambre d'apparat. "Et par Jupiter," dit Phillips, "nous ne l'avons pas revu pendant deux mois. Et j'ai dû inventer une histoire misérable à ce chirurgien anglais pour expliquer pourquoi je ne lui avais pas rendu son Walter Scott.
Cette histoire raconte l'époque où la fanfaronnade de Nolan a dû s'effondrer. Au début, disait-on, il prenait un ton très haut, considérait son emprisonnement comme une farce, affectait de jouir du voyage, et tout ça ; mais Phillips a déclaré qu'après être sorti de sa cabine, il n'était plus jamais le même homme. Il ne lisait plus jamais à haute voix, sauf s'il s'agissait de la Bible, de Shakespeare ou de quelque chose d'autre dont il était sûr. Mais ce n'était pas simplement cela. Il n'est plus jamais entré avec les autres jeunes gens exactement comme compagnon. Il a toujours été timide par la suite, quand je l'ai connu, et parlait très rarement, à moins qu'on lui parle, sauf à très peu d'amis. Il s'éclairait de temps en temps — je me souviens l'avoir entendu assez tard dans sa vie assez éloquent sur quelque chose qui lui avait été suggéré par un sermon de Fléchier — mais en général il avait l'air nerveux et fatigué d'un homme blessé au cœur.
Lorsque le capitaine Shaw rentrait à la maison, — si, comme je l'ai dit, c'était Shaw —, à la surprise générale , ils firent partie des îles du Vent et y restèrent en repos pendant près d'une semaine. Les garçons ont dit que les officiers en avaient assez des cochonneries salées et qu'ils avaient l'intention de manger de la soupe aux tortues avant de rentrer à la maison. Mais après plusieurs jours, le Warren arriva au même rendez-vous ; ils échangèrent des signaux ; elle envoya à Phillips et à ces hommes de retour des lettres et des papiers, et leur dit qu'elle était en route, peut-être vers la Méditerranée, et ramena le pauvre Nolan et ses pièges sur le bateau pour tenter sa deuxième croisière. Il avait l'air très vide lorsqu'on lui a dit de se préparer à la rejoindre. Il connaissait suffisamment les signes du ciel pour savoir que jusqu'à ce moment il rentrait « chez lui ». Mais c'était là une preuve évidente de quelque chose auquel il n'avait peut-être pas pensé : il ne pouvait pas rentrer chez lui, même en prison. Et ce fut le premier d'une vingtaine de transferts de ce genre, qui l'amenèrent tôt ou tard sur la moitié de nos meilleurs navires, mais

qui le retinrent toute sa vie à au moins quelques centaines de milles du pays dont il avait espéré ne plus jamais entendre parler.

C'est peut-être lors de cette deuxième croisière, — c'était une fois, alors qu'il remontait la Méditerranée, — que Mme Graff, la célèbre beauté méridionale de l'époque, a dansé avec lui. Ils reposaient depuis longtemps dans la baie de Naples, et les officiers étaient très intimes dans la flotte anglaise, et il y avait eu de grandes festivités, et nos hommes pensèrent qu'ils devaient donner un grand bal à bord du navire. Comment ont-ils fait cela à bord du « Warren », je suis sûr de ne pas le savoir. Peut-être que ce n'était pas le « Warren », ou peut-être que les dames n'occupaient pas autant de place qu'aujourd'hui. Ils voulaient utiliser la cabine de Nolan pour quelque chose, et ils détestaient le faire sans l'inviter au bal ; alors le capitaine a dit qu'ils pourraient lui demander, s'ils seraient responsables qu'il ne parle pas avec les mauvaises personnes, "qui lui donnerait des renseignements". Ainsi la danse continua, la plus belle fête qui ait jamais été connue, j'ose dire ; car je n'ai jamais entendu parler d'un ballon de guerre qui ne l'était pas. Pour dames, ils avaient la famille du consul américain, un ou deux voyageurs qui avaient aventuré jusqu'ici, et une jolie bande de jeunes filles et de matrones anglaises, peut-être Lady Hamilton elle-même.

Eh bien, différents officiers se sont relayés en se levant et en discutant amicalement avec Nolan, afin d'être sûrs que personne d'autre ne lui parlait. La danse continua avec entrain, et au bout d'un moment même les camarades qui prenaient cette garde honoraire de Nolan cessèrent de craindre aucun *contretemps* . Ce n'est que lorsqu'une dame anglaise – Lady Hamilton, comme je l'ai dit, peut-être – a demandé une série de « danses américaines », qu'une chose étrange s'est produite. Tout le monde a ensuite dansé des contre-danses. Le groupe noir, qui n'avait rien de répugnant, discuta de ce qu'étaient les « danses américaines » et commença par un « Virginia Reel », qu'il suivit de « Money-Musk », qui, à son tour, à cette époque, aurait dû être suivi. par "Les vieux treize". Mais juste au moment où Dick, le chef, tapait pour que ses violons commencent, et se penchait en avant, sur le point de dire, dans un véritable état de nègre : « Le Vieux Treize, messieurs et dames ! » comme il l'avait dit "" Virginny Reel ", s'il vous plaît!" et "'Money-Musk', s'il vous plaît!" le garçon du capitaine lui tapota l'épaule, lui murmura quelque chose, et il ne prononça pas le nom de la danse ; il s'est contenté de s'incliner, a commencé à parler, et ils sont tous tombés. Les officiers apprenaient la figure aux jeunes Anglaises, mais ne leur disaient pas pourquoi elle n'avait pas de nom.

Mais ce n'est pas l'histoire que j'ai commencé à raconter . Au fur et à mesure que la danse avançait, Nolan et nos camarades se sentaient tous à l'aise, comme je l'ai dit, à tel point qu'il lui semblait tout à fait naturel de s'incliner devant cette splendide Mme. Graff, et dis :

"J'espère que vous ne m'avez pas oublié, Miss Rutledge. Aurai-je l'honneur de danser ?"

Il le fit si vite que Fellows, qui était à ses côtés, ne put l'en empêcher. Elle a ri et a dit :

"Je ne suis plus Miss Rutledge, M. Nolan; mais je danserai quand même", se contenta de faire un signe de tête à Fellows, comme pour lui dire qu'il devait lui laisser M. Nolan, et il l'emmena à l'endroit où se déroulait la danse. se formait.

Nolan pensait avoir eu sa chance. Il l'avait connue à Philadelphie et l'avait rencontrée ailleurs, et c'était une aubaine. On ne pouvait pas parler dans les contre-danses, comme on le fait dans les cotillons, ni même dans les pauses des valses ; mais il y avait des chances pour les langues et les sons, ainsi que pour les yeux et les rougeurs. Il a commencé par ses voyages, et l'Europe, et le Vésuve, et les Français ; puis, quand ils eurent fini de travailler et eurent ce long temps de conversation au bas du décor, il dit hardiment, — un peu pâle, dit-elle, en me racontant l'histoire, des années après, —

"Et qu'entendez-vous de chez vous, Mme Graff ?"

Et cette splendide créature le regardait. Jupiter! comme elle a dû le regarder à travers lui !

"À la maison !! M. Nolan !!! Je pensais que vous étiez l'homme qui ne voulait plus jamais entendre parler de chez lui!" - et elle monta directement sur le pont vers son mari et laissa le pauvre Nolan seul, comme il l'était toujours . Il n'a plus dansé.

Je ne peux pas donner de lui une histoire avec ordre ; personne ne le peut maintenant ; et, en effet, je n'essaie pas de le faire. Ce sont ces traditions que je démêle, comme je les crois, des mythes qu'on raconte sur cet homme depuis quarante ans. Les mensonges qui ont été racontés à son sujet sont légion. Les gars disaient qu'il était le « Masque de Fer » ; et le pauvre George Pons alla jusqu'à sa tombe, croyant que c'était l'auteur de « Junius », qui était puni pour sa célèbre diffamation contre Thomas Jefferson. Pons n'était pas très fort dans la ligne historique. Une histoire plus heureuse que celle que j'ai racontée est celle de la guerre. Cela est arrivé peu de temps après. J'ai entendu raconter cette affaire de trois ou quatre manières, et, en effet, cela s'est peut-être produit plus d'une fois. Mais sur quel navire il se trouvait, je ne peux pas le dire. Cependant, dans l'un au moins des grands duels de frégates avec les Anglais, dans lequel la marine fut réellement baptisée, il arriva qu'un coup rond de l'ennemi pénétra dans la place d'un de nos ports et abattit de plein fouet l' officier de l'arme lui-même, et presque tous les hommes de l'équipage de l'arme. Maintenant, vous pouvez dire ce que vous voulez en matière de courage, mais ce n'est pas une chose agréable à voir. Mais, tandis que les hommes qui n'avaient pas été tués se relevaient et qu'eux et les gens du chirurgien emportaient les corps, Nolan apparut, en manches de chemise, le pilon à la main, et, comme s'il avait été l'officier, leur a dit avec autorité, - qui

devrait aller au cockpit avec les blessés, qui devrait rester avec lui, - parfaitement joyeux, et avec cette manière qui donne aux hommes la certitude que tout va bien et que tout ira bien. . Et il acheva de charger le fusil de ses propres mains, le visa et ordonna aux hommes de tirer. Et il resta là, capitaine de ce canon, gardant ces gars dans le moral jusqu'à ce que l'ennemi frappât, - assis sur le chariot pendant que le canon refroidissait, bien qu'il fût tout le temps exposé, - leur montrant des moyens plus faciles de manier les tirs lourds, — faisant rire les mains brutes de leurs propres erreurs, — et lorsque l'arme refroidissait à nouveau, la chargeant et tirant deux fois plus souvent que n'importe quelle autre arme à bord du navire. Le capitaine s'avança pour encourager les hommes, et Nolan toucha son chapeau et dit :
"Je leur montre comment nous procédons dans l'artillerie, monsieur."
Et c'est la partie de l'histoire où toutes les légendes s'accordent ; et le commodore dit :
"Je vois que vous le faites, et je vous remercie, monsieur ; et je n'oublierai jamais ce jour, monsieur, et vous ne l'oublierez jamais, monsieur."
Et une fois que tout fut fini, et qu'il eut l'épée de l'Anglais, au milieu de l'état et de la cérémonie du gaillard d'arrière, il dit :
"Où est M. Nolan ? Demandez à M. Nolan de venir ici."
Et quand Nolan arriva, le capitaine dit :
"M. Nolan, nous vous sommes tous très reconnaissants aujourd'hui ; vous êtes l'un des nôtres aujourd'hui ; vous serez nommé dans les dépêches ."
Et puis le vieil homme ôta sa propre épée de cérémonie, la donna à Nolan et lui fit la mettre. C'est l'homme qui m'a dit qui l'a vu. Nolan a pleuré comme un bébé, et c'est bien possible. Il n'avait pas porté d'épée depuis ce jour infernal à Fort Adams. Mais toujours après, lors des cérémonies, il portait cette vieille épée française pittoresque du commodore.
Le capitaine l'a mentionné dans les dépêches . On a toujours dit qu'il demandait à être gracié. Il écrivit une lettre spéciale au secrétaire à la Guerre. Mais rien n'en est jamais sorti. Comme je l'ai dit, c'est à peu près à cette époque qu'ils ont commencé à ignorer l'ensemble de la transaction à Washington et que l'emprisonnement de Nolan a commencé à se poursuivre parce qu'il n'y avait personne pour l'arrêter sans de nouveaux ordres de chez lui.
J'ai entendu dire qu'il était avec Porter lorsqu'il a pris possession des îles Nukahiwa . Pas ce Porter, vous savez, mais le vieux Porter, son père, Essex Porter, c'est-à-dire le vieux Essex Porter, pas cet Essex. En tant qu'officier d'artillerie ayant servi dans l'Ouest, Nolan en savait plus que n'importe lequel d'entre eux sur les fortifications, les embrasures, les ravelins, les palissades et tout le reste ; et il a travaillé avec bonne volonté pour réparer cette batterie. J'ai toujours pensé que c'était dommage que Porter ne l'ait pas laissé aux commandes avec Gamble. Cela aurait réglé toute la question de sa punition. Nous aurions dû conserver les îles et, à l'heure actuelle, nous devrions avoir

une seule station dans l'océan Pacifique. Nos amis français aussi, lorsqu'ils voulaient ce petit point d'eau, auraient trouvé qu'il était préoccupé. Mais Madison et les Virginiens, bien sûr, ont rejeté tout cela.

Tout cela s'est passé il y a près de cinquante ans . Si Nolan avait alors trente ans, il devait en avoir près de quatre-vingts lorsqu'il est mort. Il avait l'air de soixante ans quand il en avait quarante. Mais il ne m'a jamais semblé changer de cheveux par la suite. Si j'imagine sa vie, d'après ce que j'en ai vu et entendu, il a dû être sur toutes les mers, et pourtant presque jamais sur terre. Il a dû connaître, de manière formelle, plus d'officiers dans notre service que n'importe quel homme vivant n'en connaît. Il m'a dit un jour, avec un sourire grave, qu'aucun homme au monde ne menait une vie aussi méthodique que lui. "Tu sais que les garçons disent que je suis le Masque de Fer, et tu sais à quel point il était occupé." Il a dit qu'il n'était pas pertinent pour quiconque d'essayer de lire tout le temps, pas plus que de faire autre chose tout le temps ; mais qu'il ne lisait que cinq heures par jour. « Alors, dit-il, j'entretiens mes cahiers, j'y écrivais à telle ou telle heure ce que j'ai lu ; et j'y inclut mes carnets de coupures. C'étaient vraiment très curieux. Il en avait six ou huit, de sujets différents. Il y en avait un sur l'histoire, un sur les sciences naturelles, un qu'il appelait « De tout et de rien ». Mais il ne s'agissait pas simplement de recueils d'extraits de journaux. Ils portaient des morceaux de plantes et des rubans, des coquillages attachés et des morceaux d'os et de bois sculptés, qu'il avait appris aux hommes à couper pour lui, et ils étaient magnifiquement illustrés. Il dessinait admirablement. Il y avait là certains des dessins les plus drôles et certains des plus pathétiques que j'aie jamais vu de ma vie. Je me demande qui aura les albums de Nolan.

Eh bien, il a dit que ses lectures et ses notes étaient son métier, et qu'elles lui prenaient respectivement cinq heures et deux heures par jour. « Alors, dit-il, chaque homme devrait avoir une diversion aussi bien qu'une profession. Mon histoire naturelle est ma diversion. Cela prenait deux heures de plus par jour. Les hommes lui apportaient des oiseaux et des poissons, mais lors d'une longue croisière, il devait se contenter de mille-pattes, de cafards et de tout petit gibier. C'était le seul naturaliste que j'aie jamais rencontré qui connaisse quelque chose des habitudes de la mouche domestique et du moustique. Tous ces gens peuvent vous dire s'il s'agit *de Lépidoptères* ou *de Steptopoteras* ; mais quant à savoir comment vous pouvez vous en débarrasser, ou comment ils vous échappent lorsque vous les frappez, pourquoi Linné en savait aussi peu que John Foy, l'idiot. Ces neuf heures constituaient l'« occupation » quotidienne habituelle de Nolan. Le reste du temps, il parlait ou marchait. Jusqu'à ce qu'il devienne très vieux, il monta beaucoup. Il continuait toujours son exercice ; et je n'ai jamais entendu dire qu'il était malade. Si un autre homme était malade, il était le meilleur infirmier du monde ; et il savait que plus de la moitié des chirurgiens le faisaient. Ainsi, si quelqu'un tombait malade ou mourait, ou si le capitaine le souhaitait, à toute autre occasion, il était toujours prêt à lire les prières. J'ai dit qu'il lisait magnifiquement.

Ma propre connaissance de Philip Nolan a commencé six ou huit ans après la guerre, lors de mon premier voyage après avoir été nommé aspirant. C'était dans les premiers jours après notre traité de traite des esclaves, alors que la Maison régnante, qui était encore la Maison de Virginie, avait encore une sorte de sentimentalisme à l'égard de la suppression des horreurs du Passage du Milieu, et quelque chose était parfois fait de cette façon. . Nous étions dans l'Atlantique Sud pour cette affaire. Dès mon arrivée, je crois que je pensais que Nolan était une sorte d' aumônier laïc, un aumônier avec un manteau bleu. Je n'ai jamais posé de questions sur lui. Tout à bord du navire m'était étrange. Je savais que c'était vert pour poser des questions, et je suppose que je pensais qu'il y avait un « Plain-Buttons » sur chaque navire. Nous le faisions dîner dans notre mess une fois par semaine, et il était averti que ce jour-là, il ne fallait rien dire de la maison. Mais s'ils nous avaient dit de ne rien dire sur la planète Mars ou sur le Livre du Deutéronome, je n'aurais pas demandé pourquoi ; il y avait beaucoup de choses qui me semblaient avoir aussi peu de raison. J'ai compris pour la première fois quelque chose à « l'homme sans patrie » un jour où nous rénovions une sale petite goélette qui transportait des esclaves. Un officier fut envoyé pour la prendre en charge, et, au bout de quelques minutes, il renvoya son bateau pour demander qu'on lui envoie quelqu'un qui parlât portugais. Nous regardions tous par-dessus le bastingage lorsque le message est arrivé et nous souhaitions tous pouvoir interpréter lorsque le capitaine a demandé qui parlait portugais. Mais aucun des officiers ne l'a fait ; et juste au moment où le capitaine envoyait demander si quelqu'un pouvait le faire, Nolan sortit et dit qu'il serait heureux d'interpréter, si le capitaine le souhaitait, comme il comprenait la langue. Le capitaine l'a remercié, a aménagé un autre bateau avec lui, et dans ce bateau c'était ma chance d'y aller.

Quand nous sommes arrivés là-bas, c'était une scène comme on en voit rarement et qu'on ne veut jamais voir. La méchanceté dépasse toute explication et le chaos se déchaîne au milieu de la méchanceté. Il n'y avait pas beaucoup de nègres ; mais pour faire comprendre à ceux qui étaient présents qu'ils étaient libres, Vaughan s'était fait enlever les menottes et les menottes aux chevilles et, pour des raisons de commodité, il les confiait aux coquins de l'équipage de la goélette. Les nègres étaient, pour la plupart, hors de la cale et grouillaient tout autour du pont sale, avec une foule centrale entourant Vaughan et s'adressant à lui dans tous les dialectes et *patois* d'un dialecte, du zoulou jusqu'au parisien de Beledeljereed . .

Alors que nous arrivions sur le pont, Vaughan baissa les yeux du haut d'un tonneau sur lequel il était monté en désespoir de cause et dit :

"Pour l'amour de Dieu, y a-t-il quelqu'un qui puisse faire comprendre quelque chose à ces misérables ? Les hommes leur ont donné du rhum, et cela ne les a pas calmés. J'ai renversé ce gros gaillard deux fois, et cela ne l'a pas apaisé. Et puis j'ai parlé à Choctaw à tous ensemble ; et je serai pendu s'ils ont compris cela aussi bien qu'ils ont compris les Anglais. »

Nolan a déclaré qu'il pouvait parler portugais, et un ou deux beaux Kroomen ont été traînés dehors, qui, comme on l'avait déjà découvert, avaient travaillé pour les Portugais sur la côte de Fernando Po.

« Dites-leur qu'ils sont libres », a déclaré Vaughan ; "et dites-leur que ces coquins doivent être pendus dès que nous aurons suffisamment de corde."

Nolan « a mis cela en espagnol », c'est-à-dire qu'il l'a expliqué dans le portugais que les Kroomen pouvaient comprendre, et eux à leur tour à ceux des nègres qui pouvaient les comprendre. Puis il y eut un tel cri de joie, des claquements de poings, des sauts et des danses, des baisers aux pieds de Nolan, et une ruée générale vers la baraque en guise d'adoration spontanée de Vaughan, en tant que deus *ex machina* de l'occasion.

"Dites-leur ", dit Vaughan, très content, "que je les emmènerai tous au Cap Palmas."

Cela n'a pas si bien répondu. Le Cap Palmas était pratiquement aussi éloigné de la plupart d'entre eux que la Nouvelle-Orléans ou Rio Janeiro ; c'est-à-dire qu'ils seraient éternellement séparés de leur foyer là-bas. Et leurs interprètes, comme nous pouvions le comprendre, dirent aussitôt : « *Ah, non Palmas* » et commencèrent à proposer une infinité d'autres expédients dans un langage des plus volubile. Vaughan fut plutôt déçu du résultat de sa libéralité et demanda avec impatience à Nolan ce qu'ils disaient. Les gouttes tombèrent sur le front blanc du pauvre Nolan, tandis qu'il faisait taire les hommes et disait :

"Il dit : 'Pas Palmas.' Il dit : « Ramenez-nous à la maison, emmenez-nous dans notre propre pays, emmenez-nous dans notre propre maison, emmenez-nous chez nos propres pickaninnies et nos propres femmes. » Il dit qu'il a un vieux père et une vieille mère qui mourront s'ils ne le voient pas. Et celui-ci dit qu'il a laissé son peuple tout malade et qu'il a pagayé jusqu'à Fernando pour supplier le médecin blanc de venir les aider, et que ces démons " Je l'ai surpris dans la baie, juste en vue de chez moi, et qu'il n'a jamais revu personne de chez lui depuis lors. Et celui-ci dit, " s'étrangla Nolan, " qu'il n'a pas eu de nouvelles de chez lui depuis six mois, alors qu'il a été enfermé dans un barracoon infernal.

Vaughan a toujours dit qu'il devenait lui-même gris tandis que Nolan avait du mal à comprendre cette interprétation. Moi qui ne comprenais rien à la passion qu'il y avait là, je voyais que les éléments mêmes fondaient avec une chaleur fervente, et que quelque chose devait payer quelque part. Même les nègres eux-mêmes cessèrent de hurler, lorsqu'ils virent l'agonie de Nolan et l'agonie de sympathie presque égale de Vaughan. Aussi vite qu'il put trouver ses mots, il dit :

"Dites-leur oui, oui, oui ; dites-leur qu'ils iront aux Montagnes de la Lune, s'ils le veulent. Si je fais naviguer la goélette à travers le Grand Désert Blanc, ils rentreront chez eux !"

Et d'une manière ou d'une autre, Nolan l'a dit. Et puis ils recommencèrent tous à l'embrasser et voulurent lui frotter le nez avec le leur.

Mais il ne put le supporter longtemps ; et faisant dire à Vaughan qu'il pourrait rentrer , il m'a fait signe de monter dans notre bateau. Alors que nous nous étendions dans les écoutes arrière et que les hommes cédaient, il me dit : « Jeune, que cela te montre ce que c'est que d'être sans famille, sans foyer et sans pays. Et si jamais tu es Si vous êtes tenté de dire un mot ou de faire quelque chose qui mettrait un obstacle entre vous et votre famille, votre maison et votre pays, priez Dieu dans sa miséricorde de vous ramener cet instant chez vous, dans son propre paradis. Restez près de votre famille, mon garçon. ; oublie que tu as un moi, pendant que tu fais tout pour eux. Pense à ta maison, mon garçon ; écris, envoie et parle-en. Qu'elle soit de plus en plus proche de ta pensée, plus tu dois t'en éloigner ; et reviens-y, quand tu seras libre, comme ce pauvre esclave noir le fait maintenant. Et pour ton pays, mon garçon, " et les mots claquaient dans sa gorge, " et pour ce drapeau, " et il montra le navire, " ne rêve jamais que de la servir comme elle te l'ordonne, même si ce service te transporte à travers mille enfers. Peu importe ce qui t'arrive, peu importe qui te flatte ou qui t'insulte, ne regarde jamais un autre drapeau, ne laisse jamais passer une nuit. passez mais vous priez Dieu de bénir ce drapeau. Souviens-toi, mon garçon, que derrière tous ces hommes avec qui tu as affaire, derrière les officiers, le gouvernement et même les gens, il y a le pays lui-même, ton pays, et que tu lui appartiens comme tu appartiens à ta propre mère. Reste à ses côtés, mon garçon, comme tu serais aux côtés de ta mère, si ces démons là-bas s'étaient emparés d'elle aujourd'hui ! »

J'étais mort de peur devant sa passion calme et dure, mais j'ai fait une gaffe, en disant que je le ferais, par tout ce qui était sacré, et que je n'avais jamais pensé à faire autre chose. Il semblait à peine m'entendre ; mais il dit presque à voix basse : « Oh, si quelqu'un me l'avait dit quand j'avais ton âge !

Je crois que c'est cette demi-confiance de sa part, dont je n'ai jamais abusé, car je n'ai jamais raconté cette histoire jusqu'à présent, qui nous a fait depuis de grands amis. Il était très gentil avec moi. Souvent, il s'asseyait, ou même se levait, la nuit, pour se promener sur le pont avec moi, quand c'était mon quart. Il m'a expliqué une grande partie de mes mathématiques, et je lui dois mon goût pour les mathématiques. Il m'a prêté des livres et m'a aidé dans mes lectures. Il n'a plus jamais fait allusion aussi directement à son histoire ; mais de tel ou tel officier, j'ai appris, en trente ans, ce que je dis. Lorsque nous l'avons quitté dans le port de Saint-Thomas, à la fin de notre croisière, j'étais plus désolé que je ne peux le dire. J'étais très heureux de le revoir en 1830 ; et plus tard dans ma vie, alors que je pensais avoir une certaine influence à Washington, j'ai remué ciel et terre pour le faire renvoyer. Mais c'était comme sortir un fantôme de prison. Ils ont prétendu qu'un tel homme n'existait pas et qu'il n'y en a jamais eu. Ils le diront au Département maintenant ! Peut-être qu'ils ne le savent pas. Ce ne sera pas la première chose au service de laquelle le Département semble ne rien savoir !

On raconte que Nolan a rencontré Burr une fois sur l'un de nos navires, lorsqu'un groupe d'Américains est monté à bord en Méditerranée. Mais je crois que c'est un mensonge ; ou plutôt, c'est un mythe, *ben trovato*, impliquant une explosion formidable avec laquelle il a coulé Burr, — en lui demandant comment il aimait être « sans pays ». Mais il ressort clairement de la vie de Burr que rien de tel n'aurait pu arriver ; et je ne mentionne cela que pour illustrer les histoires qui se déroulent là où il y a le moins de mystère au fond. Le pauvre Philip Nolan a donc réalisé son souhait. Je ne connais qu'un sort plus terrible ; c'est le sort réservé à ces hommes qui devront un jour s'exiler de leur pays parce qu'ils ont tenté sa ruine, et devront en même temps voir la prospérité et l'honneur auxquels elle s'élève lorsqu'elle se sera débarrassée d'eux. et leurs iniquités. Le souhait du pauvre Nolan, comme nous avons tous appris à l'appeler, non pas parce que sa punition était trop lourde, mais parce que son repentir était si clair, était précisément le souhait de tous les Bragg et Beauregard qui ont rompu le serment d'un soldat il y a deux ans, et de tous les Maury et Barron qui ont cassé celui d'un marin. Je ne sais pas combien de fois ils se sont repentis. Je sais qu'ils ont fait tout cela pour qu'ils n'aient pas de pays, pour que tous les honneurs, associations, souvenirs et espoirs qui appartiennent au « pays » puissent être brisés en petits lambeaux et distribués aux vents. Je sais aussi que leur châtiment, alors qu'ils végètent à travers ce qui leur reste de vie dans les misérables Boulognes et Leicester Squares, où ils sont destinés à se faire des reproches jusqu'à leur mort, aura toute l'agonie de Nolan, avec en plus Je suis désolé que quiconque les voit les verra pour les mépriser et les exécrer. Ils réaliseront leur souhait, comme lui.

Pour lui, le pauvre garçon, il s'est repenti de sa folie, puis, comme un homme, il s'est soumis au sort qu'il avait demandé. Il n'a jamais intentionnellement ajouté à la difficulté ou à la délicatesse de la charge de ceux qui le tenaient sous ses ordres. Des accidents se produiraient ; mais ils ne sont jamais arrivés par sa faute. Le lieutenant Truxton m'a dit que, lorsque le Texas fut annexé, il y eut une discussion approfondie entre les officiers pour savoir s'ils devaient mettre la main sur le bel ensemble de cartes de Nolan et en couper le Texas , de la carte du monde et de la carte du monde. du Mexique. Les États-Unis avaient été exclus lorsque l'atlas lui avait été acheté. Mais il a été voté, à juste titre, que cela reviendrait virtuellement à lui révéler ce qui s'était passé ou, comme le disait Harry Cole, à lui faire croire qu'Old Burr avait réussi. Ce n'est donc pas la faute de Nolan qu'un grand échec s'est produit à ma propre table, alors que, pendant une courte période, j'étais aux commandes de la corvette George Washington, sur la station sud-américaine. Nous étions couchés sur le La Plata, et quelques-uns des officiers qui étaient à terre et qui venaient de le rejoindre, nous divertissaient en racontant leurs mésaventures en montant les chevaux à moitié sauvages de Buenos Ayres. Nolan était à table et était d'humeur inhabituellement brillante et bavarde. Une histoire de chute lui rappelait une de ses propres aventures, lorsqu'il attrapait des chevaux sauvages au Texas avec son cousin aventureux, à une époque où il devait être un tout petit garçon. Il raconta l'histoire avec beaucoup d'entrain, à tel point que le silence qui suit souvent une bonne histoire resta un instant au-dessus de la table, pour être rompu par Nolan lui-même. Car il demanda parfaitement inconsciemment :

"Je vous prie, qu'est devenu le Texas ? Après que les Mexicains eurent obtenu leur indépendance, je pensais que cette province du Texas se développerait très rapidement. C'est vraiment l'une des plus belles régions du monde ; c'est l'Italie de ce continent. Mais j'ai pas vu ni entendu un mot du Texas depuis près de vingt ans.

Il y avait deux officiers texans à la table. La raison pour laquelle il n'avait jamais entendu parler du Texas était que le Texas et ses affaires avaient été douloureusement exclus de ses journaux depuis qu'Austin avait commencé ses colonies ; de sorte que, tandis qu'il lisait sur le Honduras et Tamaulipas, et, jusqu'à tout récemment, sur la Californie, cette province vierge, dans laquelle son frère avait voyagé si loin et, je crois, était mort, avait cessé de lui être. Waters et Williams , les deux Texas, se regardèrent d'un air sombre et essayèrent de ne pas rire. Edward Morris fut attiré par le troisième maillon de la chaîne du lustre du capitaine. Watrous fut pris d'une convulsion d'éternuements. Nolan lui-même a vu que quelque chose devait payer, il ne savait pas quoi. Et moi, en tant que maître du festin, je devais dire :

"Le Texas est hors de la carte, M. Nolan. Avez-vous vu le curieux récit du capitaine Back sur l'accueil de Sir Thomas Roe ?"

Après cette croisière, je n'ai plus jamais revu Nolan. Je lui écrivais au moins deux fois par an, car au cours de ce voyage nous devenions même confidentiellement intimes ; mais il ne m'a jamais écrit. Les autres hommes me disent qu'au cours de ces quinze années, il *a vieilli* très vite, aussi bien qu'il pourrait l'être, mais qu'il était toujours le même patient doux, sans plainte et silencieux qu'il a toujours été, supportant du mieux qu'il pouvait la punition qu'il s'était imposée . – un peu moins sociable, peut-être, avec de nouveaux hommes qu'il ne connaissait pas, mais plus soucieux, apparemment, que jamais de servir, de se lier d'amitié et d'instruire les garçons, dont certains semblaient l'adorer à juste titre. Et maintenant, il semble que ce cher vieux soit mort. Il a enfin trouvé un foyer et un pays.

* * * * *

Depuis que j'ai écrit ceci, et en réfléchissant si je l'imprimerais ou non , pour avertir les jeunes Nolan , Vallandigham et Tatnall d'aujourd'hui de ce que signifie jeter un pays, j'ai reçu de Danforth, qui est à bord le Levant, une lettre qui raconte les dernières heures de Nolan. Cela dissipe tous mes doutes quant à la narration de cette histoire.

Pour comprendre les premiers mots de la lettre, le lecteur non professionnel doit se rappeler qu'après 1817, la position de chaque officier ayant Nolan en charge était des plus délicates . Le gouvernement n'avait pas renouvelé l'ordonnance de 1807 le concernant. Que devait faire un homme ? Doit-il le laisser partir ? Et s'il était mis en cause par le ministère pour avoir violé l'ordonnance de 1807 ? Doit-il le garder ? Et si Nolan était un jour libéré et intentait une action pour séquestration ou enlèvement contre tous les hommes qui l'avaient à sa charge ? J'ai insisté et insisté sur ce point auprès de Southard, et j'ai des raisons de penser que d'autres officiers ont fait la même chose. Mais le secrétaire d'État a toujours dit, comme on le fait si souvent à Washington, qu'il n'y avait pas d'ordres spéciaux à donner et que nous devions agir selon notre propre jugement. Cela signifie : « Si vous réussissez, vous serez soutenu ; si vous échouez, vous serez désavoué ». Eh bien, comme le dit Danforth, tout cela est terminé maintenant, même si je ne le sais pas, mais je m'expose à des poursuites pénales sur la base de la révélation même que je fais.

Voici la lettre :—

" LEVANT, 2° 2' S. @ 131° O.

"CHER FRED : - J'essaie de trouver du cœur et de la vie pour vous dire que tout est fini avec ce cher vieux Nolan. J'ai été avec lui dans ce voyage plus que jamais , et je peux tout à fait comprendre maintenant la façon dont vous " J'avais l'habitude de parler de ce cher vieux. Je voyais qu'il n'était pas fort, mais je ne savais pas que la fin était si proche. Le médecin l'a surveillé très attentivement, et hier matin est venu me voir et m'a dit que Nolan était pas très bien, et n'avait pas quitté sa cabine , chose dont je ne me souviens jamais auparavant. Il avait laissé le médecin venir le voir alors qu'il était étendu là, la première fois que le médecin était venu dans la cabine, et il a dit qu'il aimerait me voir. Oh mon Dieu ! vous souvenez-vous des mystères que nous, les garçons, inventions à propos de sa chambre, dans le bon vieux temps d'Intrepid ? Eh bien, j'y suis entré, et là, bien sûr, le pauvre garçon gisait. dans sa couchette, souriant agréablement en me tendant la main, mais l'air très frêle. Je ne pus m'empêcher de jeter un coup d'œil autour de moi, qui me montra quel petit autel il avait fait de la boîte dans laquelle il était couché. Les étoiles et les rayures étaient triées . au-dessus et autour d'un tableau de

Washington, et il avait peint un aigle majestueux, avec des éclairs flamboyants de son bec et son pied enserrant à peine le globe entier, que ses ailes éclipsaient. Le cher vieux garçon vit mon regard et dit avec un sourire triste : « Ici, voyez-vous, j'ai un pays ! Puis il me montra le pied de son lit, où je n'avais jamais vu auparavant une grande carte des États-Unis, telle qu'il l'avait dessinée de mémoire, et qu'il avait là pour la contempler pendant qu'il était couché. Des noms anciens et étranges y figuraient, en grosses lettres : « Territoire de l'Indiana », « Territoire du Mississippi » et « Territoire de la Louisiane », comme je suppose que nos pères ont appris de telles choses ; mais le vieil homme avait aussi travaillé au Texas ; il avait porté sa frontière ouest jusqu'au Pacifique, mais sur cette rive il n'avait rien défini.

"Ô Danforth, dit-il, je sais que je suis en train de mourir. Je ne peux pas rentrer à la maison. Tu vas sûrement me dire quelque chose maintenant ? Arrête ! arrête ! Ne parle pas tant que je n'ai pas dit ce que tu sais, j'en suis sûr, qu'il y a pas sur ce navire, qu'il n'y a pas en Amérique, que Dieu la bénisse !, d'homme plus loyal que moi. Il ne peut y avoir un homme qui aime le vieux drapeau comme moi, ou qui prie pour lui comme je le fais, ou qui espère pour lui. Je le fais comme je le fais. Il y a trente-quatre étoiles dedans maintenant, Danforth. Je remercie Dieu pour cela, même si je ne sais pas quels sont leurs noms. Il n'y en a jamais eu une seule qui ait été enlevée : je remercie Dieu pour cela. Je sais par qu'il n'y a jamais eu de succès chez Burr. Ô Danforth, Danforth, soupira-t-il, comme l'idée d'un garçon de gloire personnelle ou de souveraineté séparée ressemble à un misérable rêve nocturne, quand on y repense après une vie telle que le mien ! Mais dis- moi… dis-moi quelque chose… dis-moi tout, Danforth, avant de mourir !

"Ingham, je te jure que je me sentais comme un monstre et que je ne lui avais pas tout dit auparavant. Danger ou pas de danger, délicatesse ou pas de délicatesse, qui étais-je, pour que j'aurais dû agir en tyran tout ce temps sur cette chère , saint vieillard, qui avait expié il y a des années, dans toute sa vie d'homme, la folie de la trahison d'un garçon ? "

Monsieur Nolan, lui dis-je, je vous dirai tout ce que vous demandez. Seulement, par où commencer. ?'
"Ô le sourire béni qui s'est glissé sur son visage blanc ! et il m'a serré la main et a dit : 'Que Dieu vous bénisse'. 'Dites-moi leurs noms', a-t-il dit, et il a montré les étoiles sur le drapeau. 'La dernière fois que je sais C'est l'Ohio. Mon père vivait dans le Kentucky. Mais j'ai deviné le Michigan, l'Indiana et le Mississippi, — c'est là que se trouve Fort Adams — ils en font vingt. Mais où sont vos quatorze autres ? Vous n'avez découpé aucun des anciens, J'espère?'
" Eh bien, ce n'était pas un mauvais texte, et je lui ai dit les noms dans le meilleur ordre possible, et il m'a demandé de prendre sa belle carte et de les dessiner du mieux que je pouvais avec mon crayon. Il était fou de plaisir. à propos du Texas, m'a raconté comment son cousin y était mort ; il avait marqué une croix d'or près de l'endroit où il supposait que sa tombe était ; et il avait deviné le Texas. Puis il fut ravi en voyant la Californie et l' Oregon ; - que, dit-il, il Il l'avait soupçonné en partie parce qu'il n'avait jamais été autorisé à débarquer sur ce rivage, malgré la présence de nombreux navires. « Et les hommes, dit-il en riant, ont emporté bien d'autres choses que des fourrures. » Puis il retourna – mon Dieu, jusqu'où ! – pour s'enquérir du Chesapeake, de ce qui avait été fait à Barron pour l'avoir livrée au Léopard, et si Burr avait jamais réessayé, et il grinça des dents avec la seule passion qu'il montrait. Mais en un instant, tout cela fut terminé et il dit : « Dieu me pardonne, car je suis sûr que je lui pardonne. » Puis il m'a posé des questions sur l'ancienne guerre, m'a raconté l'histoire vraie de son service d'arme le jour où nous avons pris Java, m'a posé des questions sur ce cher vieux David Porter, comme il l'appelait. Puis il s'est calmé plus tranquillement et très heureux. m'entendre raconter en une heure l'histoire de cinquante ans.
" Comme j'aurais aimé que ce soit quelqu'un qui sache quelque chose ! Mais j'ai fait de mon mieux. Je lui ai parlé de la guerre anglaise. Je lui ai parlé de Fulton et du début du bateau à vapeur. Je lui ai parlé du vieux Scott et de Jackson ; je lui ai parlé lui tout ce à quoi je pouvais penser sur le Mississippi, la Nouvelle-

Orléans, le Texas et son propre vieux Kentucky. Et pensez-vous, il a demandé qui commandait la « Légion de l'Ouest ». Je lui ai dit que c'était un très vaillant officier nommé Grant et que, d'après nos dernières nouvelles, il était sur le point d'établir son quartier général à Vicksburg. Puis : « Où était Vicksburg ? J'ai calculé cela sur la carte ; c'était à environ cent milles, plus ou moins, au-dessus de son ancien Fort Adams ; et j'ai pensé que Fort Adams devait être une ruine maintenant. "Ce doit être dans la plantation du vieux Vick", à Walnut Hills, dit-il : 'eh bien, ça change !'

« Je vous le dis, Ingham, c'était une chose difficile de condenser l'histoire d'un demi-siècle dans cette conversation avec un malade. Et je ne sais pas maintenant ce que je lui ai dit, sur l'émigration et les moyens de celle-ci,… des bateaux à vapeur, des chemins de fer et des télégraphes, des inventions, des livres et de la littérature, des collèges, de West Point et de l'école navale, mais avec les interruptions les plus étranges que vous ayez jamais entendues. Vous voyez, c'était Robinson Crusoé. poser toutes les questions accumulées depuis cinquante-six ans !

"Je me souviens qu'il m'a demandé tout d'un coup qui était président maintenant ; et quand je lui ai dit, il m'a demandé si le vieil Abe était le fils du général Benjamin Lincoln. Il a dit qu'il avait rencontré le vieux général Lincoln, alors qu'il était lui-même un petit garçon, à un traité indien. J'ai répondu non, que le vieux Abe était un Kentuckien comme lui, mais je ne pouvais pas lui dire de quelle famille ; il avait gravi les échelons. « Tant mieux pour lui ! s'écria Nolan, j'en suis heureux. Comme je l'ai réfléchi et réfléchi, j'ai pensé que notre danger était de maintenir ces successions régulières dans les premières familles. Ensuite, j'ai parlé de ma visite à Washington. Je lui ai parlé de ma rencontre avec le membre du Congrès de l'Oregon, Harding; je lui ai parlé du Smithsonian et de l'expédition d'exploration; je lui ai parlé du Capitole, des statues du fronton et de Crawford's Liberty. , et le Washington de Greenough : Ingham, je lui ai dit tout ce que je pouvais penser qui montrerait la grandeur de son pays et sa prospérité ; mais je n'ai pas pu me résoudre à lui dire un mot de cette rébellion infernale !

"Et il l'a bu et l'a apprécié comme je ne peux pas vous le dire. Il est devenu de plus en plus silencieux, mais je n'ai jamais pensé qu'il était fatigué ou évanoui. Je lui ai donné un verre d'eau, mais il s'est simplement mouillé les lèvres et m'a dit. Il m'a alors demandé d'apporter le « Livre de prière publique » presbytérien qui se trouvait là, et il m'a dit avec un sourire qu'il s'ouvrirait au bon endroit, et c'est ce qui s'est passé. double marque rouge en bas de la page ; et je me suis agenouillé et j'ai lu, et il a répété avec moi : « Pour nous-mêmes et pour notre pays, ô Dieu de miséricorde, nous vous remercions de ce que, malgré nos multiples transgressions de vos saintes lois, vous avez continué à nous ta merveilleuse bonté", et ainsi de suite jusqu'à la fin de cette action de grâce. Puis il se tourna vers la fin du même livre, et je lis les mots qui me sont plus familiers : " De tout cœur, nous vous implorons de votre faveur de contempler et de bénir Ton serviteur, le président des États-Unis, et tous les autres personnes en position d'autorité," - et le reste de la collecte épiscopale. "Danforth," dit-il, "j'ai répété ces prières nuit et matin, cela fait maintenant cinquante-cinq ans .' Et puis il a dit qu'il allait dormir. Il m'a penché sur lui et m'a embrassé ; et il a dit : "Regarde dans ma Bible, Danforth, quand je serai parti." Et je suis parti.

"Mais je ne pensais pas que c'était la fin. Je pensais qu'il était fatigué et qu'il dormirait. Je savais qu'il était heureux et je voulais qu'il soit seul.

"Mais au bout d'une heure, lorsque le médecin entra doucement , il découvrit que Nolan avait respiré sa vie avec un sourire. Il avait quelque chose pressé près de ses lèvres. C'était l'insigne de l'Ordre de Cincinnati de son père.

"Nous avons regardé dans sa Bible, et il y avait un bout de papier à l'endroit où il avait annoté le texte :—

"'Ils désirent un pays, même céleste : c'est pourquoi Dieu n'a pas honte d'être appelé leur Dieu : car il leur a préparé une ville.'

« Sur ce bout de papier il avait écrit :

"'Enterrez-moi dans la mer; cela a été ma maison et je l'aime. Mais quelqu'un n'érigera-t-il pas une pierre à ma mémoire à Fort Adams ou à Orléans, afin que ma disgrâce ne soit pas plus que ce que je devrais supporter ?Dites dessus :—

"' *En mémoire de*

PHILIPPE NOLAN,

Lieutenant dans l'Armée des

États-Unis .

Il aimait son pays comme

aucun autre homme ne l'a

aimée ; mais aucun homme ne

méritait moins de sa part.

LE DERNIER DE LA FLORIDE.

DES PAPIERS D'INGHAM.

[Le pirate anglo-rebelle de Floride, après avoir infligé d'horribles dommages au commerce de l'Amérique et à la bonne réputation de l'Angleterre, fut retranché par le capitaine Collins, de la baie de Bahia, par une de ces heureuses erreurs de droit international qui rendent chers les courageux. des hommes aux nations dans l'intérêt desquelles ils s'engagent. Lorsqu'elle est arrivée ici, le gouvernement a été obligé de désavouer cet acte. La question était alors, puisque nous l'avions eue par erreur, de ce que nous devions en faire. À ce moment-là, la Foire nationale des marins battait son plein à Boston, et j'ai proposé ma suggestion en réponse dans l'article suivant, publié le 19 novembre 1864, dans le "Boatswain's Whistle", un petit journal publié à l'occasion de la foire.

Le gouvernement n'a pas accepté cette suggestion. Très malheureusement, avant que le Florida ne soit prêt à prendre la mer, il a été accidentellement coulé lors d'une collision avec un remorqueur au large de Fort Monroe, et les héritiers du gouvernement confédéré ou les détenteurs d'obligations anglaises doivent le chercher là-bas, si le gouvernement brésilien le souhaite. donnez-leur la permission.

Pour le New York Observer , je dirai qu'une dépêche envoyée 1 200 fois autour du monde en spirale vers l'ouest n'arriverait pas vraiment à destination quatre ans avant son départ. Ce n'est qu'une plaisanterie qui le suggère.]

* * * * *

ENVOI SPÉCIAL.

LETTRE DU CAPITAINE INGHAM,
COMMANDANT DU FLORIDE.

[Reçu quatre ans avant le courrier par un express
éclair, qui a gagné ce temps en faisant 1 200 fois le
tour du monde en spirale vers l'ouest, du Brésil à notre
bureau de publication. L'adresse de Mme Ingham
n'étant pas connue, la lettre est imprimée pour son
information.]
N°29.

BAHIA, BRÉSIL, 1er avril 1868.

MA CHÈRE FEMME : Nous sommes enfin là, grâce à la fortune ; et je
livrerai aujourd'hui le vieux pirate aux officiers du gouvernement. Nous
avons été salués, nous devons être fêtés, et peut-être serai-je nommé
chevalier commandeur de la Golden Goose. Je n'ai jamais été aussi heureux
que lorsque j'ai vu les lumières sur le promontoire de San Esperitu , qui
constitue la pointe sud de cette Bahia ou baie.

Vous n'aurez pas reçu mon n° 28 de Loando , et vous aurez peut-être raté
les 26 et 24, que j'ai donnés aux baleiniers *en partance* . J'ai toujours douté que
vous ayez 1, 7, 9 et 11. Et pour moi, je n'ai plus de nouvelles de vous depuis
que vous avez agité votre mouchoir par la fenêtre de Springfield Street le
matin du 1er juin 1865, il y a près de quatre ans. Mon cher enfant, tu ne me
connaîtras pas.

Permettez-moi donc de répéter très brièvement les grandes lignes de cette
étrange croisière ; et quand les lettres arrivent, vous pouvez remplir les blancs.
Le gouvernement avait décidé que le Florida devait être renvoyé au port
neutre d'où il venait. Ils l'avaient complètement réparée et six mois de
diplomatie avaient présenté les excuses nécessaires au gouvernement
brésilien. Pendant ce temps Collins, qui l'avait capturée par erreur, était, par
une autre erreur , devenu amiral et commandait une escadre ; et pour assurer
sa livraison sûre et respectueuse, moi, qui attendais le service, j'ai été mis à
l'écart et, comme vous le savez, j'ai été invité à prendre le commandement.

Elle était en ordre de tarte aux pommes. Les moteurs avaient été nettoyés ;
et j'ai pensé que nous pourrions en faire une chose rapide. J'ai été un peu
déçu quand j'ai découvert que l'équipage était petit ; mais je suis bien content
depuis que nous n'ayons plus de bouches. Personne d'autre que moi ne
connaissait notre destination. Les hommes pensaient que nous devions
porter des dépêches à l'escadre du Golfe.

Vous vous souvenez que je n'avais reçu que des ordres verbaux pour prendre
le commandement, et après être sortis de la baie , j'ai ouvert mes dépêches
scellées . L'essentiel était dans ces mots : -

" Vous comprendrez que l'honneur de ce gouvernement est engagé pour la
livraison *saine et sauve* du Florida au gouvernement du Brésil. Vous ne
risquerez donc rien pour prendre de la vitesse. La quantité de votre charbon
a été ajustée en vue de donner à votre navire son La meilleure garniture, et la
provision n'est pas grande. Vous l'entretiendrez avec soin, en prenant toutes

les précautions pour arriver à Bahia *en toute sécurité* avec votre charge, dans le moment que *votre meilleure discrétion* pourra vous suggérer.

" *Votre meilleure discrétion* " a été soulignée.

J'ai appelé Prendergast et lui ai montré la lettre. Ensuite, nous avons appelé l'ingénieur et lui avons posé des questions sur le charbon. Il n'était pas entré dans les bunkers, mais il allait et revenait le visage blanc, à travers la crasse noire, pour signaler « pas quatre jours de consommation ». Par un maudit accident, dit-il, les bunkers avaient été remplis de barils de porc salé et de farine !

Sur ce, j'ai commandé une lumière et je suis allé en dessous. Il y avait eu quelque malentendu fatal quelque part. Le navire était aménagé comme pour un voyage arctique. Partout pain dur, farine, porc, bœuf, vinaigre, aigre- doux ; mais, bien évidemment, pas, dans le meilleur des cas, cinq jours de charbon !

Et je devais rejoindre le Brésil avec ce vieux pirate transformé en navire de ravitaillement, « à ma meilleure discrétion ».

« Prendergast, dis-je, nous allons y aller doucement. Avez-vous déjà été à Bahia ?

"J'y ai pris de la farine en 1955 et j'ai attendu du caoutchouc indien de juillet à octobre. J'ai perdu six hommes à cause du jack jaune."

Prendergast était issu de la marine marchande. Je le connaissais depuis que nous étions enfants. « Ethan, » dis-je, « à mon avis, il serait mauvais d'y arriver avant la fin octobre. Où iriez-vous ?

Je ne peux pas dire qu'il a assumé la responsabilité. Il ne l'accepterait pas. Vous savez, ma chère, bien sûr, que c'est moi qui ai suggéré Upernavik . Depuis l'époque du vieux papier marbré Régions du Nord, en passant par le quarto Ross et Parry et Back et le neveu Ross et Kane et McClure et McClintock, vous savez, ma chère, quelle a été ma seule passion, voir ces floes et des icebergs pour moi. Vous me pardonnez sûrement, ou du moins vous m'excusez. N'est-ce pas? Voici ce bateau à vapeur rapide sous moi. Je ne devrais pas être à Bahia avant le 25 octobre. C'était le 1er juin. Bien sûr , nous sommes allés à Upernavik .

Je ne dirai pas que je le regrette maintenant. Pourtant, je dirai que de cette décision, prise avec prudence, même si elle était « à ma discrétion », dépendent tous nos malheurs ultérieurs. Les Danois ont été gentils avec nous, surtout le gouverneur, même si j'ai dû annoncer au pauvre garçon de mauvaises nouvelles concernant les duchés et la guerre danoise, qui était alors toute fraîche. Il nous a organisé une danse, je m'en souviens, et là je t'ai écrit le numéro 1. Bien sûr, je n'ai pas pu m'empêcher — lorsque nous l'avons quitté — de la faire monter de quelques degrés vers le nord, juste pour voir s'il existe ou non ce passage entre Igloolik et Prince Rupert's Headland (et d'ailleurs il existe) . Après avoir dépassé Igloolik, il faisait un temps si magnifique que j'ai utilisé un peu de charbon pour le conduire le long de la côte de la Terre du Roi Guillaume ; et là, alors que nous attendions un jour une petite chasse au canard au bord d'une banquise, comme notre chance l'avait ordonné, un groupe d'indigènes est monté à bord, et nous les avons traités avec des miettes dures et de l'huile de baleine. Ils se mirent à danser, et nous à rire, — ils dansèrent davantage et nous rîmes davantage, jusqu'à ce que la femme la plus âgée dégringole dans ses bloomers en peau d'ours et vienne avec fracas directement sur le petit cadre en fonte près de la roue, qui masquait la roue. habitacle et boussole. Mon cher enfant, il y avait un tel brouhaha et un tel désordre que je m'en souviens maintenant. Nous avons dû nous excuser, le médecin a redressé la tête du mieux qu'il a pu. Nous leur avons donné du pain d'épices de la cabane, pour les consoler, et nous les avons fait sortir sans combat. Mais le lendemain matin, lorsque j'ai quitté la banquise, il s'est avéré que les mendiants avaient volé la boussole, l'aiguille et tout.

Ma chère Mary, il n'y avait plus aucun morceau de fer magnétisé dans le navire. Le gouvernement avait été très hésitant à fournir des instruments de quelque nature que ce soit aux croiseurs confédérés. Le pauvre Ethan avait troqué deux boussoles la veille contre des lances en os de baleine et des culottes en peau, dont aucun ne connaissait l'étoile polaire de l'as de pique. Et cette chose s'est avérée plus importante que vous ne le pensez ; cela m'a vraiment fait sentir que le contenu des livres et des sermons sur l'aiguille des marins n'était pas vraiment de la poésie.

Comme vous le verrez, si jamais j'y arrive. (Depuis que j'ai commencé, j'ai vu le consul et j'ai entendu de glorieuses nouvelles de chez moi, et je dois être présenté aux autorités portuaires demain.) Ce fut l'été le plus ouvert, Mary, qu'on ait jamais connu là-bas. Si je n'avais pas dû être ici en octobre, j'aurais traversé le détroit de Lancaster, passé l'île de Baring, et débouché sur le Pacifique. Mais c'était l'honneur du pays qui était en jeu, et nous nous sommes contentés de rentrer par le détroit. C'était assez bien là-bas, tout le jour, vous savez. Mais après avoir dépassé le cap Farewell, nous l'avons entraîné dans des brouillards tels qu'on n'en a jamais vu en dehors de Hyde Park. N'avais-je pas envie de cette carte boussole ! Nous avons navigué, et nous avons navigué, et nous avons navigué. Pendant trente-sept jours, je n'ai eu aucune observation, ni parlé d'un navire ! Octobre! C'était en octobre avant que nous ayons chaud. A midi, nous allions là où nous pensions que c'était le plus léger. La nuit, j'avais l'habitude de surveiller deux hommes, d'attacher la roue et de la laisser dériver comme un Hollandais. Une manière aussi bonne qu'une autre. Mary, quand j'ai enfin vu le soleil, assez pour avoir n'importe quel type d'observation, nous étions à environ trois cents milles au nord-est de l'Islande ! Parlez-moi de brouillards !

Eh bien, je l'ai remis au sud, mais combien de temps pourrez-vous savoir si vous naviguez vers le sud, dans ces endroits d'où viennent les vents du nord-est et les brumes écossaises ! Dieu merci, nous sommes allés vers le sud, sinon nous aurions dû mourir de froid. Nous sommes arrivés en novembre et en décembre. Nous étions aussi loin au sud que 37° 29' ; et nous étions par 31° 17' ouest le jour du Nouvel An 1866, lorsque le second officier me souhaita une bonne année, me félicita du beau temps, me dit que nous devrions faire une bonne observation et me demanda le nouvel almanach nautique ! Vous savez qu'ils ne sont calculés que sur cinq ans. Nous avions à bord deux Greenwich, et ils furent épuisés le 31 décembre 1865. Mais le gouvernement avait été aussi avare en almanachs qu'en charbon et en boussoles. Ils n'avaient pas l'intention de conserver la Confédération dans des almanachs.

Ce fut le début de nos ennuis. J'ai dû prendre le vieil almanach, avec Prendergast, et nous avons fait comme Cocker, et nous avons toujours gardé une longueur d'avance avec les tableaux d' un mois . Mais d'une manière ou d'une autre – je suis sûr que nous avions raison – mais quelque chose n'allait pas ; et après quelques semaines, les lunes sortaient de la manière la plus bestiale, et nous nous trouvions toujours au sommet des Andes ou dans les îles Marquises, ou n'importe où sauf dans l'océan Atlantique. Eh bien, par chance, nous parlions le Batave ailé ; il ne pouvait pas parler un mot de néerlandais, ni lui un mot d'anglais ; mais il a laissé Ethan copier ses tableaux, et nous avons donc couru vers Saint-Sacrement. J'y ai posté 8, 9 et 10 ; J'ai donné 7 au Néerlandais, j'espère que vous l'avez obtenu, mais craignez.

Eh bien, cette histoire est longue ; mais à Saint-Sacrement nous recommençâmes, mais, par malheur, sans être en bonne santé. A cette époque , j'aurais pu arriver à Bahia avec du charbon, dont j'en avais acheté, en une semaine. Mais il y avait de la fièvre sur le rivage, et elle était grave, et je savais que nous devions faire une pratique lorsque nous arrivions ici à l'avant-port ; alors, plutôt que de faire cela, nous nous sommes étendus le long de la côte et avons rencontré le cyclone dont je vous ai parlé et que nous avons dû mettre à Loando . Comprenez, c'était la première fois que nous allions à Loando . Depuis, j'ai assez bien appris ce misérable trou. Et c'est au moment où nous manquions de Loando , qu'en faisant marche arrière trop brusquement, de peur de briser le bateau-cul d'une vieille Portugaise, les coulisseaux ou supports de la tige de piston sont sortis des rainures. courut sur le toit, descendit adroitement sur l'extérieur du chariot, poussa cet odieux *grrr* que j'entends maintenant, et puis, *dump* , - tout le poids du balancier, de la tige courbée et des chariots descendit dans trois chiffres 8, et nous y étions ! J'aurais préféré faire fonctionner le bateau avec une essoreuse comme avec ce moteur, n'importe quel jour, depuis lors jusqu'à aujourd'hui.

Eh bien, nous avons bricolé, et les gens du chantier naval portugais ont bricolé. Nous avons retiré ceci, et ils ont retiré cela. Il devenait malade et j'ai eu peur, et finalement j'ai expédié l'hélice, je l'ai embarqué et j'ai commencé sous la toile que nous avions laissée, peu après le cyclone, car le Nord et le Sud ensemble étaient plutôt pourris. le canard original.

Puis — comme je vous l'ai écrit dans le n° 11 — il était trop tard pour arriver à Bahia avant la saison maladive de cet été, et je m'étendis de nouveau vers des régions plus fraîches, « dans ma meilleure discrétion ». C'était l'époque où nous avions une fièvre si horrible à bord ; et sans Wilder le chirurgien et les îles Falkland, nous serions tous morts maintenant. Mais nous avons atterri à Queen's Bay juste à temps. Le gouverneur (qui est son seul sujet) était très cordial, joyeux et gentil. Nous sommes tous allés à terre, avons dressé des tentes et avons mangé des canards et des pingouins jusqu'à ce que les hommes deviennent forts. Je l'ai gratté presque jusqu'aux virages, car l'herbe flottait à nos côtés comme des cheveux de sirène pendant que nous naviguions, et le Florida, autrefois rapide, ne pouvait pas faire quatre nœuds à l'heure avec le vent ; et c'était le navire que je devais diriger. rentrez à Bahia en bon ordre, à ma meilleure discrétion !

Pendant ce temps, aucun de ces gens n'avait de nouvelles d' Amérique . Le dernier journal des îles Falkland était un London Times de 1864, qui abusait des Yankees. Quant aux Portugais, ils ressemblaient aux gens que Logan avait vus à Vicksburg. "Ils ne savent rien de bon !" a-t-il dit; "Ils ne savent rien du tout !" C'était vraiment plus pour les nouvelles que pour l'eau que je mettais dans Sta. Lucia, et j'en ai fait un joli gâchis là. Nous ressemblions tellement à des pirates (comme au fond le vieux baquet), qu'ils nous ont tous emmenés au poste de garde. Aucun de nous ne pouvait parler Sta. Lucia, quelle que soit cette langue, ni la comprendre. Et ce n'est que lorsqu'Ethan a tiré un obus depuis le Parrott de 100 livres au-dessus de la ville qu'ils nous ont laissé partir. J'espère que les chiens vous ont envoyé mes lettres. Je suppose qu'il y a eu une autre violation de la neutralité. Mais si le gouvernement brésilien envoie ce navire à Sta. Lucia, je ne lui commanderai pas, c'est tout !

Bien! ce qui s'est passé à Loando la deuxième fois, à Valencia, et à Puntos Pimos , et à Nueva Salamanca, et à Loando cette dernière fois, vous le savez et vous le saurez, et pourquoi nous avons flâné ainsi. Enfin, heureusement, nous y sommes. En fait, Mary, ce navire n'a parcouru en moyenne que trente-deux nœuds par jour la semaine dernière avant que nous l'arrivions au port.

Pensez maintenant à l'ingratitude des hommes ! Je l'ai amenée ici, « selon ma meilleure discrétion », et croyez-vous que ces hidalgos, ou dons, ou senores, ou quoi qu'ils soient, avaient oublié son existence. Et quand je les lui ai montrés, ils ont dit en bon Portugal que j'étais un menteur. Heureusement , le consul est notre vieil ami Kingsley. Il était ravi de me voir ; je pensais que j'étais au fond de la mer. De lui, nous avons appris que la Confédération a explosé il y a longtemps. Et d'après tout ce que je peux apprendre, je pourrais récupérer le Florida pour mon propre yacht privé ou mon péculium, à moins qu'il ne aille à Sta. Lucie.

Pas moi, mes amis ! Grattez-la, réparez-la, et donnez-la aux marines, et racontez-leur son histoire ; mais ne la confie plus à ma propre Polly
FRÉDÉRIC INGHAM

UN MORCEAU D'HISTOIRE POSSIBLE.

[Cet essai a été publié pour la première fois dans le Monthly Religious Magazine, Boston, en octobre 1851. Depuis, l'un ou l'autre professeur de chronologie a pris la peine de me dire que c'était impossible. Mais jusqu'à ce qu'ils soient sûrs qu'Homère ait jamais vécu, je m'en tiendrai à la note que j'ai écrite au cousin de Miss Dryasdust, que j'ai imprimée à l'origine à la fin de l'article, et qui se trouve là dans ce recueil. Les difficultés de la géographie sont peut-être pires que celles de la chronologie.]

* * * * *

Un bivouac d'été avait rassemblé une petite troupe de soldats de Joppé, à l'abri d'un bosquet, où ils avaient étalé leurs peaux de mouton, attaché leurs chevaux et dressé une seule tente. Avec l'insouciance des soldats, ils discutaient du temps jusqu'à ce que le sommeil vienne, et les aidaient à demain avec ses chances ; peut-être de combat, peut-être d'un autre jour de ce camp d'indolence. Au-dessous de la pente du jardin où ils se prélassaient, le torrent rapide de Kishon coulait en se bagarrant. Une pleine lune se levait au-dessus du bord accidenté des collines de l'Est, et toute la scène était vivante de la beauté d'un paysage oriental.

Tandis qu'ils parlaient ensemble, les sons d'une harpe descendaient le ruisseau, portés par le vent, se mêlant aux ondulations du ruisseau.

"Les garçons avaient raison", dit le capitaine de la petite compagnie. "Ils ont demandé la permission de remonter le ruisseau pour passer leur soirée avec les hommes du Carmel; et ont dit qu'ils avaient là un harpiste qui chanterait et jouerait pour eux."

"Chanter la nuit et combattre le matin ! C'est la vraie vie du soldat", a déclaré un autre.

"Qui ont-ils là-bas ?" demanda un troisième.

"Un de ces hommes de Ziklag ", répondit le chef. "Il est entré au camp il y a quelques jours, semble être un ancien favori du roi , et est posté avec ses hommes près du vieux tombeau au bord de la colline. Si vous traversez le ruisseau, il n'est pas loin du Poste du Carmel ; et certains de ses jeunes hommes y ont fait connaissance. "

"On n'est pas soldat pour rien. Si on se fait des ennemis à vue, on se fait aussi des amis à vue."

« Echish dit ici que le harpiste est juif.

— Quoi !... un déserteur ?

" Je ne le sais pas ; c'est la vigie du roi. Leur compagnie est arrivée il y a huit jours, a été passée en revue le jour où j'étais de garde aux avant-postes, et ils se sont fait assigner ce poste dont je vous parle. Ainsi, le roi est satisfait ; et s'il l'est, je le suis. »

"Juif ou Gentil, homme de Jéhovah ou homme de Dagon", dit l'un des plus jeunes soldats, d'un ton à moitié irrévérencieux, "J'aurais aimé qu'il soit ici pour nous chanter."

"Et pour nous tenir éveillés", bâillait un autre.

"Ou pour nous empêcher de penser à demain", dit un troisième.

"Personne ne peut chanter ici, ni jouer, ni raconter une histoire ancienne ?"

Il n'y avait personne. Les deux seuls soldats du poste qui affichaient de l'habileté musicale étaient ceux qui étaient montés au bivouac des Carmélites ; et la petite compagnie de Joppé, captant des notes de plus en plus fortes, à mesure que l'inspiration du barde l'emportait de plus en plus loin, se glissa aussi loin en amont du ruisseau que les limites de leur station le permettaient ; et s'allonger, sans bruit, pour capter, du mieux qu'ils pouvaient, les riches tons de la musique qui balayait la vallée.

Apaisés par le bruit, le clair de lune et la brise d'été, ils étaient tout juste d'humeur à accueillir la première interruption qui rompait le calme de la nuit. C'était l'approche d'un membre de leur compagnie , détaché à Accho un jour ou deux auparavant ; et qui vint en toute hâte annoncer l'arrivée prochaine de compagnons, auxquels il souhaita la bienvenue. Au moment où ils devaient quitter Accho , dit-il, ce jour-là, à leur retour au camp, un navire de commerce ionien était entré dans le port. Lui et ses camarades avaient attendu pour l'aider à s'amarrer et avaient discuté avec ses marins. Ils leur avaient fait part du hasard de la bataille à laquelle ils revenaient ; et deux ou trois des plus jeunes Ioniens, enchantés du soulagement de l'emprisonnement de la mer, les avaient priés de les laisser se porter volontaires en compagnie d'eux. Ces hommes étaient donc venus dans le pays avec les soldats ; et celui qui avait rompu le silence des auditeurs de la sérénade lointaine s'était dépêché d'annoncer à ses camarades que de tels visiteurs étaient en route.

Ils parurent bientôt à pied, mais à peine alourdis par les légers sacs qu'ils portaient.

L'accueil d'un soldat rendit bientôt les marins ioniens aussi à l'aise avec les hommes du bivouac qu'ils l'avaient été pendant la journée avec le détachement du bord de mer. Quelques minutes leur suffirent pour sortir des peaux de mouton sur lesquelles s'allonger, une outre de vin pour leur soif, une botte de raisins secs et des galettes d'avoine pour leur faim ; quelques minutes encore avaient annoncé les nouvelles que chacun demandait à l'autre ; et puis ces fils de la mer et ces Philistins bronzés de guerre étaient aussi à l'aise les uns avec les autres que s'ils avaient servi sous le même ciel pendant des années.

« Nous écoutions de la musique, » dit le vieux chef, « quand vous êtes arrivés. Certains de nos jeunes hommes sont en effet montés au piquet là-bas, pour entendre chanter le harpiste dont vous entendez parfois la voix, quand nous sommes ne parle pas."

"Vous trouvez donc les Muses au milieu des armes", dit un des jeunes Ioniens.

« Muses ? » dit le vieux Philistin en riant. " Cela vous ressemble, les Grecs. Ah ! monsieur, dans nos rochers ici, nous avons assez peu de Muses, sinon celles qui portent ces lances, ou qui nous apprennent à faire du commerce avec les îles contre de l'étain. "

"Ce n'est pas tout à fait juste", s'écria un autre. "Les jeunes qui sont partis chantent bien ; et l'un d'eux a une harpe que je serais heureux que vous la voyiez. Il l'a fabriquée lui-même avec une racine d'olivier noueuse." Et il se tourna pour le chercher.

"Vous ne le trouverez pas dans la tente : le garçon l'a emporté avec lui. Ils espéraient que le ménestrel de Ziklag leur demanderait de chanter, je suppose."

"Une harpe en bois d'olivier", dit l'Ionien, "semble née par une Muse et bénie par Pallas."

Et pendant qu'il parlait, un des nouveaux venus des Philistins se pencha et murmura au chef : « Il est lui-même barde, et nous lui avons fait promettre de nous chanter. J'ai apporté sa harpe avec moi pour qu'il puisse égayez notre bivouac. Priez, demandez-lui.

Le vieux chef n'avait pas besoin d'être persuadé ; et les yeux de toute l'armée s'éclairèrent lorsqu'ils découvrirent qu'ils avaient désormais un ménestrel « à eux », lorsque le vieil homme pressa courtoisement le jeune Ionien de le laisser l'entendre : « Je vous ai dit, monsieur, que nous n'avions pas de muses de les nôtres ; mais nous accueillons d'autant plus ceux qui nous viennent d' outre-mer . »

Homer sourit ; car c'était à Homère qu'il parlait , Homère encore dans la fraîcheur de sa jeunesse sans aveuglement. Il prit la harpe que lui tendait le jeune Philistin, joua sur ses cordes et, tout en les accordant, il dit : « Je n'ai pas de harpe en bois d'olivier ; nous l'avons découpée, il y a des années, dans un vieux laurier-rose du marais derrière Colophon. Qu'entendrez-vous, messieurs ?

« Le poète choisit lui-même », dit le vieux capitaine courtois.

« Laissez-moi donc vous chanter *la Harpe d'Olive* » ; et il frappait les accords dans une harmonie douce et apaisante, qui s'accordait avec son propre esprit, heureux comme il l'était de trouver la musique, l'harmonie et l'olive de la paix au milieu du rude bivouac où il était venu chercher guerre. Mais il était voué à être déçu. Au moment où se terminait son prélude, un des jeunes soldats se tourna sur le coude et murmura avec mépris à son voisin : « Toujours *des olives* , toujours *la paix* : c'est à cela que sert ta musique !

Le garçon parlait trop fort et Homer capta le ton mécontent et les mots avec une oreille plus rapide que ce que l'orateur lui avait attribué. Il termina le prélude par un brusque fracas des cordes et dit brièvement : « Et quoi de mieux pour chanter que l'olive ?

Les Philistins les plus courtois regardaient sévèrement le jeune soldat ; mais il était allé trop loin pour avoir peur, et il lui répondit : "La guerre, c'est mieux. Mon épée large, c'est mieux. Si je pouvais chanter, je chanterais pour ton Ares ; nous l'appelons Mars !"

Homer sourit gravement. « Qu'il en soit ainsi, » dit-il ; » et, d'un ton plus bas, au capitaine, qui était troublé par le manquement à la courtoisie, il ajouta : « Laissez ce garçon voir à quoi servent la guerre et Mars.

Il frappa un autre prélude et commença. C'est alors qu'Homère composa son « Hymne à Mars ». Avec une mesure sauvage et impétueuse, il parcourut la liste des titres et des attributs de Mars ; puis sa tonalité changea, et ses auditeurs écoutèrent plus attentivement, plus solennellement, tandis que sur un ton plus grave, avec une musique plus lente et une dignité de voix presque impressionnée, le barde continua.

« Aide des mortels, écoutez !

Comme tes feux donnent

audaces actuelles qui s'efforcent

Dans la jeunesse pour l'honneur ;

Alors j'aimerais aussi avoir le pouvoir

Pour éloigner de ma tête ton heure amère,

Et éteint le faux feu de la bassesse de mon âme,

Par la décision appropriée de mon esprit le plus élevé, je

Contrôlez cette piqûre de richesse

Cela m'excite encore à l'horrible crache

D'une bataille hideuse !

"Fais-le, ô toujours bienheureux ! donne-moi encore

Présence d'esprit pour mettre en acte ma volonté,

Quelle que soit l'occasion ;

Et ainsi vivre, sans aucune peur,

Sous ces lois de paix, qui ne sont jamais

Affecté par les pollutions populaires

D'un préjudice injuste,

Quant à supporter en toute sécurité le fardeau d'un destin difficile,

Des ennemis inflexibles et des haines inhumaines ! »

Les tons s'éteignirent ; la société resta silencieuse un instant ; » Et le vieux chef dit alors gravement à son irritable disciple : « C'est pour cela que *les hommes* se battent, mon garçon. Mais le garçon n'avait pas besoin de conseil. Les manières d'Homère, sa voix, la musique elle-même, l'esprit de la chanson, autant que les paroles, l'avaient envahi ; et le soldat vantard couvrait ses larmes avec ses mains.

Homère sentit aussitôt (le prince des gentlemen) que la petite explosion et la réprimande qu'elle avait suscitée avaient ébranlé la facilité de leur rencontre inattendue. Comme elle est bénie est la présence d'esprit avec laquelle le musicien vraiment génial passe de chanson en chanson, « quelle que soit l'occasion ! » Avec l'aisance du génie , il changea de nouveau le ton de sa mélodie et chanta son propre hymne : « À la Terre, la Mère de tous ».

La musique triomphale est celle qui s'harmonise avec tous les sentiments ; et il attira instantanément l'attention soutenue du cercle. Il était si absorbé qu'il ne parut pas remarquer, pendant qu'il chantait, l'arrivée de quelques soldats venus d'en haut dans la vallée, au moment même où *il* entrait dans le passage :

> "Heureux alors, sont-ils
> À qui toi, ô grand en respect !
> Sont courbés vers l'honneur. Ils trouveront toutes choses
> En toute abondance ! Tous leurs pâturages rapportent
> Des troupeaux en abondance. Tous leurs toits sont remplis
> Avec de riches possessions.
> Un grand bonheur et une grande richesse les
> accompagnent,
> Tandis que, avec des lois bien ordonnées, ils
> ménages heureux règnent ;
> Et leurs fils exultent du plaisir de la jeunesse,
> Et leurs filles dansent avec les filles fleuries,
> Qui jouent parmi les fleurs de l'été !
> Tels sont les honneurs que tes mains pleines se partagent ;
> Mère des Dieux et épouse du Ciel étoilé!" [1]

Un bourdonnement de plaisir et un sourire parcouraient le cercle auquel se joignaient les nouveaux venus. C'étaient les soldats qui étaient venus écouter et se joindre à la musique au poste des hommes du Carmel. Les sons de la harpe d'Homère les avaient incités à revenir ; et ils avaient amené avec eux le ménestrel hébreu, qu'ils avaient écouté. C'était le hors-la-loi David, de Bethléem Ephrata.

David avait écouté Homère plus attentivement que quiconque ; et, tandis que les applaudissements joyeux s'apaisaient, les yeux du cercle se tournèrent vers lui, et l'attitude de tous montrait qu'ils s'attendaient à ce qu'il fasse de même, à la manière d'un ménestrel.

Il accepta l'invitation implicite, joua un court prélude et, suivant la suggestion de sujet d'Homère, chanta en parallèle :

« Je te chanterai un cantique nouveau, ô Dieu !
Sur le psaltérion et sur la harpe, je te chanterai des louanges.
Tu es Celui qui donne le salut aux rois,
Cela délivre David, ton serviteur, de l'épée.
Débarrassez-moi et sauvez-moi de ceux qui parlent de vanité,
Dont la droite est la droite du mensonge,
Afin que nos fils soient comme des plantes dans une nouvelle jeunesse ;

Pour que nos filles soient comme des pierres angulaires,
Les pierres polies de nos palais ;
Afin que nos greniers soient remplis de toutes sortes de provisions ;
Afin que nos brebis puissent en produire des milliers et des dizaines de
milliers sur le chemin ;
Pour qu'il n'y ait ni cri ni plainte dans nos rues
Heureux les gens qui se trouvent dans un tel cas ;
Oui, heureux le peuple dont le Dieu est le Seigneur ! »
La mélodie était triomphale ; et la manière enthousiaste encore plus. Les
Philistins écoutaient avec ravissement, trop insouciants de la religion pour ne
pas être catholiques en présence d'un enthousiasme religieux ; et Homère
avait l' expression exaltée que son visage portait rarement. Pour la première
fois depuis son enfance, Homer sentait qu'il n'était pas seul au monde !

Qui oserait raconter ce qui se passa entre les deux ménestrels,
lorsqu'Homère, quittant son lit, traversa aussitôt le cercle, se jeta à terre à
côté de David, lui tendit la main ; quand ils se regardaient en face et
s'enfonçaient dans le murmure rapide d'une conversation, dont le geste
constant illustrait, mais n'expliquait pas complètement aux hommes rudes
qui les entouraient ? Ils respectèrent un temps le colloque des poètes ; mais
ensuite, désireux d'entendre à nouveau l'une ou l'autre harpe, ils persuadèrent
l'un des marins ioniens de demander à nouveau à Homère de leur chanter
une chanson.

Il était difficile de convaincre Homer. Il secoua la tête et se tourna vers le
soldat-poète.

"Que dois-*je* chanter ?" il a dit.

Ils n'entraient pas dans sa notion : les auditeurs ne le feront pas toujours.
Alors, prenant sa question au pied de la lettre, ils répondirent : « Chantez ?
Chantez-nous la tempête de neige, la tempête de pierres, que vous chantiez
à midi.

Pauvre Homère ! Il était plus facile de le faire que d'être pressé de le faire ; et
il frappa encore de sa harpe :

"C'était comme quand, un jour d'hiver, les hommes
        Jupiter montrerait en puissance son artillerie acérée ;
Il veut que ses vents dorment, et par-dessus la plaine
        Et les montagnes versent , en flocons innombrables, sa
        neige,

Au fond, il cache les falaises rocheuses et les collines,
        Puis couvre toutes les prairies fleuries,
Tous les riches monuments du savoir-faire des mortels,
        Tous les ports et rochers qui brisent le rivage de l'océan
Rocher, refuge, plaine sont ensevelis par sa chute ;

Mais la vague proche, immuable, boit tout.
Alors pendant que ces tempêtes de pierre voilent les cieux,
Pendant que ceci s'en prend aux Grecs et que cela aux Troyens,
Les murs inchangés au-dessus de la clameur s'élèvent." [2]
Les hommes se tournèrent vers David, dont l'expression, tandis qu'il leur rendait son regard, montrait qu'il avait apprécié le fragment aussi bien qu'eux. Mais alors qu'ils semblaient encore dans l'expectative, il ne déclina pas l'invitation tacite ; mais, prenant la harpe d'Homère, il chanta, comme si ces paroles lui étaient familières :
« Il donne la neige comme la laine ;
Il disperse la gelée blanche comme de la cendre ;
Il jette sa glace comme des morceaux ;
Qui peut résister à son rhume ?
Il envoie sa parole et les fait fondre ;
Il fait souffler son vent et les eaux coulent. »
"Toujours ce ' *Il* '", dit l'un des jeunes soldats à un autre.
"Oui," répondit-il; "et c'était ainsi au début de la soirée, quand nous étions là-haut."
"Il y a une étrange différence entre les deux hommes, bien que l'un joue aussi bien que l'autre, et que le Grec parle avec aussi peu d'accent étranger que le Juif, et que leurs sujets soient les mêmes."
"Oui", dit le jeune harpiste philistin; "Si le Grec chantait une des chansons des Hébreux, vous sauriez qu'il l'a empruntée, en un instant."
"Et ainsi, si c'était l'inverse."
"Bien sûr", dit leur ancien capitaine en se joignant à cette conversation. "Homère, si vous l'appelez ainsi, chante la chose faite : David chante le créateur. Ou plutôt, Homère pense à la chose faite : David pense au créateur, quoi qu'ils chantent."
"J'allais dire qu'Homère chanterait les villes et David, la vie qui s'y déroule."
" Ce n'est pas tant ce qu'ils disent que la façon dont ils le regardent. Le Grec voit l' extérieur, la beauté de la chose ; l'Hébreu... "
"Faire taire!"
Car David et son nouvel ami avaient aussi parlé. Homère lui avait raconté la tempête en mer qu'ils avaient rencontrée quelques jours auparavant ; et David, je pense, avait parlé d'une tornade de montagne, comme il l'avait rencontré des années auparavant. Dans l'excitation de son récit, il frappa la harpe qu'il tenait encore à la main et chanta :
"Puis la terre trembla et trembla,
Les fondations des collines furent ébranlées et ébranlées,
          Parce qu'Il était en colère ;
Une fumée sortit de ses narines,
Et le feu sortit de sa bouche dévoré ;
          Il brûlait du charbon vivant.

Il inclina aussi les cieux et descendit,
Et les ténèbres étaient sous ses pieds ;
Il est monté sur un chérubin et a volé,
Oui, il a volé sur les ailes du vent.
Il a fait des ténèbres son lieu de repos,

Son pavillon était constitué d'eaux sombres et de nuages du ciel ;
À la clarté devant lui ses nuages passaient,
Des grêlons et des charbons ardents.
Le Seigneur tonna aussi dans les cieux,
Et le plus haut donna sa voix ;
Des grêlons et des charbons ardents.
Oui, il a lancé ses flèches et les a dispersées,
Et il lança ses éclairs et les déconcerta.
Alors les canaux des eaux apparurent,
Et les fondements du monde furent révélés,
À ta réprimande, ô Seigneur !
Au souffle du souffle de tes narines.
Il a envoyé d'en haut, il m'a pris,
Il m'a tiré de nombreuses eaux. »
"Les miens n'étaient que quelques vers", dit Homer. "Je suis plus que récompensé par le vôtre. Imaginez Neptune, notre dieu marin, regardant une bataille :—
« Là, il était assis haut, retiré des mers ;
Il regardait avec pitié ses Grecs battus ;
Là, ils brûlaient de rage contre le dieu-roi qui les avait tués.
Puis il se précipita hors des montagnes escarpées,
Descente rapide ;
Il courba aussi les forêts en descendant,
Et les hautes falaises tremblaient sous ses pieds.
Trois fois il les foula aux pieds,
Et avec son quatrième pas, il atteignit la maison qu'il cherchait.
"Il y avait son palais, dans les eaux profondes des mers,
Brillant d'or et construit pour toujours.
Là, il lui attela ses chevaux aux pieds rapides ;
Leurs sabots sont effrontés et leur crinière est dorée.
Il les lie avec des lanières d'or,
Il saisit son aiguillon d'or,
Il monte sur son char et vole :
Oui! il les chasse dans les vagues !

Et les baleines s'élèvent sous lui des profondeurs,
                         Car ils savent qu'il est leur roi ;
Et la mer joyeuse est divisée en parties,
Pour que ses chevaux puissent voler rapidement ;
Et son essieu d'airain passe à sec entre les vagues,
Alors, bondissant vite, ils l'amènent à ses Grecs. " [3]
Et les poètes retombèrent dans le bavardage.
"Vous le voyez", dit le vieux Philistin. "Il peint le tableau. David chante la vie du tableau."
"Oui : Homer voit ce qu'il chante ; David sent sa chanson."
"Homer's est parfait dans sa description."
"Oui; mais pour la vie, pour l'âme de la description, il faut l'hébreu."
"Homère était peut-être aveugle; et, avec son pouvoir de fantaisie et de peinture de mots, et son étude de tout ce qui est nouveau, il peignait des images tout en chantant, bien qu'invisible."
"Oui", dit un autre; "mais David..." Et il s'arrêta.
"Mais David ?" demanda le chef.
"J'allais dire qu'il pourrait être aveugle, sourd, emprisonné, exilé, malade ou tout seul, et que pourtant il ne saurait jamais qu'il est seul; ressentant comme il le fait, comme il le faut pour chanter ainsi, la présence de son Seigneur!"
"Il ne pense pas à un flocon de neige, mais à celui qu'il envoie."
"Alors que le flocon de neige rappelle à Homère ce travail de combat dur , inquiétant et fracassant. Il a dû se voir se battre."
Ils se turent à nouveau. Car, s'ils n'osaient plus demander aux poètes de leur chanter des chansons, tant ils étaient absorbés l'un par l'autre, les soldats n'étaient guère perdants à cette modeste courtoisie. Car les poètes s'excitaient constamment les uns les autres pour toucher une corde sensible ou pour chanter un extrait d'une chanson dont ils se souvenaient. Et c'est ainsi qu'Homère, *à propos* de je ne sais quoi, chantait d'un ton triste :
"Comme les feuilles des arbres, la race humaine se trouve,
Tantôt vert dans la jeunesse, tantôt flétrissant sur le sol :
Une autre course le printemps suivant fournit;
Ils chutent successivement et montent successivement.
Ainsi les générations dans leur cours dépérissent,
Alors faites fleurir ceux-ci, quand ceux-là seront décédés. » [4]
David attendait un changement dans la tension ; mais Homer s'arrêta. Le jeune Hébreu lui demanda de continuer ; mais Homère dit que le passage qui suivit n'était qu'un simple récit, tiré d'un long poème narratif. David eut l'air surpris que son nouvel ami n'ait pas évoqué de morale pendant qu'il chantait ; et dit simplement : « Nous chantons cela ainsi : –
« Quant à l'homme, ses jours sont comme l'herbe ;
Comme une fleur des champs, ainsi il fleurit ;
Car le vent passe dessus, et il est parti,

Et son lieu ne le connaîtra plus.
                    Mais la miséricorde du Seigneur
                    Est d'éternité en éternité
                              De ceux qui le craignent ;

                    Et sa justice
                    Aux enfants des enfants,
                              À celui qui garde son alliance,
Souvenez-vous de ses commandements pour les mettre en pratique ! »
Le visage d'Homer brillait de joie. « Moi, comme vous, je respecte son alliance », s'écria-t-il ; puis, sans lyre, car la sienne était encore entre les mains de David, il chanta d'un ton clair :
"Tu m'as dit aux oiseaux d'obéir ; — je méprise leur vol,
Si à gauche ils montent, ou à droite !
Écoutez ceux qui le peuvent, je possède la volonté de Jupiter,
Qui, mortels et immortels, règne seul ! » [5]
"C'est plutôt dans la tonalité de David", dit le jeune harpiste philistin, voyant que les poètes étaient de nouveau en train de se parler. "Mais comment cela sonnerait-il dans l'un des hymnes d'un de nos jours de fête ?"
"Qui, mortels et immortels, règne seul."
"Comment, en effet ?" s'écria un de ses jeunes compagnons. "Il y aurait plus de sens dans ce que disent et chantent les prêtres, si chacun ne se disputait pas pour les siens , Dagon contre Astarté, et Astarté contre Dagon."
Le vieux capitaine se pencha pour que les poètes ne l'entendissent pas et murmura : « Voilà que les Hébreux ont bien plus de cœur que nous dans de telles choses. Aussi misérables qu'ils soient, il y en a tellement, quand je Ayant parcouru tout leur pays avec les caravanes, il y a de fortes chances que tout homme sérieux ne parle d'autre Dieu que ce « *Lui* » de David.
"Quel est son nom?"
"Ils ne se connaissent pas eux-mêmes, je crois."
"Eh bien, comme je l'ai dit il y a une heure, l'homme de Dieu ou l'homme de Dagon, car ce sont des noms assez bons pour moi, je m'en fiche ; mais j'aimerais chanter comme ce jeune homme. "
« Mon garçon, dit le vieillard, ne l'as-tu pas assez entendu pour voir que ce n'est pas *lui* qui chante, autant que son amour pour un Esprit qu'il ne nomme pas ? qui chante."
" *Tu* chantes comme lui ? Trouve sa vie, mon garçon ; et peut-être qu'elle chantera pour toi."
"Nous serions des hommes plus virils s'il nous chantait tous les soirs."
"Ou si l'autre le faisait", a déclaré un marin ionien.
"Oui", dit le chef. "Et pourtant, je pense que si votre compatriote me chantait tous les soirs, il me donnerait envie de l'autre. Je n'en suis pas sûr si le chant

de David m'enverrait au sien. Mais comme c'est idiot de les comparer !
Autant comparer les temple à Accho avec le rugissement d'un tourbillon—"
"Ou la pointe de ma lance au vol d'aigle. Les hommes sont dans deux
mondes."
" Oh non ! c'est trop dire. Vous avez dit qu'on pouvait peindre des tableaux...
"

"...Dans lequel l'autre met la vie. Oui, je l'ai dit. Nous avons de la chance de
les avoir ensemble."
" Car cet homme chante les hommes aussi bien que l'autre ; et pour que
l'autre chante Dieu... "
"-Eh bien, ça complète la chanson. A eux deux, ils rapprochent les deux
mondes."
"Il incline les cieux et descend", dit le garçon à la harpe olive, essayant de
fredonner l'air de David.
"Demandons-leur..."
Et juste à ce moment-là, le bruit d'une conque lointaine retentit dans la vallée.
Les soldats gémissaient, se réveillaient et chacun cherchait ses armes de poing
et sa peau.
Mais les poètes parlaient sans y prêter attention.
Le vieux chef renversa une pile de lances ; mais le fracas ne les réveilla pas.
Il fut obligé lui-même d'interrompre leur conversation passionnée.
"Je suis désolé d'entrer par effraction; mais le cor de nuit a sonné pour se
reposer, et la garde sera là pour inspecter les postes. Je suis désolé de vous
dépêcher, monsieur", dit-il à David.
David le remercia poliment.
"Bienvenue à l'arrivée, dépêchez-vous à l'invité qui se sépare", dit Homer
avec un sourire.
"Nous nous retrouverons tous demain. Et que les rêves de cette nuit soient
de bons présages !"
« Si nous rêvons », dit encore Homère :
"Sans signe, le brave homme dégaine son épée,
Et ne demande d'autre présage que la cause de son pays."
Ils étaient tous debout ensemble, tandis qu'il faisait cette réponse négligente
au capitaine ; Et l'un des jeunes gens l'attira à l'écart et lui murmura que David
était en armes contre son pays.
Homère était troublé d'avoir parlé ainsi. Mais le jeune juif paraissait petit,
comme s'il avait besoin de sympathie. Il voyait le doute et le regret qui
pesaient sur leurs visages bienveillants ; leur a dit de ne pas craindre pour lui;
chantant, tout en leur souhaitant une bonne nuit, et avec l'un des hommes
du Carmel, il rentra chez lui à son propre avant-poste :
"Le Seigneur qui m'a délivré de la patte du lion,
Le Seigneur qui m'a délivré de la patte de l'ours,
            Il me délivrera. »

Et il sourit en pensant à la façon dont son compagnon carme commencerait, s'il savait quand il avait prononcé ces mots pour la première fois.

donc comme des hommes qui devaient se retrouver le lendemain.

Mais Dieu dispose.

David avait laissé les dangers du lendemain s'occuper du lendemain. Cela semblait lui promettre qu'il devait prendre les armes contre Saül. Mais contrairement à notre empressement à anticiper nos conflits de devoirs, David *a attendu* .

Et le Seigneur le délivra. Pendant qu'ils chantaient au bord du ruisseau, les fiers nobles de l'armée philistine avaient forcé une entrevue avec leur roi ; et, dans une véritable arrogance philistine native, il insista pour que « cet Hébreu » et ses hommes soient renvoyés.

À la lumière du matin, le roi envoya chercher le ménestrel et le renvoya courtoisement, parce que « les princes des Philistins ont dit : « Il ne montera pas avec nous à la bataille ».

Alors David fit marcher ses hommes vers Tsiklag .

Et David et Homère ne se sont plus jamais revus sur terre.

> NOTE.— Ce sera un endroit approprié pour imprimer la note suivante, que j'ai été obligé d'écrire à une cousine germaine de Miss Dryasdust après qu'elle ait lu le MS. de l'article ci-dessus: -
>
> " CHÈRE Madame : — Je vous remercie de votre aimable suggestion, en me retournant mon papier, qu'il s'agit d'un morceau d'histoire impossible. Vous m'informez, que, d'après les formules nomenclaturées et les analogies homophoniques du professeur Gouraud , de jamais- souvenir oublié, « UNE AIGUILLE est moins utile pour guérir une TÊTE SOURDE que pour mettre des boucles d'oreilles dans les *oreilles d'une demoiselle* » ; et que cela montre que le deuxième roi de Juda, nommé David (ou Tête-de-Sourde) commença à régner en 1055 *av* . et, par conséquent, il ne pouvait avoir rien d'autre à voir avec David que de planter du lierre sur sa tombe, lors de certains de ses voyages en Phénicie .
>
> "Je vous remercie pour cette suggestion. J'ai connu ce professeur inoubliable et je ne doute pas qu'il se soit souvenu de David et d'Homère comme de ses amis proches. Mais, bien sûr, à un tel souvenir, un siècle ou deux pourraient facilement s'effacer.
>
> "Maintenant, avez-vous recherché Clément ? Et n'avez-vous pas oublié les marbres arundéliens ? Car, si vous prenez les estimations longues, vous

constaterez que certaines personnes pensent qu'Homère a vécu il y a aussi longtemps que l'an 1150, et d'autres que c'était "Il y a peu de temps", à 850. Et certains placent David à une époque aussi lointaine qu'à 1170, et d'autres le ramènent à cent cinquante ans plus tard. Ce sont les mesures longues et les mesures courtes. Ainsi, le long et le court sont, que vous pouvez garder les deux poètes à 320 ans d'intervalle, alors que moi, j'ai un peu plus d'un siècle que je peux choisir n'importe quelle nuit pour une scène de bivouac dans laquelle les réunir. Croyez-moi, ma chère Miss D., toujours à vous. , etc.

"Avouez que vous avez oublié les billes arundéliennes !"

L'ÉDITEUR SUD-AMÉRICAIN.

[Je suis tenté d'inclure ce petit burlesque dans ce recueil simplement en souvenir du Boston Miscellany, la revue dans laquelle il a été publié, qui s'est acquis une brillante réputation dans sa courte carrière. Il n'y avait pas une grande équipe d'écrivains pour le Recueil, mais de nombreux noms alors inconnus ont depuis été distingués. Pour les citer dans l'ordre accidentel dans lequel je les trouve dans la table des matières, où ils sont classés par ordre alphabétique des différents articles, les contributeurs de Miscellany étaient Edward Everett, George Lunt, Nathan Hale, Jr., Nathaniel Hawthorne, NP Willis, WW Story, JR Lowell, CN Emerson, Alexander H. Everett, Sarah P. Hale, WA Jones, Cornelius Matthews, Mme Kirkland, JW Ingraham, HT Tuckerman, Evart A. Duyckinck, Francis A. Durivage , Mme. J. Webb, Charles F. Powell, Charles W. Storey , Lucretia P. Hale, Charles F. Briggs, William E. Channing, Charles Lanman , GH Hastings et Elizabeth B. Barrett, aujourd'hui Mme Browning, dont certains des premiers des poèmes ont été publiés dans ce magazine. Ce sont tous les contributeurs dont les noms apparaissent, à l'exception des auteurs de quelques vers. Ils ont fourni les neuf dixièmes du contenu du magazine. Les deux Everett , Powell, William Story et mon frère, qui en était le rédacteur, furent les principaux contributeurs. Et je suis tenté de dire que je pense qu'ils ont tous consacré une partie de leur meilleur travail à ce magazine.

Le malheur du Miscellany, je suppose, était que ses éditeurs n'avaient pas de capital. Ils durent recourir aux bidouilles des gravures de mode et autres gravures, dans l'espoir d'imposer une vente immédiate à des personnes qui, s'occupant des gravures de mode, ne se souciaient pas du caractère littéraire de l'entreprise. Cela constituait cependant une très heureuse évasion pour la bonne humeur de certains d'entre nous qui venaient de quitter l'université, et, grâce à la gentillesse de mon frère, il m'était parfois permis de contribuer au journal. En souvenir de ces débuts en tant qu'auteur, j'ai choisi « The South American Editor » pour le publier ici. Pour le New York Observer, je dirai que cette histoire n'est pas vraie. Et pour que personne ne se plaigne du fait qu'il préconise les fuites, je vous prie d'observer, avec le sérieux d'une vie mûre, que la fuite proposée n'a pas réussi, et que les parties qui l'ont proposé sont représentées comme n'ayant d'autres tuteurs ou gardiens qu'eux-mêmes. L'article a été publié pour la première fois en 1842.]

* * * * *

Cela fait maintenant plus de six ans que j'ai reçu la lettre suivante d'un ancien camarade de classe, Harry Barry, qui étudiait la théologie et était alors un ministre établi. C'était une réponse à une communication que je lui avais envoyée la semaine précédente.

"TOPSHAM, RI, 22 janvier 1836.

" A vrai dire, mon cher George, votre lettre m'a un peu effrayé. Dire que moi, installé depuis à peine six mois dans le métier, devrais être admis assez loin dans le roman de celui-ci pour unir à jamais deux jeunes fuyards comme vous et Miss Julia Comment s'appelle est pour le moins curieuse. Mais, pour vous rendre ce qui vous est dû, vous en avez fait valoir de solides arguments, et comme Miss... (quel est son nom, je n'ai pas le vôtre sous la main) n'est pas sous la main. aucune tutelle réelle, je ne vois pas mais j'ai tout à fait le droit d' accéder à votre demande un peu bizarre, vous voyez que j'en fais une affaire consciencieuse.

"Écrivez-moi quand ce sera le cas, et je serai sûr d'être prêt. Jane est bien sûr dans mes conseils, et elle fera en sorte que votre petite femme se sente aussi à l'aise que dans le salon de son père. Faites-nous confiance pour le secret.

"Je l'ai rencontrée la semaine dernière—"

Mais le reste de la lettre n'a rien à voir avec l'histoire.

La fugue dont il est question (si la petite transaction mérite un nom si ronflant) était, dans tous les sens du terme, strictement nécessaire. Julia Wentworth avait résidé pendant des années avec son grand-père, un vieux gentleman pragmatique, à qui, par pure affection, elle avait longtemps accordé une obéissance qu'il n'aurait eu aucun droit d'extorquer, et dont il était parfois disposé à abuser. Il avait déclaré de la manière la plus naïve qu'elle n'épouserait jamais avec son consentement un homme moins fortuné que le sien ; et sur son consentement reposait la perspective qu'elle hérite de ses biens.

Julia et moi, cependant, nous nous soucions peu de l'argent maintenant, nous nous en souciions encore moins alors ; et sa petite propriété et mon petit salaire nous faisaient nous considérer comme entièrement indépendants du vieux gentleman et de sa volonté.

Son intention concernant le mariage de la pauvre fille lui résonnait au moins une fois par semaine aux oreilles, de sorte que nous savions tous deux que je n'avais pas besoin de lui faire la cour, en effet, je ne l'avais jamais vu, l'ayant toujours rencontré en marchant, ou le soir lors d'une fête, d'un spectacle, d'un concert ou d'une conférence. Il s'était montré ces derniers temps plus dominateur que d'habitude, et je n'eus que peu de difficulté à persuader la chère jeune fille de me laisser écrire à Harry Barry, pour prendre l'arrangement auquel il consentit dans la lettre que j'ai copiée ci-dessus. Le raisonnement que je lui ai imposé est évident. Nous nous aimions , le vieux monsieur n'y pouvait rien ; et comme il avait réussi à nous mettre très mal à l'aise à Boston, dans l'état actuel des choses, nous sommes naturellement arrivés à la conclusion que plus tôt nous changerions cet état, mieux ce serait. Notre excursion à Topsham lui serait, supposions-nous, une affaire très désagréable ; mais nous savions que le résultat serait très agréable pour nous, et ainsi, bien qu'avec beaucoup de componction virginale et de compassion de petite-fille de la part de Julia, nous l'avons mis en minorité.

J'ai dit que je n'avais pas la fortune qui me permettrait de me rapprocher du *beau idéal* du vieux gentleman, celui d'un petit-fils. Je vivais alors de mon salaire de rédacteur sud-américain. Le lecteur sait-il ce que c'est ? Le rédacteur en chef sud-américain d'un journal a la responsabilité incontrôlée de ses informations sud-américaines. Lisez pendant un mois n'importe quel journal commercial important et, à la fin, dites-moi si vous avez une idée claire de la situation des différentes républiques (!) d'Amérique du Sud. Si c'est le cas, c'est parce que cette revue emploie une personne dans le seul but de les présenter dans l'ordre le plus clair possible, et cette personne est son rédacteur sud-américain. Le rédacteur en chef du journal gardera au courant tous les détails de toutes les histoires du reste du monde, mais il ne tente guère de le faire en plus. S'il le fait, il échoue. Il est donc nécessaire, pour les raisons les plus impérieuses, que tout bureau de presse américain qui accorde une grande importance à la cohérence ou à la véracité de ses renseignements sud-américains emploie une personne compétente pour prendre la charge que j'occupais au sein de l'établissement du Boston Daily. Argus à l'époque dont je parle. Avant que ce journal entreprenant ne soit vendu, j'en étais « l'homme sud-américain » ; c'était mon seul emploi, sauf que par un accord spécial, moyennant une addition à mon salaire, j'étais engagé pour assister aux nouvelles de Saint-Domingue, du Guatemala et du Mexique. [6]

Lundi après-midi, quinze jours seulement après avoir reçu la lettre de Harry Barry, en faisant ma promenade de l'après-midi autour du Common, j'ai rencontré Julia par hasard. Je marchais toujours dans la même direction quand j'étais seul. Julia a toujours préféré faire le chemin inverse ; c'était la seule chose sur laquelle nous différions. Quand nous étions ensemble, j'ai toujours suivi son chemin, bien sûr, et c'est ce que j'ai préféré.

Je lui avais parlé, bien auparavant, de la lettre d'Harry, et de la chère jeune fille dans cette promenade, après avoir un peu rougi et soupiré, et à moitié hésitante et à moitié hésitante et incertaine, j'ai cédé à mes dernières et plus chaleureuses persuasions, et j'ai accepté de partir. au bal de Mme Pollexfen ce soir-là, prêt à me laisser dans mon traîneau buggy, pour un trajet de trois heures jusqu'à Topsham, où nous savions tous les deux qu'Harry nous attendrait. Je ne sais pas comment elle a réussi à prendre le thé ce soir-là avec son lion de grand-père, car elle ne pouvait alors pas couvrir ses yeux pleins de larmes avec un voile comme elle l'a fait pendant la dernière moitié de notre promenade ensemble. Je sais que j'ai réussi à terminer mon thé et d'autres affaires ordinaires en les sautant. J'ai pris toutes mes dispositions, j'ai dit à Gage et Streeter d'être prêts avec le traîneau chez moi (heureusement à seulement deux portes de chez Mme Pollexfen) à neuf heures et demie, et j'ai été le plus fougueux des hommes quand, en revenant à ces Moi-même, à huit heures, je trouvai les missives suivantes du bureau d'Argus, qui s'étaient accumulées tout au long de l'après-midi.

N°1.

"16 heures, PM

" CHER MONSIEUR :— La poste du sud, qui vient
d'arriver, apporte les journaux de Buenos Ayres six
jours plus tard, par la Medora, à Baltimore.

"En hâte, JC"

(M. C. était le gentleman qui ouvrait les journaux et arrangeait les décès et les mariages ; il m'envoyait toujours gentiment quand j'étais absent.)

N°2.

"17 heures, PM

"CHER MONSIEUR :— Le navire américain Preble
est à Portsmouth ; le dernier en provenance de
Valparaiso. Le courrier n'est pas trié.

"Votre, JD"

(M. D. a organisé les nouvelles du navire pour l'Argus.)

N ° 3.

"6 heures, après-midi

"CHER MONSIEUR :— J'ai embarqué ce matin, au
large de Cape Cod, le Blunderhead, en provenance de
Carthagène , et j'ai les papiers d'une semaine plus tard.

"Vraiment vôtre, JE"

(M. E. était le commodore entreprenant de nos bateaux de presse.)
Numéro 4.

"6 heures 1/4, PM

"CHER MONSIEUR :— Je viens d'ouvrir accidentellement la lettre ci-jointe, de notre correspondant à Panama. Vous verrez qu'elle porte un cachet de la poste de la Nouvelle-Orléans. J'espère qu'elle pourra s'avérer exclusive.

"Votre, JF"

(M. F. était rédacteur en chef de l'Argus.)
N ° 5.

"6 heures et demie, PM

"CHER MONSIEUR :— Un marin, qui semble être un homme intelligent, est arrivé ce matin à New Bedford et dit qu'il a des nouvelles de la rébellion en Équateur plus tard que toutes celles publiées. Le Rosina (son navire) n'a apporté aucun papier. Je lui a demandé de venir dans votre chambre à huit heures, ce qu'il a promis de faire.

"Vraiment vôtre, JG"

(M. G. était employé au comptoir Argus.)
Numéro 6.

"7 heures et demie, PM

« Cher Monsieur : Les papiers de la Ville de Lyon, du Havre, que je viens de recevoir, mentionnent la fuite signalée de M. Bonpland du Paraguay, la mort présumée du Dr Francia, le renversement probable du gouvernement, l'éventuel l'établissement d'une république, et bien plus que ce que je comprends du tout.

"Ces papiers n'étaient pas arrivés lorsque je vous ai écrit cet après-midi. Je les ai laissés sur votre bureau au bureau.

"En hâte, JF"

J'ai été tout surpris par cette masse de petites notes bizarres. J'avais passé l'après-midi à expliquer à Singleton , le plus gentil des amis, ce qu'il devrait faire en cas d'éventuelles nouvelles des prochaines quarante-huit heures, car je n'avais pas l'intention de m'absenter pour une tournée de mariage encore plus longtemps que cela. temps; mais je sentais que Singleton n'était absolument pas à la hauteur d'une telle tempête d'intelligence ; et, alors que je me précipitais vers le bureau, ma principale sensation était celle de la gratitude que le nuage s'était brisé avant que je sois parti ; car je savais que je pouvais faire beaucoup de choses en une heure, et j'avais confiance que je pourrais préparer mon résumé le plus rapidement possible et être chez Mme Pollexfen dans le délai convenu.

Je me suis précipité dans le bureau avec cet état de zèle dans lequel un homme peut tout faire en un rien de temps. Mais il me fallait d'abord aller dans la salle de conversation et prendre des nouvelles orales de mon marin ; puis MH ; d'un des petits bateaux de nouvelles, est venu vers moi tout joyeux, avec des Gazettes du Venezuela, qu'il venait d'extorquer à un capitaine, qui, avec une grande vraisemblance, lui a dit qu'il savait que son navire n'avait apporté aucune nouvelle, car il jamais eu auparavant. (NB Dans ce cas, il était le seul navire à naviguer, après trois mois de blocus.) Et puis je m'étais remis par M. J., l'un des commerçants, une lettre privée de Rio Janeiro, qui avait été lui a prêté. Après ces retards, avec des documents complets, je me suis mis au travail : lire, lire, lire ; émerveillez-vous, émerveillez-vous, émerveillez-vous; devinez, devinez, devinez; gratter, gratter, gratter; et gribouiller, gribouiller, gribouiller, c'est la seule transcription que je puisse donner des opérations qui suivirent. Au début, plusieurs autres messieurs présents dans la pièce étaient assis autour de moi ; mais bientôt M. C., après avoir réglé les décès et les mariages, et immédiatement après lui la police et les journalistes municipaux, éteignirent leurs lampes et rentrèrent chez eux ; puis le rédacteur en chef lui-même, puis les journalistes législatifs, puis les rédacteurs commerciaux, puis le conducteur des nouvelles du navire, et il m'a laissé tranquille.

Je les enviais d'avoir fini beaucoup plus tôt que d'habitude, mais de continuer, seulement interrompus par les compositeurs venant chercher les pages de ma copie au fur et à mesure que je les terminais ; et enfin, ayant fait ma dernière traduction du dernier *Boletin Extraordinario*, s'est levé en criant : « Maintenant, chez Mme P. » et a regardé ma montre . Il était une heure et demie ! [7]Je pensais bien sûr que cela s'était arrêté, — non ; et ma dernière page de manuscrit portait le numéro vingt-huit ! Est-ce que j'avais écrit là cinq heures ? Oui!

Lecteur, quand on est éditeur, avec les explosions d'un continent à décrire, on comprend comment on peut être inconscient du temps qui passe.

Je suis rentré chez moi, le cœur triste. Il n'y avait pas de lumière dans toute la maison de M. Wentworth ; il n'y en avait aucune aux fenêtres de Mme Pollexfen ; [8]et la dernière voiture de son dernier parent avait quitté sa porte. J'ai trébuché dans le noir et me suis jeté sur mon lit. Que devrais-je dire, que pourrais-je dire à Julia ? En réfléchissant ainsi, je me suis endormi.

* * * * *

Si j'écrivais un roman, je dirais que, le lendemain, à une heure tardive, j'écartai nonchalamment les rideaux azur de mon lit, et je sonnai langoureusement une cloche d'argent qui se trouvait sur ma coiffeuse, et je reçus d'un page j'habillais en costume oriental les notes et les lettres qui m'avaient été laissées depuis le matin, ainsi que les journaux du jour.

Je n'écris pas de roman.

Le lendemain matin, vers dix heures, je me levai et descendis prendre le petit déjeuner. Alors que j'étais assis à la table encombrée que tout le monde avait laissée, redoutant d'attaquer mon café froid et mes toasts, j'ai aperçu les journaux du matin et j'en ai reçu une petite consolation. Il y avait l'Argus avec ses trois colonnes et demie d'« Importants d'Amérique du Sud », alors qu'aucun des autres journaux n'avait un carré quelconque d'intelligibilité, à l'exception de ce qu'ils avaient copié de l'Argus la veille. J'ai senti un sourire sinistre se dessiner sur mon visage en observant ce triomphe signalé de notre journal, et j'ai osé prendre une gorgée de bouillon noir tout en parcourant mon propre article pour voir s'il contenait des fautes d'impression flagrantes. Cependant, avant que j'aie bu la deuxième gorgée, un coup de sonnette retentit à la porte annonçant la présence d'un étranger et, immédiatement après, on m'apporta un mot que je savais être de la main de Julia.

> "CHER GEORGE : Ne vous fâchez pas ; ce n'était pas ma faute, ce n'était vraiment pas ma faute. Grand-père est rentré à la maison juste au moment où je partais hier soir et était tellement en colère qu'il m'a dit de ne pas aller à la fête, et j'ai J'ai dû rester assis avec lui toute la soirée. Écrivez-moi ou laissez-moi vous voir ; faites quelque chose... "

Quelle charge cette note m'a fait perdre l'esprit ! Et pourtant, qu'a dû souffrir la pauvre fille ! Le vieil homme pourrait-il se douter ? Singleton était fidèle à moi comme l'acier, je le savais. Il n'aurait pas pu murmurer, ni Barry ; que Jane, la femme de Barry. Ô femme ! femme! quels journalistes ils sont ! Nous étions là, Julia et moi, rendues malheureuses à vie, peut-être simplement parce que Jane Barry avait une bonne histoire à raconter. Quel droit Barry avait-il envers une femme ? Il n'a pas quitté l'université depuis quatre ans et s'est à peine installé dans sa paroisse. Dire que j'avais été assez stupide pour lui confier les détails de mon secret le plus important ! Mais là, je fus de nouveau interrompu, la tasse de café encore pleine, les toasts encore intacts, par une autre missive.

> "Mardi matin.
>
> " MONSIEUR :— Je souhaite vous voir ce matin. Voulez-vous me rendre visite, ou fixer une heure et un lieu où je pourrai vous rencontrer ?
>
> "Votre, JEDEDIAH WENTWORTH."

> "Envoyez un message par le porteur."

"Dites à M. Wentworth que je passerai chez lui à onze heures."

Le chat était certainement sorti ; Mme Barry l'avait dit, ou quelqu'un d' autre l'avait fait, que je ne connaissais pas et qui ne m'en souciait guère. La scène allait se produire maintenant, et j'en étais presque content. Pauvre Julia ! quel temps elle a dû passer avec le vieil ours !

À onze heures, je fus introduit dans le salon de M. Wentworth. Julia était là, mais avant même que je lui aie parlé, le vieux monsieur traversa la pièce en courant avec son « M. Hackmatack, je suppose » ; puis a suivi une introduction formelle entre moi et elle, que nous avons tous deux supportée avec le courage et le sang-froid les plus louables, ne prouvant pas, même par un regard, que nous nous étions jamais vus ou entendus auparavant. Voilà un autre poids qui me libérait de l'esprit et de celui de Julia. J'avais fait du tort à la pauvre Mme Barry. Le secret n'était pas dévoilé – que pouvait-il vouloir ? Il est apparu très vite.

Après une minute de discussion sur le temps, la neige et le thermomètre, le vieux monsieur approcha sa chaise de la mienne en disant : « Je pense, monsieur, que vous êtes en contact avec le bureau Argus ?

"Oui, monsieur ; j'en suis le rédacteur sud-américain."

"Oui !" rugit le vieillard, soudain en colère. "Monsieur, j'aimerais que l'Amérique du Sud soit coulée dans les profondeurs de la mer !"

"J'en suis sûr, monsieur", répondis-je en jetant un coup d'œil à Julia, qui cependant ne me comprenait pas. Je n'étais pas complètement sorti de ma détresse de la nuit dernière.

Mon zèle compatissant apaisa un peu le vieux monsieur, et il dit plus froidement, à voix basse : « Eh bien, monsieur, vous êtes bien informé, sans doute ; dites-moi, dans le plus grand secret, monsieur, entre vous et moi, est-ce que... accordez-vous tout le crédit, toute confiance aux informations contenues dans le journal de ce matin ? »

" Excusez-moi, monsieur ; à quel papier faites-vous allusion ? Ah ! l'Argus, je vois. Certainement, monsieur ; je n'ai aucun doute qu'il soit parfaitement exact. "

" Sans doute, monsieur ! Voulez-vous m'insulter ?... Julia, je vous l'ai bien dit ; il dit que c'est sans aucun doute vrai. Répétez-moi qu'il y a une erreur, voulez-vous ? " La pauvre fille avait essayé de l'apaiser avec la remarque constante de gens mal informés, que les journaux ont toujours tort. Il se détourna d'elle et se leva de sa chaise avec une rage positive. Elle pleurait à moitié. Je ne l'ai jamais vue plus affligée. Qu'est-ce que tout cela signifiait ? Étions-nous un, deux ou tous fous ?

Il est vite apparu. Après avoir parcouru une ou deux fois la pièce, Wentworth s'est approché de nouveau de moi et, essayant de paraître calme, m'a dit entre ses lèvres fermées : « Dites-vous que vous n'avez aucun doute sur le fait que Rio Janeiro est strictement bloqué ?

"Pas le moins du monde", dis-je en essayant de paraître indifférent.

" Pas du tout, monsieur ? Pourquoi êtes-vous si impudent et si froid ? Pensez-vous que vous parlez de l'ouverture d'un bouton de rose ou de la mort d'un moustique ? N'avez-vous aucune sympathie pour les souffrances d'un camarade... créature ? Pourquoi, monsieur ! » Et les dents du vieil homme claquaient pendant qu'il parlait : « J'ai cinq cargaisons de farine en route vers Rio, et leurs capitaines le feront... Bon sang, monsieur, je vais perdre toute l'entreprise.

Le secret était dévoilé. Le vieil imbécile envoyait de la farine à Rio, sachant aussi peu de choses sur la situation là-bas qu'un enfant.

" Et voulez-vous vraiment dire, monsieur, " continua le vieil homme , " qu'il y a un embargo en vigueur à Monte Vidéo ? "

"Certainement, monsieur; mais j'en suis vraiment désolé."

"Désolé ! bien sûr que vous l'êtes ; et que tous les étrangers sont expulsés de Buenos Ayres ?"

" Sans aucun doute, monsieur. Je souhaite... "

" Qui ne le souhaite pas ? Pourquoi, monsieur, mes amis correspondants sont à moitié de l'autre côté de la mer à ce moment-là. J'aimerais que Rosas soit là... et que les Indiens se soient levés près de Maranham ? "

"Sans aucun doute, monsieur."

" Sans aucun doute ! Je vous le dis, monsieur, j'ai là-bas deux navires qui attendent des cargaisons de caoutchouc indien, sous les ordres d'un capitaine maladroit, qui ne fera rien de ce qu'il n'a pas été invité à faire , — obéira à ses ordres s'il brise ses propriétaires. Vous souriez, monsieur ? Eh bien, j'aurais dû gagner trente mille dollars cet hiver, monsieur, grâce à mes caoutchoucs indiens, si nous n'avions pas eu ce temps diaboliquement doux et ouvert, vous et Miss Julia l'avez loué. Mais l'hiver prochain ça doit être sévère, et avec ces caoutchoucs indiens j'aurais dû faire... Mais maintenant ces Indiens,... pshaw ! Et une révolution au Chili ?

"Oui Monsieur."

"Pas de commerce là-bas ! Et au Venezuela ?"

"Oui Monsieur"

"Oui, monsieur; oui, monsieur; oui, monsieur; oui, monsieur! Monsieur, je suis ruiné. Dites:" Oui, monsieur "à cela. J'ai treize navires en ce moment dans le commerce sud-américain , monsieur ; dites" Oui, monsieur", à cela. La moitié d'entre eux seront emmenés par les canailles pirates; dites "Oui, monsieur", à cela. Leur assurance ne les couvrira pas; dites "Oui, monsieur", à cela. L'autre moitié le fera. confisquez leurs cargaisons, ou vendez-les pour presque rien ; dites « Oui, monsieur », à cela. Je vous dis que je suis un homme ruiné, et je souhaite que l'Amérique du Sud, et votre Argus quotidien, et vous... »

Ici, l'éducation à l'ancienne du vieux gentleman eut raison de sa rage, et il se laissa tomber dans son fauteuil et, fondant en larmes, dit : « Excusez-moi, monsieur, excusez-moi, monsieur, j'ai trop chaud. ".

Nous sommes tous restés assis quelques instants en silence, puis j'ai pris ma part de la conversation. J'aurais aimé que vous puissiez voir le visage du vieil homme s'éclairer petit à petit, alors que je lui montrais que pour une personne qui comprenait la politique et la situation du pays changeant avec lequel il

avait tenté par ignorance de commercer, son état n'était pas si mauvais. comme il le pensait; que même si un port était bloqué, un autre était ouvert ; que même si une révolution le contrecarrait, quelques semaines en montreraient une autre qui le favoriserait ; que les marchandises qui, à son avis, n'auraient aucune valeur au port où il les avait envoyées, auraient de la valeur ailleurs ; que les navires qui ne parviendraient pas à sécuriser les cargaisons qu'il avait commandées pourraient en sécuriser d'autres ; que les révolutions et les guerres mêmes qui le troublaient nécessiteraient dans certains cas de gros achats gouvernementaux, peut-être de gros contrats de fret, peut-être même de passage ; ses navires pourraient être utilisés pour les transports ; que l'agitation même de certains districts pourrait tourner à notre avantage ; qu'en un mot, il lui restait mille chances que des agents habiles pourraient facilement exploiter. Je lui ai rappelé qu'un rapide voyage en goélette clipper pouvait donner des instructions à la moitié de ses capitaines, à qui, avec un engouement que je ne pouvais et ne peux pas concevoir, il n'avait laissé aucune discrétion, et qui en effet devaient être pardonnés s'ils ils ne pouvaient en utiliser aucun, voyant le tumulte comme ils le faisaient avec seulement un demi-œil. Je lui ai parlé pendant une demi-heure et je suis entré dans les détails pour lui montrer que mes projets n'étaient pas impraticables. Le vieux monsieur devenait de plus en plus brillant, et Julia, comme je le voyais, chaque fois que je jetais un coup d'œil à travers la pièce, se sentait de plus en plus heureuse. La pauvre fille avait eu du mal depuis qu'il avait entendu cette nouvelle chuchotée la veille au soir.
Ses difficultés n'étaient cependant pas terminées ; car lorsque je lui parlai de la nécessité d'envoyer immédiatement un ou deux agents habiles pour prendre la direction personnelle de ses affaires compliquées, le vieillard soupira et dit qu'il n'avait pas d'agents habiles à envoyer.
Avec sa méfiance habituelle, il n'avait aucun associé et n'avait jamais confié à ses commis un aperçu général de ses affaires. D'ailleurs, il les considérait tous, comme ses capitaines, comme des gaffeurs au dernier degré. Je crois que c'est une idée de Julia, communiquée dans un regard avide et suppliant, qui m'a déterminé à me proposer comme l'un de ces agents de confiance et à être responsable de l'autre. Je pensais, en parlant, à Singleton, à qui je savais que je pourrais expliquer pleinement mes projets, et dont l'expérience mercantile ferait de lui un coadjuteur précieux. Le vieux monsieur accepta mon offre avec empressement. Je lui ai dit que vingt-quatre heures, c'était tout ce que je voulais pour me préparer. Il prit immédiatement des mesures pour l'affrètement de deux petites goélettes clipper qui se trouvaient alors au port ; et avant que deux jours ne se soient écoulés, Singleton et moi étions en route vers l'Amérique du Sud. Imaginez, si vous le pouvez, comment se sont déroulés ces deux jours. À l'époque comme aujourd'hui, je pouvais préparer n'importe quel voyage en vingt minutes et, bien entendu, je disposais de beaucoup de temps pour prononcer mes derniers mots avec M. et… Miss

Wentworth. Comme j'ai conquis le cœur du vieux gentleman pendant ces deux jours ! Comme il m'a loué auprès de Julia, et puis, avec une affection aussi naturelle, comme il l'a louée auprès de moi ! Et comme Julia et moi avons souri à travers nos larmes, quand, lors de nos derniers adieux , il a dit qu'il était trop vieux pour écrire ou lire autre chose que des lettres d'affaires, et il nous a chargé, elle et moi, d'entretenir une correspondance étroite qui, d'un côté, je devrais raconter tout ce que j'ai vu et fait, et d'un autre côté me rappeler tout ce qui se passait à la maison.

* * * * *

Je n'ai ni le temps ni la place pour donner les détails de cette expédition sud-américaine. Je n'en ai pas le droit. Il y a eu des révolutions accomplies à cette époque sans aucun but aux yeux du monde ; et, même dans le mien, ne servant qu'à vendre certaines cargaisons de toiles longues et de farine. Les détails de ces épidémies maintenant révélés feraient trembler certains présidents patriotes dans leur siège ; et je n'ai pas le droit de trahir ma confiance, quel que soit le prix auquel je l'ai acheté. Habituellement, en effet, mes exploits et ceux de Singleton consistaient seulement à obtenir les meilleures informations et à communiquer les instructions les plus rapides aux navires de M. Wentworth, qui étaient obligés de se déplacer de port en port avec une rapidité et une complexité de mouvement que personne, à part nous deux, ne comprenait dans le monde. moins. C'est au cours de cette expédition que j'ai parcouru presque seul le continent. J'étais, je pense, le premier homme blanc à avoir emprunté le sentier de montagne de Xamaulipas , si célèbre aujourd'hui dans toutes les annuelles pittoresques chiliennes. Je portais des indications pour quelques vaisseaux qui avaient contourné le Cap ; et quel temps Burrows, Wheatland et moi avons passé une semaine après, lorsque nous sommes arrivés sur la place publique de Valparaiso en criant : « Muera la Constitucion , — Viva Libertad ! par nos propres poumons, sans aide, soulevant une rébellion et, ce qui était plus important, une interdiction de la farine étrangère, tandis que Bahamarra et son armée étaient à moins de cent milles de nous. Comment ces navires sont arrivés au port et comment nous les avons déchargés, sachant qu'au mieux notre révolution ne pourrait durer que cinq jours ! Mais comme je l'ai dit, je dois faire attention, sinon je révélerai les secrets des autres.

Le résultat de cette expédition fut que ces treize navires firent tous de bons voyages à l'aller, et tous sauf un ou deux effectuèrent finalement des voyages de retour rentables. Quand je suis rentré chez moi, le vieux monsieur m'a reçu à bras ouverts. J'avais sauvé, comme il le disait, une grande part de cette fortune à laquelle il tenait tant. A vrai dire, j'ai senti et je sens qu'il avait si aveuglément planifié ses voyages, que, sans une tête plus sage que la sienne, ils n'auraient jamais abouti à rien. C'étaient ses dernières, comme presque ses premières, aventures sud-américaines. Il est revenu à son ancien cours de trading plus méthodique pour les quelques années restantes de sa vie. C'était,

Dieu merci, le seul avant-goût des affaires commerciales que j'aie jamais eu. Vivant comme je l'ai fait, sous le soleil même de la faveur de M. Went Worth, j'ai vécu la farce amusante de payer mes adresses à Julia sous une forme approuvée, et j'ai reçu en temps voulu l'assentiment cordial du vieux gentleman à notre union et sa bénédiction sur il. Six mois après mon retour, nous nous sommes mariés ; le vieil homme heureux comme un roi. Il aurait un peu préféré que la cérémonie soit célébrée par M. B..., son ami et pasteur, mais il a facilement accédé à mon désir de faire appel à un de mes chers et premiers amis.
Harry Barry est venu de Topsham et a célébré la cérémonie, "assisté du révérend Mr. B."

GH

CHALET ARGUS, 1er avril 1842.

L'ANCIEN ET LE NOUVEAU, FACE À FACE.

UN CROQUIS EN ONGLES.

[Cet essai a été publié dans Sartain's Magazine, en 1852, sous le titre « A Thumb-nail Sketch », après avoir reçu l'un des dix prix que M. Sartain offrait pour encourager les jeunes écrivains. Il avait été écrit quelques années plus tôt, quelque temps avant que les études sur la vie de saint Paul par Conybeare et Howson, aujourd'hui si connues, ne soient rendues publiques. La chronologie de mon essai ne correspond pas exactement à celle de ces éminents chercheurs. Mais je ne tente maintenant ni de reformuler l'essai, ni de discuter les questions délicates et compliquées qui appartiennent à la chronologie de la vie de Paul ou à celle de Néron ; car il n'y a aucun doute quant aux faits principaux. Au bout de vingt ans, je pourrai exprimer à nouveau le souhait qu'un maître compétent dans les plus grands thèmes prenne le procès de Paul comme sujet d'un tableau.]

* * * * *

Dans une salle d'audience romaine, l'ancienne civilisation et la nouvelle civilisation ont fait ressortir, à la naissance même de la nouvelle, leurs champions choisis.

Dans cette petite scène, comme dans l'une des études miniatures de Rembrandt pour un grand tableau, les lumières et les ombres sont aussi distinctes qu'elles le seront jamais dans la plus grande scène de l'histoire. Les champions étaient de parfaits représentants des partis. Et n'importe quel homme, doté d'une âme d'homme et regardant, aurait pu prophétiser l'issue de la grande bataille à partir de l'issue de cette lutte.

La vieille civilisation de l'Empire romain, justement à cette époque, avait atteint un point qui, sous toutes ses formes extérieures qui frappent l'œil, considérerait notre époque comme véritablement mesquine. Il y avait des palais de marbre, où même les rois modernes construisaient en brique avec une façade en marbre pour attirer le regard ; il comptait ses armées par milliers, là où nous comptons les nôtres par centaines ; il surmontait de longues colonnades avec ses statues exquises, que le travail moderne creuse profondément dans les villes en ruine, parce qu'il ne peut les égaler par son propre génie ; il y avait des routes qui sont presque éternelles et qui, pour leur usage, montrent un luxe de richesse et de travail que notre locomotion tant

vantée ne peut rivaliser. Ce sont ses œuvres à plus grande échelle. Et si vous entrez dans les palais, vous découvrez des tableaux d'une valeur incomparable, des robes riches que les métiers à tisser modernes ne peuvent rivaliser et des meubles somptueux devant lesquels les temps modernes ne peuvent que s'émerveiller. L'extérieur de l'ancienne civilisation n'a pas d'égal par rapport à l'extérieur de la nôtre, et il le sera pendant des siècles. Nous ne l'avons pas dépassé là-bas. Et nous voyons comment il a atteint cette distinction, tel qu'il était. Cela est dû à la concentration constante du pouvoir. Le pouvoir entre quelques mains est le secret de son éclat et de sa gloire. Et c'est ainsi que cette forme de civilisation atteignit son apogée au moment de la plus grande unité de l'Empire romain. Quand l'Empire se reposait, après les convulsions dans lesquelles il était né ; quand une génération fut décédée de ceux qui avaient été citoyens romains ; lorsqu'une génération surgit qui, à l'exception d'un seul homme, l'empereur, était une nation de sujets romains, alors l'Empire était à son apogée de puissance, sa centralisation était complète, le système de sa civilisation était au zénith de son succès.
C'est à ce moment-là que se levait à Rome les premières lueurs grises de la nouvelle civilisation.
À ce moment-là, cette courte scène, dans cette seule pièce, contrastait les deux aussi clairement qu'elles peuvent l'être même au cours de longs siècles. Il y a un homme, l'empereur, qui est un type précis, un exact représentant de l'ancien. Cet homme se trouve confronté à un autre qui est un type précis, un représentant exact du nouveau.
Regardez-les seulement tels qu'ils sont là ! L'homme qui illustre le mieux l'ancienne civilisation lui doit l'éducation la plus soignée. Depuis son enfance, il en est le chouchou. Son principe est la concentration sous un seul chef. Il est cette tête. Quand il est enfant, les hommes savent qu'il sera l'empereur du monde. Les sages du monde l'enseignent ; les poètes du monde le flattent ; les princes du monde s'inclinent devant lui. Il est formé à toutes les réalisations élégantes ; il est guidé dans une société gracieuse et luxueuse. Son allure est celle d'un empereur ; son visage est le visage d'une belle beauté physique. Imaginez-vous le visage sensuel d'un jeune Bacchus, beau comme les diables de Milton ; imaginez-le vêtu d'une splendeur devant laquelle même le luxe anglais est mesquin ; paré de bijoux, auxquels même la pompe orientale est un clinquant ; imaginez une expression de haine fatiguée, de convoitise basse et brutale, accrochée à ces traits licencieux exquis, et vous avez devant vous le type de la civilisation romaine. C'est le garçon qui vient tout juste de devenir viril et que, plus tard, nous désignerons comme l'incarnation la plus basse de la méchanceté et de la cruauté ! Vous regardez Néron !
Non seulement cet homme est un type exact de la civilisation antique, de son pouvoir central, de sa beauté extérieure, mais l'époque précise de notre esquisse est le point culminant exact des résultats *moraux* de la civilisation

antique. Nous devons regarder Néron au moment où il revient à Rome après un voyage dans le Sud. [2]Ce voyage avait un but, qui réussit. À son au-delà, il donne un souvenir qui ne meurt jamais. Il s'est rendu dans son magnifique palais de campagne pour pouvoir tuer sa mère !

Nous pouvons nous représenter Agrippine, en sachant qu'elle était la mère de Néron, et notre tableau ne manquera pas d'un point. Elle a toute la beauté des sens, tout l'attrait de la passion. En effet, elle est l'impératrice de Rome, car elle est la reine de la beauté et de la luxure. Elle est la plus belle parmi les belles de Rome ; mais quelle est cette beauté de trait dans un état dont aucune matrone n'est vertueuse, dont aucune fille n'est chaste ? C'est la beauté des sens seuls, ornement digne de cette grandeur extérieure, de cette vieille société.

Dans l'enfance de son fils, cette belle Agrippine consulta une troupe de devins sur son sort ; et ils lui dirent qu'il vivrait jusqu'à devenir empereur de Rome et qu'il tuerait sa mère. Avec toute l'extase de l'orgueil d'une mère fusionnée si étrangement avec tout l'excès de l'amour du pouvoir d'une femme ambitieuse, elle s'écria en réponse : « Il peut me tuer, si seulement il dirige Rome ! [dix]

Elle a parlé de son propre destin avec ces mots.

En voici le récit par Tacite. Néron avait fait tous les préparatifs ; J'avais arrangé une barge pour que, tout d'un coup, son pont puisse tomber lourdement sur ceux qui se trouvaient dans la cabine et les écraser en un instant. Il entendait ainsi donner au meurtre qu'il projetait l'aspect d'un accident. Il conduisit Agrippine à ce vaisseau fatal. En chemin, il lui parla affectueusement et gravement ; "et quand ils se séparèrent au bord du lac, avec sa vieille familiarité d'enfant, il la serra étroitement contre son cœur, soit pour cacher son dessein, soit parce que la dernière vue d'une mère, à la veille de la mort, toucha même sa nature cruelle, et puis lui a fait ses adieux.

Juste à l'endroit du lac qu'il avait indiqué, alors que l'Impératrice était assise dans sa cabine, discutant avec ses serviteurs, le perfide pont s'abattit sur eux tous. Mais le complot a échoué. Elle vit mort à ses pieds l'un de ses favoris, écrasé par le coup soudain. Mais elle y avait échappé. Elle vit que la mort les attendait tous sur le navire. Les hommes alentour s'élancèrent, prêts à exécuter les ordres de leur maître d'une manière moins maladroite et plus sûre. Mais l'Impératrice, accompagnée d'un de ses serviteurs, sauta du navire perfide vers les vagues moins traîtres. Et là, sa fidèle amie, avec un esprit de femme et un dévouement de femme, s'attira sur la tête les coups et les coups des meurtriers d'en haut, en criant comme en se noyant : « Sauve-moi, je suis la mère de Néron ! En prononçant ces paroles de dévouement, elle fut tuée par les meurtriers d'en haut, tandis que l'Impératrice, dans un silence plus sûr, soutenue par des fragments de l'épave, flottait jusqu'au rivage.

Néron avait ainsi échoué dans son crime secret, et pourtant il savait qu'il ne pouvait pas s'arrêter là. Et le lendemain de la délivrance de sa mère, il envoya un soldat dans son palais, avec une garde ; et là, où elle fut abandonnée même par son dernier serviteur, sans prétention de secret, on mit à mort la fille et la mère d'un César . Et Néron n'attend que de regarder en riant la beauté du cadavre, pour revenir reprendre son gouvernement à Rome.

Ce moment fut le point culminant de la civilisation antique. Il est complet dans son pouvoir centralisateur ; il est complet dans sa beauté extérieure ; il est complet dans son crime. Beau comme l'Eden à l'oeil, avec luxe, avec confort, avec une indolence facile pour tous ; mais de la poussière et des cendres sous la surface ! C'est corrompu en tête ! C'est corrompu au cœur ! Il n'y a rien de ferme !

C'est le moment que je prends pour notre petite photo. A ce moment précis s'annonce le premier germe de la nouvelle civilisation. Au milieu même de ce mensonge, résonne une voix de vérité ; dans les bras mêmes de ce géant, joue le petit garçon qui va le clouer au sol. Ce Néron revient lentement en ville. Il reçoit les félicitations du Sénat, qui le remercie ainsi que les dieux d'avoir assassiné sa propre mère. Avec l'agonie d'une conscience éternelle qui le torture, il s'efforce d'éviter les soucis par l'amusement. Il espère détourner la foule du mépris par la grandeur de ses divertissements publics. Il agrandit pour eux le cirque. Il appelle des bêtes inouïes à appâter et à tuer pour leur plaisir. Les meilleurs acteurs déclament, les plus doux musiciens chantent, pour que Néron oublie sa mère et que son peuple l'oublie.

A cette époque, les hommes d'État qui dirigent les affaires l'informent que son attention personnelle est requise un matin pour un procès d'État, qui sera plaidé devant l' Empereur en personne. L'Empereur doit-il être là ? Ne peut-il pas perdre ses heures en flatteries de courtisans menteurs ou en mensonges mielleux d'une maîtresse ? S'il choisit ainsi de reporter l'audience, qu'il en soit ainsi ; Sénèque, Burrhus et ses autres conseillers obéiront. Mais le moment viendra où le garçon épuisé se réjouira un matin de la majesté de l'État presque oubliée. Le moment vient un jour. Fatigué par la dissipation de la semaine, inquiété par quelque erreur de ses flatteurs, il fait venir ses plus sages conseillers et leur ordonne de le conduire à la salle d'audience, où il s'occupera de ces affaires qui nécessitent la décision de l'empereur. C'est à ce moment-là qu'il faut le contempler.

Il est assis là, sur ce trône sans égal, le visage pâle et maladif de la débauche enfantine ; son jeune front usé par les rides sensuelles prématurées de la luxure ; et ses yeux injectés de sang à cause de l'intempérance de la nuit dernière. Il est assis là, le garçon empereur , essayant en vain de s'exciter et de l'oublier, dans le blason de cette pompe, et leur ordonne d'appeler la prisonnière.

Entre un soldat, aux côtés duquel le prisonnier est enchaîné depuis des années. Ce soldat est un vétéran éprouvé des cohortes prétoriennes . Il a été choisi pour que ce criminel ne puisse échapper à lui ; et c'est dans ce but qu'ils ont été inséparablement liés. Mais, tandis qu'il conduit cet autre à travers la salle, il le regarde avec un regard et un sérieux qui montrent qu'il n'est pas un criminel pour lui. Depuis longtemps, le criminel est le gardien de son gardien. Depuis longtemps, le gardien soigne le prisonnier avec toute l'ardeur de l'affection d'un fils retrouvé.

Ils conduisent ce captif aux cheveux gris en avant et, de son œil d'aigle, il jette un regard attentif autour de la salle. Cet œil brillant a déjà fait trembler les monarques ; et ces lèvres minces ont prononcé des mots qui feront sonner le monde jusqu'au dernier moment du monde. Le majestueux captif oriental se déplace sans crainte à travers l'assemblée, jusqu'à ce qu'il fasse un salut de sujet à l' empereur -juge qui doit l'entendre. Et quand alors le sage aux cheveux gris s'agenouille devant le garçon sensuel, on voit le prophète de la nouvelle civilisation s'agenouiller devant le monarque de l'ancienne ! Vous voyez Paul faire la révérence formelle d'un sujet à Néron ! [11]

Laissez-moi rendre justice au tribunal qui doit le juger. Dans ce tribunal, il n'y a pas seulement la pompe de Rome et son crime ; nous avons aussi le meilleur de sa sagesse. À côté du garçon dissolu Néron, se tient le premier ministre Sénèque, le chef des philosophes de son temps ; « Sénèque le saint », crient les chrétiens du siècle prochain. Nous le considérerons comme Sénèque le sage, Sénèque presque le bon. C'est à ce sage qu'avait été donnée l'éducation du monstre qui devait gouverner le monde. Ce sage l'avait introduit au pouvoir, avait contenu sa folie quand il le pouvait, et avec son collègue avait dirigé l'administration générale de l'Empire avec le plus grand honneur, tandis que le garçon s'épuisait dans la débauche du palais. Sénèque a osé en dire plus à Néron, s'aventurer davantage avec lui, que n'importe quel autre homme. Car le jeune tigre avait peur de son vieux maître longtemps après avoir goûté au sang. Pourtant, le système de Sénèque était un système lâche. C'était le meilleur de la morale romaine et de la philosophie grecque, et pourtant c'était méchant. Son audace était le plus courageux des hommes de l'ancienne civilisation. Il est le type de leurs excellences, comme Néron est le modèle de leur puissance et de leurs ornements. Et pourtant, tout ce que l'audace de Sénèque pouvait oser était de séduire le bébé-tyran dans la tyrannie la moins nuisible. Du pillage d'une province il le détournerait par le carnage du cirque. Du meurtre d'un sénateur, il pourrait l'attirer par quelque nouveau désir chez lui. De la ruine de l'Empire, il pouvait le séduire en le détournant de la ruine d'une famille noble. Et Sénèque l'a fait avec les meilleures motivations. Il a dit qu'il avait utilisé tout le pouvoir entre ses mains, et il pensait l'avoir fait. Il faisait partie de ces hommes dont tous les temps ont leur part. Le plus courageux de son temps, il se contenta d'attirer l'empereur imberbe par de petits délits contre le mal public ; il pouvait le flatter à bon escient. Il n'osait pas lui donner l'ordre de droite.

Mais Sénèque savait ce qui était juste. Sénèque avait également une conscience bien formée, qui lui disait le bien et le mal. Le frère de Sénèque, Gallion, avait sauvé la vie de Paul alors qu'une foule juive l'aurait mis en pièces à Corinthe ; et la légende veut que Sénèque et Paul aient correspondu avant de se trouver ensemble en présence de Néron, l'un comme conseiller, l'autre comme criminel. [12] Lorsque Paul se leva de cette salutation formelle, lorsque l'apôtre de la nouvelle civilisation s'adressa au monarque chancelant de l'ancienne, s'il y avait eu un seul homme dans cette assemblée, aurait-il pu ne pas voir que c'était un tournant dans l'histoire ? l'histoire du monde ? Devant lui, dans cette petite salle, à cette petite heure, se déroulait la scène qui, pendant des siècles, se jouerait sur la plus grande scène.

La foi d'un côté, avant l'opportunisme et la cruauté de l'autre ! Paul avant Sénèque et Néron ! Il était prêt à s'adresser à Néron, avec l'éloquence et la véhémence qui, depuis des années, exigeaient d'être exprimées.

Il se tint longuement devant le bébé César , au tribunal duquel il avait fait appel du tribunal provincial d'un Festus sceptique et d'un Agrippa tremblant. Et qui demandera quelles paroles le vigoureux chrétien a prononcées à l'égard de ce bâtard garçon ! Qui sait l'éloquence qui résonnait aux oreilles des stoïciens étonnés à Athènes, qui commandait l'encens et les hécatombes des paysans errants en Asie, qui apaisa les clameurs bavardes d'une foule sauvage à Jérusalem, qui douterait du ton avec lequel Paul a parlé à Néron ! Le garçon trembla un instant devant l'homme ! Le dotard doré reculait devant les vérités fondamentales de la foi nouvelle, jeune et vigoureuse : le chef d'une centaine de légions n'était rien devant le prisonnier mandaté par Dieu.

Non; bien qu'à cette audience tous les hommes aient abandonné Paul, comme il nous le dit ; Bien qu'il n'y ait pas un seul des timides convertis , mais le soldat enchaîné à ses côtés, il triompha néanmoins de Néron et du ministre de Néron.

De cette salle d'audience, ces trois hommes se retirent. Le garçon, vieilli dans la luxure, va de là passer une heure seul, pour méditer une heure sur ce Dieu, cette résurrection et cette vérité dont le Juif, en termes si peu courtois, l'a harangué. Être seul, jusqu'à ce que le spectre d'une mère mourante surgisse à nouveau pour le hanter, le persécuter et le chasser vers ses disciples et ses convives, où il tentera d'oublier Paul, le Sauveur et Dieu, où il serait heureux de bannir eux pour toujours. Il ne les bannit pas pour toujours ! Désormais, chaque fois que ce spectre d'une mère se présente devant lui, il doit faire écho aux paroles de Dieu et de l'éternité prononcées par Paul. Chaque fois que le captif enchaîné et ensanglanté de l'arène se penche en suppliant devant lui, il doit lui revenir le souvenir du seul captif qui n'a jamais supplié devant lui, et ses paroles d'une puissance robuste !

Et Sénèque ? Sénèque rentre chez lui avec les sentiments mortifiés d'un grand homme qui a détecté sa propre méchanceté.

Nous connaissons tous ce sentiment ; car tous les enfants de Dieu pourraient être grands, et c'est avec une misérable mortification que nous nous découvrons dans l'une ou l'autre mesquinerie. Sénèque rentre chez lui et dit : « Cet *oriental sauvage* a réprimandé l' empereur comme j'ai si souvent voulu le réprimander. Il se tenait là, comme j'ai voulu me tenir debout, un homme devant une brute.

" Il a dit ce que j'avais pensé et ce que j'avais eu peur de dire. Franchement, franchement, il a dit à l' empereur des vérités sur Rome, sur l'homme et sur ses vices, que j'avais très envie de lui dire. Il a fait ce que j'avais envie de dire. J'ai peur de le faire. Il a osé cela, avec lequel j'ai traîné et laissé de côté. *Quel est le mystère de son pouvoir ?* "

Sénèque ne le savait pas. Néron ne le savait pas. Le « mystère oriental » était présent devant eux, et ils ne le savaient pas !

Quel était le mystère de la puissance de Paul ?

Paul les quitte avec le triomphe d'un homme qui a réalisé l'espérance de longues années. Ses paroles solennelles : « Après cela, je *dois* aussi voir Rome », exprimaient le désir des années, dont le but est maintenant, au moins en partie, satisfait. Il doit voir Rome !

C'est la mission de Dieu de voir Rome et son empereur. Paul a vu avec l'œil de l'esprit ce que nous avons vu depuis dans l'histoire, à savoir qu'il doit être le lien vivant par lequel le feu électrique de la vie devrait passer d'abord de l'Asie religieuse pour vivifier cette Europe morte et brutale. Il sait qu'il est le messager de Dieu pour porter ce mystère de la vie éternelle d'un pays à l'autre et pour l'y déployer. Et aujourd'hui, en fait, cela a rendu réalité cette confiance intérieure. Aujourd'hui a mis le sceau de fait sur sa vision, des années après, lorsqu'il a quitté sa patrie asiatique pour la première fois. Prisonnier enchaîné, il a vu aujourd'hui s'accomplir les vœux , les espérances et les résolutions de ce champ de Troie, le plus véritablement célèbre par la nuit qu'il y passa. Il y eut une autre de ces heures où Dieu rassemble en un seul endroit les actes qui seront l' *argumentation* de siècles d'histoire. Paul était descendu là-bas au cours de ses longs voyages en Asie, oriental dans sa lignée, oriental dans son tempérament, oriental dans sa vie extérieure et oriental dans sa foi, jusqu'à cet étroit Hellespont qui, pendant de longs siècles, a séparé l'Orient de l'Occident, déchira follement les chaînes qui devaient les unir, bouleversa même l'amour lorsqu'il cherchait à les marier, et laissa leurs falaises froncer les sourcils d'une haine éternelle d'un rivage à l'autre. Paul se tenait sur la rive asiatique et regardait vers l'Occident. Il y avait la Macédoine et les collines de la Grèce, ici Troas et les ruines d'Ilion. Les noms parlent de guerre. L'Hellespont bleu n'a d'autre voix que la séparation, sauf celle de Paul. Mais à Paul, endormi peut-être sur le tombeau d'Achille, cette nuit-là apparaît « l'homme de Macédoine » et lui ordonne de venir venger l'Asie, pour rembourser la dette de Troie.

" Viens *nous aider.* " Donne-nous la vie, car nous t'avons donné la mort. Aide-nous, car nous t'avons ruiné. Paul n'a pas désobéi à la vision céleste. Le chrétien Alexandre, il passe en Macédoine avec des paroles de paix au lieu de guerre, — le berger chrétien du peuple, il porte en Grèce, de Troie, la nouvelle du salut au lieu du carnage, de la charité au lieu de la licence. Et il sait que pour l'Europe c'est le début de sa nouvelle civilisation, à l'aube de sa nouvelle guerre, de sa nouvelle poésie, de son règne de héros immortels.

Sa *foi*, vieille de plusieurs années, a aujourd'hui reçu sa victoire suprême. Ce jour, où il a affronté Néron et Sénèque ensemble, pourrait bien marquer dans son esprit la défaite de siècles d'effusion de sang et de licence.

Et dans cet effort, et dans cette force spirituelle qui l'avait poussé à le planifier et à le mener à bien, se trouvait le « mystère asiatique ». Demandez quel était le secret du pouvoir de Paul lorsqu'il portait la barbe du bébé empereur et confondait le bébé philosophe ? De quoi a-t-il fait l'éloge en quittant cette scène ? Quel était le principe en action là, sinon la foi en la vie nouvelle, la foi au Dieu qui l'a donnée !

Il n'est pas étonnant, comme Sénèque le pensait, qu'un homme comme Paul ait osé dire quoi que ce soit à un garçon comme Néron ! Le courage absolu de la nouvelle foi fut le moteur qui l'imposa au monde. C'étaient là les mœurs les plus sévères mises en avant avec la plus grande bravoure .

Une foi parfaite a donné un courage parfait aux premiers témoins. Et il y avait le « mystère » de leurs victoires.

Et ainsi, dans ce cas, quand au bout d'un moment Sénèque rappela à nouveau à Néron son captif, le pauvre Néron n'osa pas ne pas le revoir. Pourtant, lorsqu'il le rencontra de nouveau dans ce même prétoire, il n'osa pas l'entendre longtemps ; et nous pouvons être sûrs qu'il n'y eut que peu de mots avant, avec toute l'affectation de dignité qu'il pouvait invoquer, il leur ordonna de libérer le prisonnier.

Paul libre ! L'ancien avait affronté le nouveau. Chacun avait nommé son champion. Et les nouveaux conquièrent !

L'ALPHABET DE POINTS ET DE LIGNES.

[Cette esquisse a été initialement publiée dans l'Atlantic Monthly d'octobre 1858, juste au moment où le premier Atlantic Cable, dont les premiers bavardages avaient été accueillis par les acclamations d'un continent, haletait son dernier sous les manipulations de De Sauty . Il a depuis été copié par M. Prescott dans son précieux manuel du télégraphe électrique.

La guerre, qui nous a tant appris, a donné une brillante illustration de l'alphabet à points et à lignes, sans parler de son utilisation électrique, qui sera sans doute souvent répétée. Lors des mouvements de nos troupes sous les ordres du général Foster en Caroline du Nord, le Dr JB Upham de Boston, directeur médical distingué de ce département, également distingué par le succès avec lequel il a fait progresser l'éducation musicale de la Nouvelle-Angleterre, a formé un corps de les clairons de converser entre eux par des notes de clairon longues et courtes, et ainsi de transmettre des informations avec une précision littérale d'un point à l'autre à n'importe quelle distance à laquelle les tonalités d'un clairon pouvaient être entendues. On voit facilement qu'il existe de nombreuses occasions dans les affaires militaires où de tels moyens de conversation peuvent s'avérer d'une valeur inestimable. M. Tuttle, l'astronome, en service dans la même campagne, a fait un arrangement similaire avec des éclairs de lumière longs et courts.]

* * * * *

Juste au cours de la semaine triomphale de ce Great Telegraph qui tire son nom de l'Atlantic Monthly, j'ai lu dans le numéro de septembre de ce journal les révélations d'un observateur surpris de découvrir qu'il avait le pouvoir de lire, pendant qu'ils parurent, le révélations du fil. J'avais l'espoir qu'il allait expliquer au public l'usage plus général de cet instrument que, par une stupide fatuité, le public n'a pas encore compris. Parce que ses signaux ont été appliqués d'abord au moyen de l'électromagnétisme, puis au moyen du pouvoir chimique de l'électricité, le peuple à plusieurs têtes refuse d'utiliser, comme il pourrait le faire très facilement, les mêmes signaux pour une transmission plus simple. d'intelligence, quelle que soit la puissance employée.

La grande invention de M. Morse est son registre et son alphabet. Lui-même rejette avec empressement toute prétention à la conception originale de l'utilisation de l'électricité comme garçon de courses. Des centaines de personnes y avaient pensé et l'avaient suggéré : mais Morse fut le premier à donner au garçon de courses un message écrit tel qu'il ne pouvait pas le perdre en chemin, ni se tromper en arrivant. Le public, désireux de remercier Morse, comme il le mérite, le remercie pour quelque chose qu'il n'a pas inventé. Cela lui importe probablement très peu ; et je m'en fiche davantage. Mais le public ne le remercie pas pour ce qu'il a créé, cet alphabet simple et précieux. Maintenant, comme je l'utilise moi-même dans tous les détails de la vie, et que je vois à chaque heure comment le public pourrait l'utiliser, s'il le voulait, je suis vraiment désolé de cette négligence, à la fois pour sa renommée et pour sa commodité générale.

S'il vous plaît, comprenez donc, lecteur ignorant, que ce curieux alphabet réduit toute la machinerie complexe de Cadmus et du reste des maîtres de l'écriture à des caractères aussi simples que peuvent l'être un point, un espace et une ligne, diversement combinés. Ainsi, les marques . — désignent la lettre A. Les marques —... désignent la lettre B. Toutes les autres lettres sont désignées d'une manière aussi simple.

Maintenant, je me dépouille d'un des conforts privés de ma vie (mais que ne fera-t-on pas pour l'humanité ?) lorsque j'explique que ce simple alphabet ne doit pas nécessairement se limiter aux signaux électriques. *Le long* et *le court* font tout, et partout où le long et le court peuvent être combinés, que ce soit dans les marques, les sons, les éternuements, les évanouissements, les cannes ou les enfants, les idées peuvent être transmises par cet arrangement du long et du court ensemble. Hier soir encore, je parlais de scandale avec Mme Wilberforce lors d'une fête d'été chez Hammersmith. À mon grand étonnement, ma femme, qui sait à peine jouer « La cornemuse du pêcheur », nous a interrompus en demandant à Mme Wilberforce si elle pouvait lui donner l'idée d'un air dans « Le Boucher de Turin ». Mme Wilberforce n'avait jamais entendu cet opéra, – en fait, n'en avait jamais entendu parler. Mon ange-femme était surprise, elle se tenait debout au piano, se demandait si elle ne pouvait pas du tout saisir ce très étrange morceau d'accord discordant, mais elle se retint dans son effort, dès que je remarquai que ses notes longues et ses notes courtes , dans leur tum-tee, tee,—te-tee, tee-tum tum, signifiait : "C'est son frère." La conversation de son côté tournait autour du « Boucher de Turin », et j'eus juste le temps, sur l'indice ainsi donné par Mme I., de faire un éloge reconnaissant de l'éminent homme d'État que Mme Wilberforce, avec tous les soins d'une sœur, J'avais bercé dans son berceau un enfant que, sans les notes longues et courtes de ma femme, j'aurais maladroitement injurié parmi les autres hommes d'État de l'époque.

Vous verrez, en un instant, en éveillant le Lecteur, que ce n'est pas simplement l'affaire des "opérateurs" dans les repaires télégraphiques de connaître cet alphabet Morse, mais votre affaire, et celle de chaque homme et femme. Si nos comités d'école comprenaient l'époque, elle serait enseignée, avant même la phonographie ou la physiologie, à l'école. Je crois que ces deux sciences précèdent désormais le vieil alphabet anglais.

Au moment où j'écris ces mots, la cloche de la Congrégation du Sud sonne dong, dong, dong,— dong, dong, dong, dong,—dong,—dong. Personne n'a ouvert la porte de l'église. Je le sais, car je suis enfermé dans la sacristie. La vieille plaque en fer blanc : « En cas d'incendie, la clé se trouvera dans la maison d'en face » a depuis longtemps été démontée et transformée en nez de pot à eau. Pourtant, il n'y a pas de Goody Two-Shoes enfermé. Personne sauf moi, et ce n'est certainement pas moi qui sonne la cloche. Non! Mais, grâce à l'alarme incendie du Dr Channing, la cloche informe le quartier sud qu'il y a un incendie dans le district de Dong-dong-dong, c'est-à-dire le district n° 3. Avant de vous l'avoir expliqué jusqu'à présent, , le moteur "Eagle", avec beaucoup de bruit, a dépassé la maison en route vers ce quartier maudit. Immense amélioration par rapport à l'ancien système, lorsque les moteurs rayonnaient depuis leurs maisons dans toutes les directions possibles et que le feu était éteint par les quelques machines dont les lignes de quête se croisaient à l'endroit particulier où l'enfant construisait du torchis. - des maisons avec des allumettes de Lucifer dans un entrepôt de papier. Oui, c'est une très grande amélioration. Tous ceux qui, comme vous et moi, n'ont aucune propriété dans le district de Dong-dong-dong, peuvent désormais rester tranquillement chez eux ; et il n'est pas nécessaire de penser à la boue au-dessus des genoux de ceux qui possèdent des propriétés dans ce district et courent pour s'en occuper. Mais pour eux, l'amélioration n'apporte que de la misère. Vous arrivez mouillé, chaud/froid, ou les deux, dans le grand district n° 3, pour découvrir que les allumettes de Lucifer se trouvaient à 800 mètres de votre magasin et que votre propre gardien privé, même, n'avait pas été réveillé. par le fonctionnement des moteurs lointains. Détenteur d'une propriété mouillée, en rentrant chez vous, pensez à ceci. Lors de votre prochaine séance au Conseil commun, votez un crédit pour appliquer l'alphabet Morse long et court aux cloches. Ensuite, ils peuvent être rendus intelligibles. Daung ding ding,— ding,—ding daung ,— daung putain daung , etc., vous diront à votre réveil la nuit que c'est le magasin de M. B. qui est en feu, et non le vôtre, ou que c'est le vôtre et non le sien. Ce n'est pas seulement une commodité pour vous et un soulagement pour votre femme et votre famille, qui seront ainsi épargnés de vos excursions vers des incendies indisponibles et insatisfaisants, et de votre retour quelque peu irrité, mais ce sera un grand soulagement pour les pompiers. Comme les opérations d'un incendie sont paisibles, là où personne n'y assiste sauf pour affaires ! Les différentes machines arrivent, mais aucune foule de citoyens éloignés, hommes et garçons, craignant la destruction de tous. Ils se sont tous levés sur leurs oreillers pour apprendre que c'est le n° 530 Pearl Street qui est en flammes. Tous, sauf le propriétaire du n° 530 Pearl Street, se sont rendormis. Lui seul s'est rapidement rendu sur les lieux. C'est lui qui se tient dans la rue peu fréquentée avec l'ingénieur en chef, sur le pont du n°18, pendant qu'elle joue. Ses biens détruits, les machines se retirent, — il mentionne le montant de son assurance aux personnes qui représentent la presse quotidienne, ils se retirent tous chez eux, — et le tout est terminé aussi simplement, presque, que l'était son entrée privée dans son réserver l'après-midi d'avant. [14]

Voilà ce qui pourrait se passer si l'alarme magnétique ne sonnait que *longuement* et *brièvement* et que nous avions tous appris l'alphabet Morse. En effet, il n'y a rien que les cloches ne pourraient dire, si seulement vous leur laissiez suffisamment de temps. Nous n'avons qu'un seul carillon, à des fins musicales, dans la ville . Mais, sans essayer de mélodies, donnez simplement aux cloches l'alphabet Morse, et chaque cloche de Boston pourrait chanter longuement sur un ton monotone les paroles de « Hail Columbia », chaque 4 juillet. En effet, si M. Barnard rapportait un jour qu'un apprenti découragé avait quitté la ville pour sa maison de campagne, toutes les cloches pourraient instantanément se mettre en marche pour parler de manière articulée, dans un langage dont l'imagination la plus ennuyée ne doit pas être perdue. ,

"Tourne-toi encore, Higginbottom,

Lord-maire de Boston ! »

J'ai suggéré l'opportunité d'introduire cet alphabet dans les écoles primaires. Je n'ai pas besoin de dire que je l'ai enseigné à mes propres enfants, et j'ai été heureux de voir avec quelle rapidité il s'est imposé, face à l'alphabet plus complexe, dans les lycées. Bien sûr que c'est le cas : un alphabet de deux caractères comparés à un de vingt-six, ou d'une quarantaine, comme l' emploient les plus impairs des phonotypistes ! Le jour de la médaille Franklin, je suis allé à l'examen de la Johnson-School. Un membre du comité a demandé à une gentille fille quelle était la capitale du Brésil. L'enfant paraissait fatigué et pâle et hésita un instant. Mais, avant qu'elle ait eu le temps de s'engager, toute réponse lui fut rendue impossible par une terrible coqueluche dont fut atteint l'un de mes propres fils , qui était allé avec moi à l'examen. Hawm , hem hem ;— hem hem hem ;—hem, hem ;— hawm , hem hem ;—hem hem hem ;—hem, hem,— aboya le pauvre enfant, qui était à l'extrémité opposée de la salle de classe. Les spectateurs et le comité ont regardé le voir tomber mort avec un vaisseau sanguin brisé. J'avoue que je n'ai ressenti aucune inquiétude après avoir observé que certains de ses halètements étaient longs et d'autres très *saccadés* ; la jolie petite Mabel Warren non plus. Elle reprit ses couleurs, et, dès que le silence fut un peu rétabli, répondit : « *Rio* est la capitale du Brésil », aussi modestement et proprement que si on le lui avait appris au berceau. Ce ne sont que des enfants, tous , mais cet après-midi-là, après avoir chanté tout ce dont la ville avait besoin pour son divertissement annuel de chanteurs, j'ai vu Bob et Mabel partir pour une longue expédition dans West Roxbury, et quand il est revenu, je sais que c'était une longue plume , de son bouquet d'école primé, qu'il a pressé dans son « Analyse » de Greene, avec une courte fronde de cheveux de jeune fille. J'espère que personne n'écrira une lettre à « The Atlantic » pour dire que ce sont des utilisations très insignifiantes. La communication d'informations utiles n'est jamais anodine. Il est aussi important de sauver un gentil enfant de la mortification le jour de l'examen que de dire à M. Fremont qu'il n'est pas élu président. Si, cependant, le lecteur est affligé parce que ces illustrations ne semblent pas, à ses yeux les plus obscurs, appartenir au grand bow-wow de la vie humaine, qu'il réfléchisse à l'arrangement qui aurait dû être fait il y a des années, pour les rivages sous le vent. , les collisions ferroviaires et cette curieuse classe d'accidents maritimes où un bateau à vapeur heurte sa mère sous l'impression qu'elle est un phare. Imaginez l'alphabet Morse appliqué à un sifflet à vapeur, que l'on entend souvent à huit kilomètres. Il ne lui faut que du *long* et *du court* . « *Stop Comet* », par exemple, lorsque vous l'envoyez sur la voie ferrée, par le fil, s'exprime ainsi :

... — . . ....,... . . — — . —

Très bon message, si Comet se trouve au poste télégraphique quand elle arrive ! Mais et si Cornel était passé ? Votre message trompeur fera alors beaucoup de bien ! Si, cependant, vous avez l'esprit de faire sonner votre long et court sur un sifflet de moteur, ainsi ;— Scre écran , écran ; éboulis ; écran écran ; écran écran écran écran écran ; écran écran écran ,— écran écran ; écran ecran ; écran ; screeeee ; — eh bien, alors tout le quartier, à cinq milles à la ronde, saura que Comet doit s'arrêter, si seulement ils comprennent le langage parlé, — et entre autres, le mécanicien de Comet le comprendra ; et Comète ne se heurtera pas à cet épave de mondes qui donne l'ordre, - avec le noyau de fer chaud et sa queue de cinq cents tonnes de charbon. - Ainsi, des signaux que peuvent donner les cloches de brouillard, attachées aux phares. . Comme c'est excellent de les voir proclamer à travers les ténèbres : « Je suis le Mur » ! Ou des signaux pour les ingénieurs des navires à vapeur. Lorsque nos amis étaient à bord de l'"Arabia" l'autre jour, et que celui-ci et l'"Europa" se sont affrontés , — comme si, en cette heureuse semaine, tous les continents devaient s'embrasser et se donner la main tout autour, — comme c'était formidable quel soulagement pour les passagers de chacun, si, pendant chaque nuit de leur passage, la collision avait été évitée par ce simple expédient ! Un bateau aurait crié « Europe, Europe, Europe », du soir au matin, et l'autre « Arabie, Arabie, Arabie », et ni l'un ni l'autre n'auraient été pris, comme l'un d'entre eux, pour un phare. .

Le long et le court est que quiconque peut marquer les distinctions de temps peut utiliser cet alphabet du long et du court, quelle que soit la manière dont il les marque. Il est donc à la portée de tous les êtres intelligents, à l'exception de ceux qui ne sont plus conscients du passage du temps, ayant troqué ses limites contre le champ plus large de l'éternité. Cependant, la portée illimitée de cet alphabet n'est pas à moitié révélée lorsque cela a été dit. La plupart des langages articulés s'adressent à un seul sens, ou tout au plus à deux, la vue et l'ouïe. Je vois, au moment où j'écris, que les illustrations particulières que j'ai données sont toutes limitées aux signaux vus ou entendus. Mais l'alphabet à points et lignes, au cours des quelques années de son histoire, a déjà montré qu'il ne se limite pas à ces deux sens, mais qu'il se rend intelligible à tous. Son message, bien entendu, est entendu aussi bien que lu. Tout bon opérateur comprend le son de ses tics sur la bande de papier qui coule, ainsi que lorsqu'il le voit. Lorsqu'il est allongé dans son lit à minuit, il expose le message qui passe sans allumer une lumière pour le voir. Mais ce n'est que cela. peut-on dire de n'importe quelle langue écrite. Vous pouvez lire cet article à votre femme, ou elle peut le lire, comme elle préfère ; c'est-à-dire qu'elle choisit si cela s'adresse à ses yeux ou à ses oreilles. Mais l'alphabet long et court du Morse et de ses imitateurs méprise une gamme aussi étroite. Il s'adresse à celui des cinq sens choisi par l'auditeur. Ce fait est illustré par une curieuse série d' anecdotes, — jamais encore imprimées, je crois, — de cette dépêche critique qui, en une nuit, annonçait à tout ce pays la mort du général Taylor. La plupart des lecteurs de ces lignes ont probablement lu cette dépêche dans le journal du matin. Les compositeurs et éditeurs l'avaient lu. Pour eux, c'était une dépêche à l'œil. Mais la moitié des opérateurs des gares l' *entendaient* cocher, au coup de registre, et le connaissaient avant de l'écrire pour la presse. Pour eux, c'était une dépêche à l'oreille. Mon bon ami Langenzunge n'avait pas cette ressource. Le général lui-même (sous lequel il servait à Palo Alto) venait de lui promettre le poste de surintendant des Rocky Mountain Lines. Il revenait de Washington par le chemin de fer de Baltimore et de l'Ohio, à bord d'un train de marchandises, lorsqu'il apprit le danger que courait le président. Langenzunge adorait Old Rough and Ready, et il se sentait également mal à l'aise dans son propre bureau. Mais son train improvisé a choisi de s'arrêter dans un bidonville abandonné du Potomac, pendant quatre heures mortelles, à minuit. Que fait-il, sinon parcourir la ligne dans l'obscurité, grimper sur un poteau télégraphique, couper un fil et appliquer les deux extrémités sur sa langue, pour *goûter*, au moment fatal, les mots : « Mort à dix heures et demie ? ". Pauvre Langenzunge ! il n'eut guère le courage de souder à nouveau le fil. Cogs m'a dit qu'ils venaient d'équiper les stations de Naguadavick du disque rotatif chimique de Bain. Ce disque est chargé d'un sel de potasse qui, lorsque l'étincelle électrique le traverse, se change en bleu de Prusse. Votre dépêche est écrite sans bruit en points et lignes bleu foncé. Juste au moment où le disque commençait sur cette dépêche fatale et que Cogs se penchait dessus pour lire, sa lampe à esprit a explosé , comme le font les chères choses. Ils étaient hors d'eux-mêmes dans le bureau solitaire et sombre ; mais, tandis que les hommes cherchaient des allumettes qui ne marchaient pas, la sœur de Cogs , Nydia, une charmante jeune fille aveugle, qui avait appris l'alphabet de Bain auprès du Dr Howe à South Boston, se pencha sur le papier chimique et *sentit* le prussate de la potasse, alors qu'elle se formait en lignes et en points pour raconter la triste histoire. Presque tous ceux qui sont habitués à lire les livres aveugles peuvent lire les messages Morse en relief avec le doigt, et ce message a donc été lu dans toutes les stations de minuit où aucun travail de nuit n'est prévu et où les compagnies ne fournissent pas de fluide ou d'huile. . Dans mon cercle restreint de connaissances, il y a donc eu des cas simultanés où le même message a été vu, entendu, senti, goûté et ressenti. L'alphabet à points et lignes est si universel , car celui de Bain repose sur le même principe que celui de Morse. Le lecteur voit donc d'abord que l'alphabet à points et lignes peut être employé par tout être maîtrisant n'importe quel symbole long ou court, qu'il s'agisse d'encoches longues ou courtes, comme celles avec lesquelles Robinson Crusoé tenait ses comptes, ou des ondes électriques longues et courtes, comme celles que Valentia envoie vers la baie de Terre-Neuve, si prophétiquement et à juste titre nommée « la baie des taureaux ». J'espère également que le lecteur comprendra que l'alphabet peut être compris par tout être intelligent à qui l'un des cinq sens lui a laissé, c'est-à- dire par tous les hommes rationnels, c'est-à-dire à l'exception des quelques personnes sourdes et aveugles qui ont perdu à la fois le goût et l'odorat. dans une paralysie complète. L'usage du télégraphe Morse n'est en aucun cas limité à la petite clique qui possède ou qui comprend les piles électriques. Il n'y a pas que la torpille ou le *Gymnotus electricus* qui peut nous envoyer des messages depuis l'océan. Les baleines dans la mer peuvent télégraphier aussi bien que les sénateurs sur terre, pour peu qu'ils fassent la différence entre les longs jets et les courts. Et ils peuvent aussi écouter. S'ils faisaient seulement la différence entre le long et le court, l'anguille des fonds marins pourrait sentir sur sa peau glissante les doux messages de nos présidents, et le poisson-chat, dans son obscurité, regarderait sans peur les secrets d'une reine. Toute bête, oiseau, poisson ou insecte capable de distinguer les caractères longs et courts peut utiliser l'alphabet télégraphique, s'il a suffisamment de bon sens. Toute créature capable d'entendre, de sentir, de goûter, de sentir ou de voir peut prendre note de ses signaux, si elle peut les comprendre. Un auditeur fatigué à l'église, en variant convenablement ses longs bâillements et ses courts bâillements, peut exprimer son opinion sur le sermon à la tribune opposée avant que le sermon ne soit terminé. Un buraliste idiot peut échanger avec ses clients dans un alphabet de six courts et de neuf longs. Sébastopol assiégé peut expliquer ses besoins à l'armée de relève au-delà de la ligne de la Tchernaya, par les zézaiements de ses courts Paixhans et de ses longs vingt-quatre.

LE DERNIER VOYAGE DU RÉSOLU.

[J'ai eu quelques occasions, qu'aucun autre écrivain de presse n'a eu, je crois, d'examiner le Resolute à son retour de cet étrange voyage qui est le plus remarquable de l'histoire des marines du monde. Et comme je ne connais aucun autre document imprimé de l'ensemble de ce voyage que celui-ci, publié dans le Boston Daily Advertiser du 11 juin 1856, je le reproduis ici. Les lecteurs doivent se rappeler que le gouvernement anglais a abandonné toute revendication sur le navire ; que le gouvernement américain l'acheta alors des sauveteurs, la réaménagea complètement et l'envoya en Angleterre comme cadeau à la reine. La reine visita le navire et accepta le présent en personne. Depuis, le Resolute n'a jamais pris la mer. Je ne charge pas la page avec des autorités ; mais j'ai étudié attentivement les rapports originaux des expéditions dans l'Arctique en préparant cet article, et je crois qu'ils sont exacts dans leur ensemble. Le voyage de la Nouvelle-Londres vers l'Angleterre, lorsqu'il fut ainsi ramené, est strictement son dernier voyage. Mais lorsque cet article a été imprimé, son nom était correct.]

* * * * *

C'est au début du printemps 1852, tôt le matin du 21 avril, que le gros navire de découverte anglais Resolute, piloté par un équipage nombreux, commandé par un homme des plus virils, Henry Kellett, quitta ses amarres dans la grande Tamise. , un peu en contrebas de la vieille ville de Londres, fut pris en remorque par un remorqueur à vapeur difficile et se lança fièrement comme l'un des membres d'une belle escadre anglaise dans la grande recherche des nations pour retrouver Sir John Franklin perdu. C'est à la fin de l'année 1855, le 24 décembre, que le même navire, usé par les intempéries, peu gréé, sans ses mâts plus légers, le tout dans l'assiette d'un navire qui a lutté durement contre le vent, l'eau, les glaces. , et le temps, ont fait le phare de *New* Londres, — attendit le jour et vint jeter l'ancre dans l'autre rivière Tamise, de *la Nouvelle-* Angleterre. Aucun homme de l'équipage anglais n'était à bord. Le vaillant capitaine Kellett n'était pas là ; mais à sa place un maître américain, qui avait montré, à sa manière, une égale bravoure. Les soixante ou soixante-dix hommes avec lesquels elle a navigué étaient tous chez eux il y a plus d'un an. Les onze hommes avec lesquels elle revenait avaient dû doubler les rôles et travailler dur pour combler les places des soixante. Et entre le jour où les Anglais l'avaient quittée et le jour où les Américains l'avaient retrouvée, elle avait passé quinze mois et plus seule. Elle était ceinturée par les glaces des mers arctiques. Personne ne sait où elle est allée, quels passages étroits elle a traversés, à quel point ses thermomètres marquaient le froid ; c'est une partie de son histoire qui n'a jamais été écrite. Ni ce qui est arrivé à son petit tendre, l'Intrepid, qui est resté dans son quartier, « prêt à être occupé », tout comme elle a été laissée. Personne ne racontera jamais le pincement qui s'est avéré trop dur pour elle, l' ouverture de ses coutures et sa disparition sous la glace. Mais voici le robuste Resolute, que, le 15 mai 1854, son courageux commandant laissa, comme on lui avait ordonné, « prêt à l'occupation », — que le courageux capitaine Buddington trouva le 10 septembre 1855, à plus de mille milles. à partir de là, et déclarée encore « prête à l'occupation » ; — et de ce que l'on peut savoir de son histoire du Vieux Londres à la Nouvelle Londres, de la Tamise de la Vieille Angleterre à la Tamise de la Nouvelle Angleterre, nous essaierons de raconter l'histoire ; comme cela est écrit dans les lettres de ses anciens officiers et raconté par la bouche de ses nouveaux sauveurs.

Pour les travaux dans l'Arctique, si les navires doivent pénétrer dans tous les recoins et voies de glace susceptibles de céder au vent et à la vapeur, ils doivent être aussi presque indestructibles que l'homme peut les rendre. C'est pourquoi, pour les travaux dans l'Arctique et pour les travaux de découverte, les navires construits en bois *de teck* de Malabar et de Java sont considérés comme les mieux adaptés. On dit que les navires construits en teck sont totalement indestructibles avec le temps. C'est à cela que nous devons le fait, qui fait maintenant partie d'une étrange coïncidence, que l'un des navires du vieux capitaine Cook qui faisait le tour du monde avec lui a été, jusqu'à quelques années plus tard, un chasseur de baleines parmi les baleiniers américains, revisitant, comme une chose familière, les rivages qu'elle fut la première à découvrir. L'amirauté anglaise, désireuse d'équiper pour le service dans l'Arctique un navire de la meilleure construction possible, acheta les deux navires en teck Baboo et Ptarmigan en 1850, les envoya dans ses propres chantiers navals pour être réaménagés, et le Baboo est devenu l' Assistance, le Ptarmigan est devenu le Resolute de leurs escadrons de découverte de l'Arctique.

Le lecteur sait-il que dans la désolation des côtes arctiques, le Lagopède est l'oiseau le plus souvent rencontré ? C'est le tétras arctique ou la perdrix [15], et les lagopèdes de l'île Melville ont souvent fourni du sport et même des dîners aux officiers affamés du « Resolute », totalement inconscients du fait qu'elle avait toujours été leur filleule et qu'elle avait abandonné leur nom. seulement pour prendre ce qu'elle porte maintenant.

Au début de mai 1850, juste au moment où nous savons maintenant que le brave Sir John Franklin et le reste de son équipage mouraient de faim à l'embouchure de la rivière Back, le « Resolute » s'embarqua d'abord pour les mers arctiques, le navire amiral du commodore Austin, avec la petite escadre avec laquelle notre propre De Haven et ses hommes ont eu des relations si agréables près de l'île Beechey . Au cours de cette expédition, elle passa l'hiver au large de l'île Cornwallis et, à l'automne de l'année suivante, retourna en Angleterre.

Chaque fois qu'un escadron, un homme ou une armée revient en Angleterre, sauf dans le cas extrême et exceptionnel d'une victoire complète sur un obstacle invincible, il y a toujours du mécontentement. C'est la manière anglaise. C'est ainsi qu'il y eut du mécontentement lorsque le capitaine Austin revint avec ses navires et ses hommes. Il restait également l'espoir de retrouver une trace de Franklin, peut-être de certains membres de son groupe. De plus, deux des navires de recherche qui étaient entrés dans les mers polaires depuis le détroit de Behring à l'ouest, l'Enterprise et l'Investigator, auraient peut - être besoin d'être relevés avant de passer ou de revenir. La recherche dans l'Arctique devint alors une passion et aussitôt une nouvelle escadre fut équipée pour prendre les mers au printemps 1852. Cette escadre se composait à nouveau de l'« Assistance » et du « Resolute », qui avaient été réaménagés depuis leur retour, de l'"Intrepid" et du "Pioneer", deux bateaux à vapeur utilisés respectivement comme annexes de l'"Assistance" et du "Resolute", et du "North Star", qui avait également séjourné dans ces régions et qui servait maintenant d'entrepôt au reste de l'escadron. Au commandement général fut nommé Sir Edward Belcher, un officier qui avait servi dans certaines des premières expéditions dans l'Arctique. Officiers et hommes se portèrent volontaires en grand nombre pour le service, et ces cinq navires emmenèrent donc un corps d'hommes qui rassemblait plus d'expérience des mers du Nord que n'importe quelle expédition qui les avait jamais visités.

Parmi eux, le capitaine Henry Kellett commandait le « Resolute » et était le deuxième en ancienneté derrière Sir Edward Belcher, qui fit de « l'Assistance » le navire amiral. Cela montre quel genre d'homme il était, de dire que pendant plus de dix ans il n'a passé qu'une partie d'une année en Angleterre et qu'il a passé le reste du temps dans un hémisphère antipode ou dans une zone hyperboréenne. Avant que le courageux Sir John Franklin ne s'embarque, le capitaine Kellett se trouvait dans le Pacifique. Juste au moment où il devait rentrer chez lui, on lui ordonna de se rendre dans les mers arctiques à la recherche de Sir John. Trois années de suite, à bord de son navire le Herald, il passa dans le détroit de Behring et s'avança loin dans l'océan Arctique. Il a découvert « Herald Island », la terre la plus éloignée connue là-bas. Il fut l'un des derniers hommes à voir McClure dans l'Investigator avant qu'elle n'entre dans les mers polaires par le nord-ouest. Il envoya trois de ses hommes à bord de ce navire pour les rencontrer à nouveau, comme on le verra, dans un environnement étrange. Après plus de sept années de vie dans le Pacifique et dans l'Arctique, il retourna en

Angleterre en mai ou juin 1851 et, l'hiver suivant, se porta volontaire pour tenter l'approche orientale des mêmes mers arctiques à bord de notre navire, le « Resolute ». Certains de ses anciens officiers naviguèrent avec lui.

Nous ne savons rien du capitaine Kellett que ce que montrent ses propres lettres, dépêches et instructions, telles qu'elles sont maintenant imprimées dans d'énormes livres bleus parlementaires, et ce que montrent les dépêches et lettres de ses officiers et de son commandant. Mais ces journaux présentent le tableau d'un homme vigoureux, chaleureux, bon pour son équipage et grand favori de lui, courageux dans toutes les épreuves, toujours prévenant, généreux envers ses officiers, ayant confiance en leur intégrité ; un homme, en bref, dont le monde sera susceptible d'entendre davantage. Son commandant, Sir Edward Belcher, jugé selon les mêmes critères, paraît un homme courageux et prêt, enclin à parler de lui-même, peu prévenant envers ses inférieurs, confiant dans sa propre opinion ; bref, un homme avec qui on n'aimerait pas passer trois hivers arctiques. Avec lui, en retraçant la fortune du « Résolu », nous aurons beaucoup à faire. Du capitaine Kellett, nous verrons quelque chose tout au long du temps jusqu'au jour où il la quitta tristement, comme l'avait demandé Sir Edward Belcher, « prêt pour l'occupation ».

Avec un tel capitaine et une soixantaine d'hommes, le « Resolute » largue ses amarres dans la grisaille du matin du 21 avril 1852 pour partir à la recherche de Sir John Franklin. Le courageux Sir John était mort deux ans auparavant, mais personne ne le savait ni ne le murmurait. Le remorqueur à vapeur fluvial "Monkey" le remorqua, d'autres bateaux à vapeur prirent "l'Assistance" et le "North Star" ; l'Intrepid et le Pioneer prirent leur propre élan et, sous les acclamations de la petite compagnie rassemblée à Greenhithe pour les accompagner, ils descendirent la Tamise. A la Nore , le bateau à vapeur "Desperate" prit en charge le "Resolute", Sir Edward Belcher fit le signal "Orkneys" comme lieu de rendez-vous, et en quatre jours il était là, dans l' avant-port de Stromness . Ici, il y eut un petit déplacement de provisions et de sacs de charbon, ceux des hommes qui purent débarquer dilapidèrent leur argent de poche, puis, le 28 avril, elle et les siens firent leurs adieux au sol britannique. Et bien qu'ils l'aient à nouveau accueilli depuis longtemps, elle ne l'a plus revu depuis lors jusqu'à maintenant.

Le paquebot « Desperate » l'a pris en remorque, il a envoyé ses propres lignes de remorquage au « North Star », et pendant trois jours dans cette procession au nom si sauvage et si étrange , ils ont tous trois continué vers l'ouest en direction du Groenland, - un train ce qui aurait surpris n'importe quel vieux Viking s'il était tombé dans ce piège, avec un nouveau vent soufflant tout le temps et « une mer méchante ». Le quatrième jour, toutes les lignes de remorquage se sont rompues ou ont été larguées, mais Neptune et les vents ont réclamé les leurs, et le « Resolute » a essayé ses propres ressources. Les remorqueurs furent renvoyés chez eux quelques jours plus tard, et l'escadre fut laissée à elle-même.

Nous avons trop de choses à raconter dans ce court article pour pouvoir nous attarder sur les détails de ses visites chez les hospitaliers Danois du Groenland, ou de son passage à travers les glaces de la baie de Baffin. Mais voici un incident qui, comme l'événement l'a prouvé, fait partie d'une singulière coïncidence. Le 6 juillet, toute l'escadre, emmêlée dans les glaces, rejoignit une flotte de baleiniers qui y était assiégée, par une ouverture provisoire entre les masses gigantesques. Pris au fond d'une anse dans les glaces, avec l'« Assistance » et le « Pioneer », le « Resolute » fut, en cas d'urgence, amarré là, et, par la glace se refermant derrière lui, fut, pendant un moment, détenu. Pendant ce temps, le reste de la flotte, baleiniers et navires de découverte, passait par un petit cours d'eau, le baleinier américain "McLellan" en tête. Ce "McLellan" était l'un des navires des fougueux marchands de New London, MM. Perkins & Smith, dont un autre navire a maintenant trouvé le "Resolute" et s'est lié d'amitié avec lui dans ses besoins dans ces mers. Le « McLellan » était leur navire pionnier là-bas.

Le « North Star » de l'escadre anglaise suivait le « McLellan ». Un long train s'étendait derrière. Les baleiniers et les navires du gouvernement, lorsqu'ils tombaient en ligne, faisaient trois quarts de mille de long. Il faisait beau et, bien que la longue allée se fût fermée de telle sorte qu'ils ne pouvaient ni reculer ni avancer, personne ne craignit d'être blessé jusqu'à ce qu'on annonce le 7 au matin que la pauvre « McLellan » était coincée dans la glace et que son l'équipage l'abandonnait. Sir Edward Belcher était alors en mesure de se lier d'amitié avec elle, envoya ses charpentiers pour l'examiner , - mit quelques charges de poudre dans la glace pour soulager la pression sur elle, - et à la fin de la journée, il fut convenu que ses blessures pourraient être réparé, et son équipage remonta à bord. Mais on ne sait pas ce que fera la glace ensuite. Le lendemain matin, il y eut un vent frais, le « McLellan » fut de nouveau repris et l'eau se déversa en elle, un ruisseau constant. Elle dérivait de manière ingérable, tantôt dans un navire, tantôt dans un autre, et les baleiniers anglais commencèrent à affluer à bord, pour se servir du pillage qu'ils voulaient. À la demande du capitaine, Sir Edward Belcher mit fin à cette situation, envoya des sentinelles à bord et des groupes de travail pour le dégager aussi loin que possible et tenir compte de l'état de ses provisions et de l'endroit où ils allaient. Au bout d'un jour ou deux, il coula au bord de l'eau et une ou deux charges amicales de poudre le mirent hors de danger pour le reste de la flotte. Après une telle semaine passée ensemble, on comprendra facilement que les baleiniers de New London ne se sont pas sentis étrangers à bord d'un des navires de Sir Edward lorsqu'ils l'ont trouvé « prêt à être occupé » trois ans et plus après.

Dans cette lutte contre la glace, le « Resolute » a été étouffé une ou deux fois, mais il a connu depuis des coups plus durs que cela. À la fin du mois de juillet, il traversa la baie de Baffin et, le 10 août, fit Beechey Île, connue maintenant comme le quartier général pendant des années des escadrons de recherche, parce que, justement, c'était l'endroit où furent trouvées les dernières traces des navires de Franklin, le lieu d'hivernage de son premier hiver. Mais le capitaine Kellett était dans ce qu'on appelle les « recherches occidentales », et il ne resta à l'île Beechey que pour compléter ses provisions des magasins et, dans les quelques jours que cela dura, pour voir par lui-même les tristes souvenirs du groupe de Franklin : puis le « Resolute » et « Intrepid » étaient partis, à travers le détroit de Barrow, sur la piste que Parry avait parcourue avec tant de succès trente-trois ans auparavant, et que personne n'avait suivi avec autant de chance que lui jusqu'à présent. .

Le 15 août, le capitaine Kellett était en congé ; Il fit ses adieux au groupe de l'île Beechey et devait tenter sa fortune dans un commandement indépendant. Il n'a pas eu la meilleure des chances au départ. Le lecteur doit se rappeler que l'un des principaux objectifs de ces expéditions dans l'Arctique était de laisser des provisions aux hommes affamés. Dans ce but, et pour ses propres groupes voyageant sur la glace, le capitaine Kellett devait laisser un dépôt à Assistance Bay, à environ trente milles seulement de l'île Beechey . En s'approchant dans ce but , le « Resolute » s'est échoué, s'est retrouvé avec seulement sept pieds d'eau, la glace l'a projeté sur sa cale tribord, et il a été presque perdu. Pas tout à fait perdu, cependant, sinon nous ne devrions pas raconter son histoire. A minuit, elle fut descendue, laissant derrière elle soixante pieds de sa fausse quille. Le capitaine Kellett poursuivit son chemin , laissa un dépôt ici et un autre là, et à la fin du court été arctique, il était arrivé aussi loin vers l'ouest que Sir Edward Parry. Voici le point le plus à l'ouest que le lecteur trouvera sur la plupart des cartes de l'extrême nord de l'Amérique, l'île Melville du capitaine Parry. L'associé du capitaine Kellett, le capitaine McClintock de l'Intrepid, commandait le seul groupe présent ici depuis Parry. En 1851, il arriva de l'escadron d'Austin avec une équipe en traîneau. Tout le monde est si sûr que personne n'a visité ces régions à moins d'y être envoyé, que McClintock a encouragé un jour ses hommes en leur disant que s'ils s'entendaient bien, ils devraient avoir une vieille charrette que Parry avait laissée trente ans auparavant, pour faire un feu. Assez sur; ils arrivèrent sur place, et voici l'épave de la charrette au moment où Parry la quittait. Ils ont même retrouvé les ornières laissées par la vieille charrette dans le sol comme si elles n'avaient pas été laissées depuis une semaine. Le capitaine Kellett entra dans le port et, avec beaucoup d'entrain, lui et ses officiers commencèrent à se préparer pour les longues expéditions de recherche du printemps suivant. Le "Resolute" et son annexe sont venus mouiller au large de Dealy Island , et elle y passa les onze mois suivants de sa vie, avec de grandes nouvelles autour d'elle à cette époque.

Il n'y a pas beaucoup de temps pour voyager en automne. Les journées deviennent très courtes et très froides. Mais quoi, on passait des jours à envoyer des charrettes et des traîneaux avec des dépôts de provisions, dont les partis du printemps prochain pourraient profiter. Au printemps, différents agents étaient déjà affectés à différentes lignes de recherche. Ils partaient en voyage pendant trois mois et plus, avec un groupe d'environ huit hommes, traînant un traîneau très semblable à un traîneau en bois yankee avec leurs instruments et leurs provisions, sur la glace et la neige. Pour étendre ces recherches autant que possible et préparer les hommes à ce travail le moment venu, des dépôts avancés furent désormais envoyés en automne, sous la responsabilité des messieurs qui auraient à les utiliser au printemps.

L'un de ces groupes, le groupe de la « Ligne sud de l'île Melville », était dirigé par un jeune officier fougueux, M. Mecham, qui avait essayé de tels services lors de la dernière expédition. Il possédait deux des « traîneaux de Sa Majesté », « La Découverte » et « L'Intrépide », un dépôt de vingt jours de provisions à utiliser au printemps, et suffisamment pour vingt-cinq jours d'utilisation actuelle. Tous les traîneaux avaient de petits drapeaux fabriqués par quelques jeunes amies de Sir Edward Belcher. M. Mecham portait une main armée et une épée sur un fond blanc, avec la devise « *Per mare, per terram , per glaciem* ». *Sur la boue, la terre, la neige et la glace* , ils portèrent leur dépôt et étaient presque de retour, quand, sur le 12 octobre 1852, M. Mecham fit la grande découverte de l'expédition.

Sur la rive de l'île Melville, au-dessus de Winter Harbour, se trouve un gros rocher de grès, haut de dix pieds, large de sept ou huit et long de vingt et plus, que tous ceux qui ont quelque chose à voir avec ces régions connaissent sous le nom de « grès de Parry ». ", car il se trouvait près de l'observatoire de Parry pendant l'hiver qu'il passa ici, et M. Fisher, son chirurgien, en grava sur une face plane cette inscription : -

SA MAJESTÉ BRITANNIQUE
NAVIRES HECLA ET GRIPER,
COMMANDÉ PAR
NOUS PARRY ET M. LIDDON ,
HIVERNÉ DANS LES ADJACENTS
PORT 1819-20.
A. FISHER, SCULPTER.

C'était une sorte de Dieu Terminus érigé pour marquer la fin de cette expédition, comme nous le disent les messieurs danois, notre rocher de Dighton est le dernier point de l'expédition de Thorfinn dans ces régions. Personne n'est venu lire l'inscription de M. Fisher pendant trente ans et plus ; un petit lièvre arctique s'est installé sous le grand rocher et a vu pour la première fois le visage d'un homme lorsque, le 5 juin 1851, M. McClintock, lors de sa première expédition dans cette direction, s'était arrêté pour voir si l'un des hommes de Franklin l'avait jamais visité. Il n'en trouva aucune trace, n'eut pas autant de temps que M. Fisher pour tailler la pierre, mais grava les chiffres de 1851 sur la pierre et la laissa ainsi que le lièvre. À cette pierre, sur le chemin du retour au "Resolute", M. Mecham est revenu (comme nous l'avons dit) le 12 octobre, un mardi matin mémorable, après avoir été invité à y laisser un disque. Il devança son parti, avec l'intention de graver 1852 sur la pierre. Au sommet se trouvait un petit cairn de pierres construit par M. McClintock l'année précédente. Mecham l'examina et, à sa grande surprise, un cylindre de cuivre sortit de sous une boîte à spiritueux. "En l'ouvrant, j'en sortis un rouleau plié dans une vessie qui, gelée, se brisa et s'effrita. À cause de son aspect délabré, je pensais à ce moment-là qu'il devait s'agir d'un document de Sir Edward Parry, et, craignant de l'endommager. Je le déposai avec l'intention d'allumer le feu pour le décongeler. Ma curiosité cependant eut raison de ma prudence, et en l'ouvrant soigneusement avec mon couteau, je tombai sur un rouleau de papier cartouche avec l'impression fraîche sur les cachets. Mon étonnement peut être conçu en découvrant qu'il contenait un compte rendu des opérations du navire HM "Investigator" depuis sa séparation avec le "Herald" [l'ancien navire du capitaine Kellett] en août 1850, dans le détroit de Behring. Également une carte qui révélait à voir non seulement le passage du Nord-Ouest tant recherché, mais l'achèvement de l'arpentage des terres de Banks et de Wollaston. J'ai ouvert et approuvé la dépêche du commandant McClintock ; j'ai trouvé qu'elle contenait les ajouts suivants : -

> "'Ouvert et copié par son vieil ami et camarade de mess à cette date, le 28 avril 1852. ROBERT McCLURE
> "'Faites bien la fête et revenez voir l'Enquêteur aujourd'hui.'"

Une belle découverte en effet à faire surgir en une minute. L'"Enquêteur" n'avait plus eu de nouvelles depuis plus de deux ans. Voici des nouvelles d'elle qui n'avait pas encore six mois. Le passage du Nord-Ouest faisait rêver depuis plus de trois siècles. Voici la nouvelle de sa découverte, nouvelle qui était connue du capitaine McClure depuis deux ans. McClure et McClintock étaient lieutenants ensemble dans « l'Enterprise » lorsqu'elle fut envoyée après Sir John Franklin en 1848, et passèrent l'hiver ensemble à Port Leopold l'hiver suivant. Maintenant, venus d'hémisphères différents, ils étaient si près de se rencontrer sur ce vieux bloc de grès. M. Mecham ordonna à son compagnon de construire un nouveau cairn pour y consigner l'histoire, et se précipita vers le « Resolute » avec sa grande nouvelle, une nouvelle de presque tout le monde sauf Sir John Franklin. Curieusement, l'autre expédition, celle du capitaine Collinson, avait organisé une fête dans ce quartier, entre les deux autres, sous la direction de M. Parks ; mais c'était son point extrême possible, et il ne pouvait pas atteindre le Sandstone, bien qu'il eût aperçu les ornières du traîneau de McClure. Cela ne fut connu que longtemps après.

L'« Enquêteur », ainsi qu'il ressortait de cette dépêche du capitaine McClure, avait été gelé dans la baie de Mercy de Banks Land : Banks Land ayant été pendant trente ans à la fois une Ultima Thule et une Terra Incognita, inscrite sur les cartes où Le capitaine Parry l'a vu à travers trente milles de glace et d'eau en 1819. Peut-être était-elle toujours dans cette même baie : ces vieux amis hivernant là, tandis que le « Resolute » et l'« Intrepid » gisaient sous l'île Dealy , et seulement cent soixante-dix kilomètres entre. Cela a dû être tentant pour toutes les parties d'attendre la fin de l'hiver sans même faire passer un message. Mais jusqu'à ce que l'hiver rende le détroit trop froid et trop sombre pour voyager, la glace du détroit était si brisée qu'il était impossible de tenter de le traverser, même avec un bateau léger, pour les voies d'eau. Ainsi arrivèrent les différentes fêtes d'automne, la dernière le dernier d'octobre, et les officiers et les hommes se mirent au travail et aux loisirs de l'hiver, pour repousser les journées d'hiver le plus rapidement possible.

L'hiver a été très rigoureux ; et cela prouvait que, comme le « Resolute » gisait, ils étaient beaucoup exposés au vent. Mais ils se tenaient occupés, s'exerçaient librement, trouvaient du gibier assez abondant à des distances raisonnables du rivage, chaque fois que la lumière le faisait, gardaient des écoles pour les hommes, donnaient des conférences scientifiques à qui voulait bien les écouter, établissaient le théâtre pour lequel le navire avait été fourni à la maison, et donnait des démonstrations de jongleurs en guise de variété. Le système récent de voyage à l'automne et au printemps réduit considérablement la durée des hivers arctiques tels que Ross, Parry et Back en faisaient l'expérience, et ce n'est que du 1er novembre au 10 mars qu'ils ont été laissés. à leurs propres ressources. Fin octobre, un des hommes du « Resolute » mourut, et en décembre un des « Intrepid », mais, à l'exception de ces cas, ils furent peu malades, pendant des semaines personne sur la liste des malades ; en effet, le capitaine Kellett dit joyeusement qu'une quantité suffisante de bonnes provisions, accompagnée de beaucoup de travail en plein air, assurera une bonne santé dans ce climat.

Dès le printemps qu'il osa risquer un voyage, c'est-à-dire le 10 mars 1853, il envoya ce qu'ils appelaient tous un espoir désespéré à travers la Baie de Mercy, pour trouver des traces de « l'Enquêteur » ; car ils n'osaient guère espérer qu'elle soit encore là. Ce départ était de trente-cinq jours plus tôt que les premiers groupes de l'expédition précédente. Mais il était absolument essentiel que, si le capitaine McClure avait hiverné dans la baie de Mercy, le messager lui parvienne avant qu'il n'envoie une partie ou la totalité de ses hommes, en groupes de voyage, au printemps. Le petit espoir désespéré se composait de dix hommes sous le commandement du lieutenant Pirn, un officier qui avait été avec le capitaine Kellett à bord du « Herald » du côté du Pacifique, avait passé un hiver dans le « Plover » dans le détroit de Behring et avait été l'un des des derniers hommes que « l'Enquêteur » avait vus avant de se jeter dans l'océan Arctique pour découvrir, comme cela s'est avéré, le passage du Nord-Ouest.

Ici, nous devons nous arrêter un instant pour dire quel est l'un de ces groupes de traîneaux grâce auxquels les efforts ont tant ajouté à notre connaissance de la géographie arctique, dans des voyages qui n'auraient jamais pu être accomplis sur des navires ou des bateaux. Dans le cadre du travail des équipes de « Resolute », en ce printemps de 1852, le commandant McClintock parcourut 1,325 milles avec son traîneau, et le lieutenant Mecham 1,163 milles avec le sien, à travers des régions auparavant totalement inexplorées. Le traîneau, comme nous l'avons dit, ressemble en général à un traîneau en bois Yankee, long d'environ onze pieds. Les patins sont courbés à chaque extrémité. Le traîneau est équipé d'une auge légère en toile, réglée de telle sorte qu'en cas de nécessité, tous les magasins, etc., puissent être transportés sur n'importe quel étroit couloir d'eau dans la glace. Il y a sur ce traîneau une tente pour huit ou dix hommes, cinq ou six piques, dont une ou plusieurs sont montées comme ciseau à glace ; deux grandes peaux de buffle, une serpillière imperméable qui permet de

"une double dette à payer,

Un étage la nuit, la voile du traîneau le jour"
(et il faut se rappeler que « jour » et « nuit » dans ces régions sont des termes très équivoques). Il y a en outre un appareil de cuisine dont le feu est fait avec des lampes à alcool ou à suif, un ou deux fusils, une pioche et une pelle, des instruments d'observation, des pannikins, des cuillères et un petit magasin de tout ce qui est nécessaire, avec le vêtements supplémentaires de la fête. Ensuite, la provision, dont la provision mesure la durée de l'expédition, consiste en environ une livre de pain et une livre de pemmican par homme et par jour, six onces de porc et un peu de pommes de terre en conserve, du rhum, du jus de citron vert, du thé. , chocolat, sucre, tabac ou autres commodités similaires. Le traîneau est équipé de deux cordes de traction que les hommes tirent. L'officier avance pour trouver le meilleur chemin parmi les monticules de glace ou les masses de neige. Parfois, sur une banquise lisse , avant le vent, la toile de fond est tendue pour une voile, et elle s'enfuit joyeusement, peut-être avec plusieurs membres de l'équipage à bord, et le reste courant pour suivre le rythme. Mais parfois, sur de la glace brisée, c'est une tâche constante de la faire monter. Vous entendez « Un, deux, trois, *transportez* » toute la journée, alors qu'elle passe d'un « trou de berceau » de glace à un monticule dans un autre. Différentes parties choisissent des heures différentes pour voyager. Le capitaine Kellett considéra finalement que la meilleure répartition du temps, quand, comme d'habitude, ils avaient une lumière du jour constante, était de partir à quatre heures de l'après-midi, de voyager jusqu'à dix heures du soir, de *déjeuner* ensuite, de camper et de se reposer quatre heures ; voyagez encore quatre heures, tentez, dînez et dormez

neuf heures. Cela garantissait le sommeil, lorsque le soleil était le plus haut et
le plus éprouvant pour les yeux. Les distances parcourues avec cet
équipement sont vraiment surprenantes. Bien entendu, chaque homme est
habillé aussi chaudement que la flanelle, le drap de laine , le cuir et la peau de
phoque le peuvent. Pour un si long voyage, l'étude des bottes devient une
science, et nos autorités sont pleines de discussions sur les bottes en toile ou
en laine , ou en tapis ou en cuir, les lacets et les boucles. Quand vient le
moment de "tenter", les piques sont équipées de piquets de tente, et la tente
est dressée, sa porte sous le vent, sur la glace ou la neige. La serpillière est
posée pour le tapis. A une heure fixée, toute conversation doit cesser. Il y a
juste assez de place pour que les invités puissent s'allonger côte à côte sur la
serpillière. Chaque homme entre dans un long sac de feutre, fait d'un feutrage
épais d'environ un demi-pouce d'épaisseur. Il le porte entièrement au-dessus
de sa tête et s'enfile. Il a un petit trou pour respirer. Au-dessus du feutre se
trouve parfois un sac hollandais marron, destiné à empêcher l'humidité
d'entrer. L'officier se trouve le plus loin dans la tente, comme étant le plus
près du vent, le point de difficulté et donc d'honneur. Le cuisinier du jour se
trouve à côté de la porte, comme étant le premier appelé. Côte à côte, les
autres se situent entre les deux. Sur eux sont toutes tirées des couvertures
Mackintosh avec des robes de buffle, par quel pouvoir ce déposant ne le dit
pas, ne le sachant pas. Aucune surveillance n'est exercée, car il y a peu de
risques d'intrusion. Une fois, tout un groupe fut surpris par un ours blanc qui
les flairait, qui réveilla un de leurs chiens, et ils passèrent un moment drôle,
sautant dans leurs bras alors qu'ils étaient enveloppés dans leurs sacs. Mais
nous ne nous souvenons d'aucun autre cas où une sentinelle ait été
nécessaire. Et parfois, dans les journaux, l'officier note qu'il a dormi trop
longtemps le matin et qu'il n'a pas « appelé le cuisinier » assez tôt. Quelle
passion que le sommeil, certes, pour qu'on dorme trop longtemps avec un
tel confort autour de soi !
Une trentaine ou une quarantaine de groupes, ainsi équipés, partirent du «
Resolute » alors qu'il était sous la direction du capitaine Kellett, pour diverses
expéditions. Comme le voyage du lieutenant Pim jusqu'à « l'Enquêteur » à
Banks Land a été celui qui a tourné à la grande victoire de son voyage, nous
le considérerons comme un spécimen de tous. Aucune des autres, cependant,
n'a été entreprise à une période aussi précoce de l'année, et, d'autre part,
plusieurs autres ont été beaucoup plus longues, certaines d'entre elles, comme
on l'a dit, durent trois mois et plus.
Le lieutenant Pim avait été nommé à l'automne à la « recherche des terres des
banques » et avait effectué ses dépôts de provisions lorsque les autres
officiers prenaient les leurs. La carte et l'envoi du capitaine McClure ne
rendaient plus nécessaire de faire étudier cette côte, mais rendaient d'autant
plus nécessaire l'intervention de quelqu'un. va voir s'il est toujours là. Les
chances étaient contre, car tout un été s'était écoulé depuis qu'il avait été

entendu. Le lieutenant Pim proposa cependant de parcourir tout le tour de Banks Land, qui est une île de la taille et de la forme de l'Irlande, à sa recherche, de Collinson, de Franklin ou de n'importe qui d'autre. Le capitaine Kellett lui dit cependant de ne pas tenter cela avec ses forces, mais de retourner au navire par la route qu'il avait empruntée. Il devait d'abord se rendre à la Baie de Miséricorde ; si « l'Enquêteur » était parti, il devait suivre toute trace d'elle et, si possible, communiquer avec elle ou son épouse, « l'Entreprise ».

Le lieutenant Pim partait avec un traîneau et sept hommes, et un traîneau à chiens avec deux sous les ordres du docteur Domville , le chirurgien, qui devait rapporter au capitaine les premières nouvelles de la baie de Mercy. Il y avait un traîneau de secours pour faire le trajet et revenir. Pour le froid intense de ce début de saison , ils eurent des dispositions encore plus soignées que celles que nous avons décrites. Leur tente était doublée. Ils avaient des Mackintosh supplémentaires et tout ce qui pouvait être imaginé. Ils n'eurent pas de chance au départ : ils cassèrent un traîneau et durent en renvoyer un autre ; Le temps était mauvais et il dut camper une fois pendant trois jours. « Heureusement, dit le lieutenant de ce campement, la température montait de cinquante et un au-dessous de zéro à trente-six au-dessous, et il restait, » tandis que la dérive s'accumulait à tel point autour des tentes, qu'à l'intérieur d'elles le thermomètre était seulement vingt en dessous, et, quand ils cuisaient, montaient à zéro. Un moment agréable qu'ils ont dû passer là, sur la glace, pendant ces trois jours, dans leurs sacs à fumer et à dormir ! Il n'est pas étonnant que le quatrième jour, ils se soient rendu compte qu'ils se déplaçaient lentement, tant ils étaient à l'étroit et engourdis. Ce matin, un nouveau traîneau leur est arrivé du navire ; ils sortirent de leurs sacs, firent leurs bagages et repartirent. Ils couraient toujours le long du rivage, mais renvoyèrent bientôt l'équipe de secours qui avait apporté le nouveau traîneau et, quelques jours plus tard, ils se mirent à traverser le détroit, large de vingt-cinq à trente milles, qui, lorsqu'il est ouvert, Comme personne ne l'a jamais vu, c'est l'un des passages du Nord-Ouest découverts par ces expéditions.

C'était un travail horrible ! Il y avait du brouillard et de l'obscurité, de sorte qu'ils ne pouvaient pas choisir la route et, comme par hasard, ils étaient éclairés par la pire masse de glace brisée du canal. Au moment où ils y entraient, un corbeau noir devait apparaître. "Pas de chance", dirent les hommes. Et lorsque M. Pim a tiré sur un bœuf musqué, le premier, et que la créature blessée s'est enfuie : « Tant pis pour le corbeau », ils ont encore coaassé. Seulement trois milles le premier jour, quatre milles le deuxième jour, deux milles et demi le troisième et un demi-mille le quatrième ; c'était tout ce qu'ils gagnaient en transportant les plus laborieusement sur la glace brisée, en traînant un traîneau à la fois, et parfois en transportant les provisions séparément et en revenant chercher les traîneaux. Deux jours de plus leur donnèrent huit milles de plus, mais le septième jour, dans ce détroit

étroit, la traînée étant un peu meilleure, le grand traîneau glissa d'un monticule lisse, brisa une patine pour la briser, et « les voilà ».

Si les deux officiers avaient une petite dispute sur la glace, avec le thermomètre à dix-huit degrés au-dessous, avec seulement un petit traîneau à chiens pour les amener quelque part, leur navire à cent milles de là, quatorze jours de voyage pour les conduire. était venu, personne ne l'a jamais su; ils nous ont caché leur secret, cela ne regarde personne et il n'y a rien d'étonnant à cela. Ils n'étaient certainement pas d'accord. Le Docteur, dont le traîneau, le « James Fitzjames », était encore en bon état, pensa qu'ils feraient mieux de quitter les magasins et de rentrer tous ; mais le lieutenant, qui avait le commandement, n'aimait pas l'abandonner, alors il prit les chiens et le "James Fitzjames " et ses deux hommes et partit, laissant le Docteur sur la banquise, mais lui donnant l'ordre de revenir en arrière. atterrir avec le traîneau blessé et attendre son retour. Et le Docteur l'a fait, comme un homme fougueux, faisant des allers-retours pour ce qu'il ne pouvait pas faire en un seul voyage, comme l'homme de l'histoire qui avait un pic de maïs, une oie et un loup pour traverser la rivière. . Sur la glace, sur la butte, le lieutenant marchait avec ses chiens, pas d'ours, ni de phoque, ni de lièvre, ni de loup pour les nourrir : des viandes conservées, préparées avec soin pour les hommes et les femmes, tout ce qu'il lui fallait. si, pour les créatures voraces et insipides, qui auraient été plus satisfaites de la graisse, elles étaient enfin arrivées à Banks Land, mais pas de gibier là-bas ; d'horribles dérives; enfermé toute une journée dans la tente, et lui-même si malade qu'il pouvait à peine se tenir debout ! Il n'y en avait que trois en tout ; et le capitaine du traîneau demanda naturellement au pauvre Pim , quand il était au plus mal : « Que dois-je faire, monsieur, si vous mourez ? Une question pas très réconfortante !

Il n'est pas mort. Il dormit quelques heures, se sentit mieux et recommença, mais eut le découragement de trouver l'année dernière de tels signes d'un détroit ouvert qu'il était sûr que le navire qu'il allait chercher aurait disparu. Un matin, il était parti chasser les chiens sans succès et, en revenant vers ses hommes, il apprit qu'ils avaient vu dix-sept cerfs. Après eux va Pim ; il les trouve *trois lièvres* , magnifiés par le brouillard et le mirage, et leurs longues oreilles répondant à des cornes. Ce même jour, ils arrivèrent à la Baie de Miséricorde. Aucun navire en vue ! Juste en face, le lieutenant va chercher des archives ; quand, à deux heures de l'après-midi, Robert Hoile aperçoit quelque chose de noir dans la baie. À travers la vitre, le lieutenant fait semblant d'être un navire. Ils changent aussitôt de direction. Sur la glace vers elle ! Il quitte le traîneau à trois heures et continue sa route. Comme cela paraît loin ! A quatre heures, il aperçoit des gens qui se promènent, un tas de pierres et un mât de drapeau sur la plage. Continue , Pim ; n'y arrivera-t-on jamais ? A cinq heures, il est à cent mètres d'elle et personne ne l'a vu. Mais justement, ceux-là mêmes voient celui qui devrait le voir ! Pim fait signe, agite les bras comme le font les Esquimaux en signe d'amitié. Le capitaine McClure et son lieutenant Haswell « font leur exercice », la principale affaire de ces hivers, et le voient enfin ! Pim est noir comme Erebus à cause de la fumée de la cuisine dans la petite tente. McClure le reconnaît, non seulement pour surprendre, mais avec un pincement au cœur. "J'ai fait une pause dans mon avance", dit-il, "doutant de qui ou de ce que cela pouvait être, un habitant de ce monde ou de l'autre monde." Mais cela ne dure qu'un instant. Pim parle. Homme courageux qu'il peut. Comme sa voix avait dû s'étouffer, comme s'il était dans un rêve. "Je suis le lieutenant Pim , défunt du 'Herald'. Le capitaine Kellett est à l'île Melville. Des mots bien choisis, Pim , à envoyer d'avance sur les cent mètres de banquise ! Rien sur le « Resolute », cela les aurait déroutés. Mais « Pim », « Herald » et « Kellett » étaient parmi les derniers signes de l'Angleterre qu'ils avaient vus, — tout cela était intelligible. Un excellent petit discours, que le brave homme préparait peut-être, comme on fait une dépêche télégraphique , depuis des heures qu'il marchait sur la banquise jusqu'à elle. Puis une telle poignée de main, une telle salutation. Le pauvre McClure ne pouvait pas parler au début. L'un des hommes au travail a appris la nouvelle à bord ; et par les écoutilles tout le monde affluait, malades et bien portants, pour voir l'étranger noir et avoir des nouvelles d'Angleterre. Cela faisait près de trois ans qu'ils n'avaient vu aucun homme civilisé à part eux-mêmes.

Le 28 juillet, trois ans auparavant, le commandant McClure avait envoyé sa dernière dépêche à l'Amirauté. Il avait alors prophétisé ce qu'il avait presque accompli en trois ans. Au cours de l'hiver 1850, il avait découvert le passage du Nord-Ouest. Il en avait fait le tour dans une branche, le détroit de Banks, l'été suivant ; s'était volontiers réfugié sur la baie de Mercy dans un coup de vent ; et son navire ne l'avait jamais quitté depuis. Disons en passant qu'elle est probablement là maintenant. Dans ses dernières dépêches, il avait dit à l'Amirauté de ne pas s'inquiéter pour lui s'il n'arrivait pas chez lui avant l'automne 1854. Comme il s'est avéré, cet automne-là, il est venu avec tous ses hommes, à l'exception de ceux qu'il avait renvoyés chez eux auparavant, et ceux qui étaient morts. Lorsque Pim les trouva, tous les membres d'équipage, sauf trente, avaient reçu l'ordre de marcher, certains vers la baie de Baffin, d'autres vers le fleuve Mackenzie, à leur retour en Angleterre. McClure allait rester avec les autres et rentrer à la maison avec le navire, s'ils le pouvaient ; sinon, en traîneaux jusqu'à Port Léopold, et ainsi par une vedette à vapeur qu'il avait vu partir là pour Franklin en 1849. Mais l'arrivée de M. Pim mit fin à tous ces projets. Nous avons sa longue dépêche à l'Amirauté pour les expliquer, terminée seulement la veille de l'arrivée de Pim . Il raconte l'histoire de ses trois années d'exil hors du monde, un exil rempli de travail efficace, dans un récit qui donne une noble image de l' homme. La Reine l'a fait depuis Sir Robert Le Mesurier McClure, en l'honneur de sa grande découverte.

Banks Land, ou Baring Island, les deux noms appartiennent à la même île, sur les rives de laquelle McClure et ses hommes avaient passé la majeure partie de ces deux années ou plus, est une île sur laquelle ils furent les premiers des hommes civilisés à débarquer. Pour les gens qui ne sont pas très exigeants, la mesure que nous en avons donnée précédemment, à savoir qu'il s'agit de la taille et de la forme de l'Irlande, est assez précise. Il y a probablement des terres élevées à l'intérieur, car les vents venant de la côte sont froids. L'équipage trouva du charbon et du saule nain qu'ils purent brûler ; des lemmings, des lagopèdes, des lièvres, des rennes et des bœufs musqués, dont ils pouvaient se nourrir.

"Adieu au pays où je me suis souvent rendu
Mon chemin à travers ses montagnes et ses vallées de neige ;
             Adieu les rochers et les collines que j'ai gravis,
Les sombres demeures arctiques du cerf et de la biche ;
             Adieu aux vallons profonds où souvent résonné
La chanson du bruant des neiges, alors qu'elle chantait son laïc
             A flanc de coteau et dans la plaine, limité par l'oseille verte,
Jusqu'à ce qu'il soit frappé par le souffle d'une froide journée d'hiver.

Il y a une brève description de Banks Land, tirée de l'anthologie de ce pays, qui, autant que nous le sachions, consiste en deux poèmes d'un marin nommé Nelson, l'un des membres de l'équipage du capitaine McClure. La température la plus élevée jamais observée sur ce « joyau de la mer » était de 53° en plein été. Le plus bas était de 65° au-dessous de zéro en janvier 1853 ; ce jour-là, le thermomètre ne montait pas à 60° au-dessous, ce mois-là ne faisait jamais plus chaud que 16° au-dessous, et la moyenne du mois était à 43° au-dessous. Un climat agréable pour passer trois ans !

de M. Pim , on ne pouvait se permettre qu'une seule journée de discussion . Le 8 avril, lui et ses chiens, ainsi que le capitaine McClure et un groupe, étaient prêts à retourner auprès de notre ami le « Resolute ». Ils rejoignirent le docteur Domville en chemin ; il avait réparé le traîneau cassé et tué cinq bœufs musqués, alors qu'ils arrivaient. Il partit en traîneau à chiens pour annoncer la nouvelle, mais McClure et ses hommes les suivirent ; et lui et le docteur Domville apprirent ensemble la nouvelle.

Il fut décidé d'abandonner l'Investigator et l'Intrepid et le Resolute laissèrent la place à ses hommes. Ils leur ont également adressé un joyeux salut , comme peuvent le faire les marins britanniques. Plus de la moitié des équipages étaient absents lorsque les groupes « d'enquêteurs » sont arrivés, mais en juillet, tout le monde était revenu. Ils avaient trouvé des îles là où les cartes avaient deviné qu'il y avait de la mer, et une mer là où ils avaient deviné qu'il y avait de la terre ; avait transformé les péninsules en îles et les îles en péninsules. Au-delà du soixante-dix-huitième parallèle, M. McClintock avait baptisé le point de terre le plus éloigné « l'œil de l'Irlande », comme si son île natale y scrutait l'inconnu ; une grande île, qui sera notre plus éloignée maintenant, pendant des années. à venir, avait été baptisée « Terre du Prince Patrick », en l'honneur du bébé prince qui était le plus jeune lorsqu'ils ont quitté la maison. Ne sera-t-il pas tenté, quand il sera un homme, de prendre un équipage, comme un autre Madoc, et, comme devraient le faire les cadets des reines, d'aller s'installer sur ce filleul tentateur ? Ils avaient eu des nouvelles de la part de l'escadron de Sir Edward Belcher ; ils avaient eu des nouvelles d'Angleterre ; avait entendu parler de tout sauf de Sir John Franklin. Ils avaient même trouvé une bouteille de bière de l'expédition du capitaine Collinson, mais pas un bâton ni une paille pour indiquer où Franklin ou ses hommes avaient vécu ou étaient morts. Deux officiers de l'« Investigator » ont été renvoyés en Angleterre cet été par un navire depuis l'île Beechey , le quartier général ; c'est ainsi que nous apprîmes, en octobre 1853, la découverte du passage du Nord-Ouest.

Après que leurs équipages furent de nouveau à bord et que les soixante de l'Investigator furent également embarqués, le Resolute et l'Intrepid passèrent un été morne. La glace ne se briserait pas. Ils faisaient des parties de chasse à terre et des courses sur la banquise ; mais le capitaine ne pouvait pas renvoyer les «Enquêteurs» chez eux comme il le souhaitait, dans son annexe à vapeur. Tous ses plans étaient faits, et à une échelle virile, si seulement la glace pouvait s'ouvrir. Il a construit un entrepôt sur l'île pour les gens de Collinson, ou pour vous, lecteur, et pour nous, si nous devions y arriver, et il l'a bien conservé et a laissé ce document : -

"C'est une maison que j'ai appelée la "Maison du Marin", sous le patronage particulier de mes Lords Commissaires de l'Amirauté.
« *Ici,* les marins royaux et les marines sont nourris, habillés et reçoivent une double solde pour l'habiter. »

Dans cette maison il y a un peu de tout, et beaucoup de vivres et de boissons ; mais personne n'y est allé depuis le départ du dernier des hommes du « Résolu ».

Enfin, le 17 août, une journée de courses à pied, de sauts en sacs et de lutte, toutes mains présentes, comme à une sorte de « jeux isthmiques », se termina par un coup de vent, un craquement de glace, et les « Enquêteurs » " pensait qu'ils rentraient chez eux, et Kellett pensait qu'il allait encore avoir un mois d'été. Mais non; "il n'y a rien de sûr dans cette navigation d'une heure à l'autre." Le « Resolute » et le « Intrepid » n'ont jamais été vraiment exempts de glace pendant tout cet automne ; conduit et dérivé çà et là dans le détroit de Barrow jusqu'au 12 novembre ; puis ils gelèrent, sans mouiller, au large du cap Cockburn, à peut-être cent quarante milles de leur port de l'hiver dernier. Le journal de bord de cet hiver-là est un curieux récit ; l'ingéniosité de l'officier responsable était bien mise à profit pour faire en sorte qu'un jour soit différent d'un autre. Chaque jour comporte la première entrée pour la « position du navire » ainsi : « Sur la banquise au large du cap Cockburn ». Et le blanc pour la deuxième entrée, donc : « Dans la même position ». Les conférences, les pièces de théâtre, les écoles, etc., terminaient le temps ; mais il ne pouvait y avoir de groupes de voyageurs en automne et peu d'espoir de découverte en été.

Le printemps est venu. Le capitaine traversa la glace dans son petit traîneau à chiens jusqu'à l'île Beechey et reçut l'ordre d'abandonner ses navires. Il semble qu'il aurait préféré envoyer la plupart de ses hommes en avant et, avec un petit équipage, ramener le « Resolute » chez lui cet automne ou le suivant. Mais Sir Edward Belcher considérait ses ordres comme péremptoires « selon lesquels la sécurité des équipages devait exclure toute idée de désincarcération des navires ». Les deux navires devaient être abandonnés. Deux groupes de voyageurs éloignés étaient partis, l'un à «d'Enquêteur», l'autre à la recherche de traces de Collinson, qu'ils ont trouvées. On leur fit dire, le moment venu, de ne pas chercher à nouveau le navire, mais de se rendre à l'île Beechey . Et enfin, après avoir équipé les moteurs de l'Intrepid de manière qu'il puisse être à vapeur en deux heures, après avoir stocké sur les deux navires des proportions égales de provisions et avoir préparé les deux navires pour l'occupation, le capitaine a calé les écoutilles et avec tout l'équipage qu'il n'avait pas envoyé auparavant, — quarante-deux personnes en tout, — quitta le navire le lundi 15 mai 1854 et partit avec les traîneaux pour l'île Beechey .
Pauvre vieux « Résolu » ! Toute cette compagnie gay est partie qui a divisé ses côtés avec leurs rires. Voici la robe d'Arlequin, posée dans l'un des carré des officiers, mais il n'y a personne pour danser les danses d'Arlequin. « Voici une belle journée claire, — aujourd'hui sûrement ils viendront sur le pont et prendront un méridien ! Non, personne ne vient. Le soleil chauffe sur les ponts ; mais c'est tout un, personne ne regarde le thermomètre ! "Et ainsi le pauvre navire est resté tout seul." Quels moments gais elle a vécus avec tous ces braves jeunes hommes à bord ! Des hivers si joyeux, des étés si légers ! Tellement amusant, tellement de bêtises ! Tant de science et de sagesse, et maintenant tout est si calme ! Le pauvre « Résolu » est-il conscient du changement ? Les courses sur glace, les conférences scientifiques du mardi, le tumulte occasionnel du théâtre et le culte du dimanche lui manquent-ils ? N'a-t-elle pas partagé l'espoir du capitaine Kellett, de McClure et de l'équipage, qu'elle s'en *sortira bien* ! Elle voit le dernier traîneau la quitter. Le capitaine chasse ses six chiens, disparaît sur la glace et ils sont tous partis. « Ne reviendront-ils pas ? dit le pauvre navire. Et elle regarde avec mélancolie à travers la glace son petit ami le bateau à vapeur "Intrepid", et elle voit qu'il n'y a personne là-bas. "Intrépides ! Intrépides ! nous ont-ils vraiment abandonnés ? Nous les avons si bien servis, et nous ont-ils vraiment laissés tranquilles ? Beaucoup étaient en voyage l'année dernière, mais ils sont

rentrés chez eux. Aucun d'entre eux ne reviendra-t-il à la maison maintenant ?" Non, pauvre « Résolu » ! Aucun d'eux n'est jamais revenu ! Aucun d'eux n'en avait l'intention. L'été est arrivé. Août est arrivé. Personne ne peut dire dans combien de temps, mais un jour ou l'autre, sa prison glacée s'est brisée, et le bon navire s'est retrouvé de nouveau dans son propre élément ; Elle se secoua fièrement, nous ne pouvons en douter, fit un signe de tête joyeux en direction de «d'Intrépide» et fut libre. Mais hélas! il n'y avait pas de maître pour prendre la latitude et la longitude, pas de timonier au volant. En lettres claires coulées en laiton au-dessus de son casque, il y a ces mots : « L'Angleterre attend de chaque homme qu'il fasse son devoir ». Mais il n'y a ici personne pour tenir compte de l'avertissement, et le gouvernail bat d'un côté et de l'autre, ne dirigeant plus sa route, mais se balançant bêtement d'avant en arrière . Et elle dérive ici et là, — dérive hors de la vue de sa petite compagne, — s'échoue sur un bout de banquise tantôt, puis en est emportée, — et se retrouve, sans même la compagnie de « l'Intrépide », seule sur ces mers bleues avec ces rivages blancs. Mais quelle solitude totale ! Pauvre « Résolu » ! Elle aspirait à la liberté, mais qu'est-ce que la liberté là où il n'y a pas de loi ? Qu'est-ce que la liberté sans timonier ! Et la « Résolue » se souvient si tristement du bon vieux temps où elle avait un maître. Et le court été lumineux passe. Et encore une fois, elle voit le soleil se coucher depuis ses ponts. Et maintenant, même ses mâts de hune le voient fixé. Et maintenant, il ne monte pas sur son deck. Et le lendemain, il ne monte pas jusqu'à son mât de hune. Hiver et nuit ensemble ! Elle les a déjà connus ! Mais maintenant c'est l'hiver, la nuit et la solitude à la fois. Cette horrible glace se referme autour d'elle. Et il n'y a personne pour l'amener au port : elle est à découvert. Si la glace dérive vers l'ouest, elle doit aller vers l'ouest. Si elle va vers l'est, elle doit l'être. Son apparente liberté est terminée et pour ce long hiver, elle est de nouveau enchaînée. Mais son cœur est fidèle à la vieille Angleterre. Et quand elle peut aller vers l'est, elle est si heureuse ! et quand elle doit aller vers l'ouest, elle est si triste ! Vers l'est, elle va ! Elle va vers le sud ! Fidèle à l'instinct qui nous renvoie tous à la maison, il suit sans direction et sans voile quinze cents milles de cette mer, sans balise qui le sépare de la sienne. Et ainsi se déroule une année lamentable. "Peut-être qu'un autre printemps viendra me trouver et réparera les choses en bas. Il fait terriblement humide là-bas; et je ne peux pas garder les canons brillants et les sols secs." Non, ce bon vieux "Résolu". Mai et juin passent l'année suivante, et personne ne vient ; et vous voilà tout seul dans la baie, à la dérive dans cette meute lugubre. Juillet et août, les jours raccourcissent encore. "Personne ne viendra prendre soin de moi, couper ces horribles blocs de glace, et s'occuper de ces flancs de bacon dans la cale, et de toutes ces voiles moisies , et de cette poudre, et du pain et de l'alcool que j'ai gardés." si bien pour eux ? Nous sommes en septembre, et le soleil commence à se coucher de nouveau. Et voici encore un de ces terribles coups de vent. Sera-ce mon tout dernier ? tout seul ici, — qui ont tant fait, — et s'ils voulaient seulement prends soin de moi, je peux faire bien plus. Personne ne viendra ? Personne ?... . Quoi ! C'est de la glace qui clignote, mes pauvres vieux guetteurs sont-ils aveugles ? N'y a-t-il pas « l'Intrépide » ? Cher « Intrépide », je ne vous méprisera plus jamais ! Non ! il n'y a pas de cheminée, ce n'est pas l'Intrepid. Mais c'est quelqu'un. Je vous prie de me voir, quelqu'un de bien. Êtes-vous un baleinier yankee ? Je suis heureux de voir les baleiniers yankees, je me souviens très bien des baleiniers yankees. Nous avons passé un été heureux ensemble une fois.... Ce sera épouvantable s'ils ne me voient pas ! Mais cette glace, cette misérable glace ! Ils me voient, — je sais qu'ils me voient, mais ils ne peuvent pas m'atteindre. Ne partez pas, bons Yankees ; je vous prie, venez m'aider. Je sais Je peux sortir, si vous m'aidez un peu... Mais maintenant, cela fait une semaine entière et ils ne viennent pas ! Y a-t-il des Yankees, ou est-ce que je deviens fou ? Je les ai entendus parler de vieux navires fous, dans mes jeunes jours... Non ! Je ne suis pas fou. Ils arrivent ! ils arrivent. Braves Yankees ! sur les buttes, dans la boue. N'abandonnez pas à cause du froid. Il y a du charbon en dessous, et nous Il y aura un incendie dans le Sylvester et dans la cabine du capitaine... Il y a un horrible cours d'eau. Ils n'ont pas de Halkett ... Oh , si un de mes bateaux voulait seulement partir pour eux, au lieu de mentir. donc bêtement sur mon deck ici ! Mais les hommes n'ont pas peur de l'eau ! Voyez-les traverser ce bloc de glace ! Allez, bons amis ! Bienvenue, qui que vous soyez, Danois, Néerlandais, Français ou Yankee, allez ! allez! Il y a un coup de vent, mais je peux supporter un coup de vent. Sur le côté, les hommes. J'aimerais pouvoir descendre la passerelle seul. Mais voilà, tous ces blocs de glace entassés , on peut grimper dessus ! Pourquoi tu t'arrêtes ? N'ayez pas peur. Je vais vous rendre très confortable et joyeux. Ne restez pas là à parler. Entrez, je vous en prie. Il y a du porto dans la cabine du capitaine, et un peu de viande en conserve dans le garde-manger. Tu dois avoir faim; je vous en prie, entrez ! Oh, il arrive, et maintenant tous les quatre arrivent. Ce serait affreux s'ils repartaient ! Ils sont sur le pont. Maintenant, je vais rentrer chez moi ! Comme on s'est senti seul !"

Il était assez vrai que lorsque M. Quail, le frère du capitaine du "McLellan", avec qui le "Resolute" s'était lié d'amitié, le second du George Henry, baleinier, dont le capitaine, le capitaine Buddington , avait découvert le "Resolute" dans les glaces, est venu vers elle après une dure journée de voyage avec ses hommes, les hommes ont hésité avec un petit sentiment superstitieux et ont hésité une minute avant de monter à bord. Mais le pauvre bateau solitaire les courtisa trop affectueusement, et ils escaladèrent la glace brisée et arrivèrent sur le pont. Elle était allongée sur le côté bâbord, avec un lourd poids de glace la retenant au sol. Les écoutilles et le compagnon furent rendus rapides, tels que le capitaine Kellett les avait laissés. Mais, ouvrant le compagnon, descendant les escaliers à tâtons jusqu'à la cabine arrière, ils se dirigèrent vers la table du capitaine ; quelqu'un posa la main sur une boîte de lucifers, alluma une lumière et révéla des livres éparpillés en confusion, une bougie debout, qu'il alluma aussitôt, les verres et les carafes dans lesquels Kellett et ses officiers avaient bu, au revoir au navire . . Les baleiniers les remplirent à nouveau et se sentirent sans doute moins découragés. Pendant ce temps, la nuit tombait et un vent se levait. La tempête fut si violente que, pendant deux jours, ces quatre hommes formèrent tout l'équipage du « Resolute », et ce ne fut que le 19 septembre qu'ils retournèrent à leur propre navire et rapportèrent quelle était leur prise.

Durant ces dix jours, depuis que le capitaine Buddington l'avait aperçu pour la première fois, les navires s'étaient rapprochés. Le 19, il monta lui-même à bord ; J'ai découvert que dans sa cale, du côté bâbord, il y avait beaucoup de glace ; à tribord, il semblait y avoir de l'eau. En fait, ses chars avaient éclaté à cause du froid extrême ; et elle était pleine d'eau, presque jusqu'à son pont inférieur. Tout ce qui pouvait bouger de sa place avait bougé ; tout était mouillé ; tout ce qui moisissait était moisi . "Une sorte de transpiration" s'est déposée sur les poutres au-dessus. Les vêtements étaient mouillés. Le groupe du capitaine alluma un feu dans le poêle du capitaine Kellett et déclencha bientôt une sorte de douche à cause de la vapeur dont il remplissait l'air. Le "Resolute" dispose cependant de quatre pompes de force fines. Pendant trois jours, le capitaine et six hommes travaillèrent quatorze heures par jour sur l'une d'elles, et eurent le plaisir de constater qu'ils la débarrassèrent de l'eau, qu'elle était encore tendue. Ils coupèrent les masses de glace ; et le 23 septembre, au soir, il se libéra de ses encombrements et reprit son équilibre. C'était au large de la côte ouest de la baie de Baffin, par 67° de latitude. Sur le bord le plus court, il se trouvait à douze cents milles de l'endroit où le capitaine Kellett l'avait laissé.

Il y avait encore suffisamment de travail à faire. Le gouvernail devait être expédié, le gréement tendu, la voile tendue ; et il s'est avéré, en passant, que la voile sur les vergues était encore en grande partie utilisable, tandis qu'un ensemble de voiles neuves en toile en dessous était gravement endommagé par l'humidité . Une semaine plus tard, ils étaient prêts à appareiller. La banquise dérivait toujours avec les deux navires ; mais le 21 octobre, après un long vent du nord-ouest, le « Resolute » était libre, — plus libre qu'il ne l'avait été depuis plus de deux ans.

Son « dernier voyage » est presque raconté. Le capitaine Buddington avait résolu de la ramener chez elle. Il avait choisi dix hommes sur le « George Henry », lui laissant quinze, et avec un tracé approximatif de la côte américaine dessiné sur une feuille de papier cartonné, avec sa montre à levier et un cadran pour ses instruments, il partit pour New London. Ils en ont eu un passage difficile et difficile. Le lest du navire avait disparu, suite à l'éclatement des réservoirs ; elle était très lourde et sous-équipée. Il prononça une aboiement de baleinier britannique et envoya par elle au capitaine Kellett ses épaulettes et à ses propres propriétaires la nouvelle de son arrivée. Ils ont eu de forts coups de vent et des vents contraires, et ont été poussés jusqu'aux Bermudes ; l'eau laissée dans les réservoirs du navire était saumâtre, et il lui fallait tout l'assaisonnement que donnerait le chocolat du navire pour la rendre potable. « Pendant soixante heures d'affilée, dit le fougueux capitaine, je n'ai souvent pas dormi » ; mais sa persévérance fut enfin couronnée de succès, et dans la nuit du 23 au 24 décembre il fit le feu du magnifique port d'où il partait ; et le dimanche matin 24, je jetai l'ancre dans la Tamise, en face de *New* London, hissai l'enseigne royale sur les mâts raccourcis du « Resolute », et les bonnes gens de la ville savaient que lui et les siens étaient en sécurité, et que une des victoires de la paix a été remportée.

Comme le beau navire se trouve en face des jetées de cette belle ville, il attire des visiteurs de partout et constitue en effet une curiosité très remarquable. Des sceaux furent immédiatement placés, et très correctement, sur les bibliothèques, les casiers et les tiroirs du capitaine, et partout où la propriété privée pourrait être lésée par une curiosité gratuite, et deux gardiens sont de service sur le navire, jusqu'à ce que sa destination soit décidée. Mais rien n'a changé par rapport à ce qu'il était à son arrivée au port. Et, de la proue à la poupe, chaque détail de son équipement est une curiosité, pour le marin comme pour le terrien. Le chandelier dans la cabine n'est pas comme un chandelier Yankee. Le trou d'écubier pour le câble de chaîne est aménagé comme jamais auparavant. Et ainsi de tout le reste. Il y a un aspect mouillé sur tout maintenant, après des mois d' aération ; — les fusils, qui ont été tirés pour la dernière fois sur des bœufs musqués dans l'île Melville, sont rouges de rouille, comme s'ils étaient restés au fond de la mer ; le volume de Shakespeare, que vous trouvez dans la couchette d'un officier, a une sensation humide, comme si vous l'aviez lu en plein air dans un mois de mars au nord-est. Les vieux marins regardent peut-être avec le plus grand étonnement les préparatifs pour le divertissement, les coupes et les boules du jongleur, ou la robe pailletée d'Arlequin ; le tranquille terrien s'étonne des gigantesques scies à glace, des vieilles bottes de toile, des longs et épais bas arctiques. Il semble presque faux d'entrer dans le carré des officiers de M. Hamilton et de voir comment il a disposé son porte-savon et sa brosse à dents ; et on n'en parle pas, s'il trouve sur une feuille blanche la prière secrète qu'une sœur a écrite pour le frère à qui elle a donné un livre de prières. Il y a maintenant beaucoup de désordre , grâce à son abandon soudain et peut-être à son voyage de retour de trois mois. Un petit union-jack repose sur un tas de sous-vêtements non réparés et non lavés ; Lorsque Kellett quitta le navire, il laissa le drapeau de son pays sur son fauteuil comme pour en garder la possession. Deux épées d'officier et une paire d'épaulettes étaient sur la table de la cabine. En effet, qu'est-ce qui n'existe pas là-bas, qui devrait rendre l'hiver arctique supportable, transformer une longue nuit en jour, ou pendant de longues journées ?

Le navire est solide et solide. Le « dernier voyage » que nous avons décrit ne sera pas, espérons-le, le dernier voyage de sa carrière. Mais où qu'il aille, sous pavillon anglais ou sous le nôtre, il ne rassemblera presque jamais plus d'aventures dans une seule croisière que dans celle qui scella la découverte du passage du Nord-Ouest ; qui a donné à l'Angleterre de nouvelles terres, les plus proches du pôle de tout ce qu'elle possède ; qui a passé plus d'un an, on ne sait où, autonome et sans guide ; et qui, ayant commencé sous le *régime strict* de la marine anglaise, se termina sous les remarquables règles mutuelles, adoptées d'un commun accord, sur les affaires des baleiniers américains.

Ne vaut-il pas la peine de noter que dans cette chevalerie de l'aventure arctique , les navires qui ont fait naufrage ont été ceux de la lutte ou de l'horreur ? Ce sont la « Fureur », la « Victoire », l' « Erèbus », la « Terreur ». Mais les navires qui n'ont jamais fait défaut à leurs équipages, qui, pour autant que l'on sache, sont aussi solides que jamais, portent les noms d'aventures paisibles ; le "Hecla", l'"Enterprise" et "Investigator", l'"Assistance" et "Resolute", le "Pioneer" et "Intrepid", et nos "Advance" et "Rescue" et "Arctic", n'ont jamais menacé personne . un , même en leurs noms. Et ils n'ont jamais laissé tomber les hommes qui les commandaient ou qui naviguaient à bord.

MON DOUBLE ET COMMENT IL M'A DÉFAIT

L'UN DES PAPIERS D'INGHAM.

[Un journal de Boston, en remarquant cette histoire, l'a qualifiée d'improbable. Je pense que c'est. Mais je pense que la morale est importante. Il a été publié pour la première fois dans l'Atlantic Monthly de septembre 1859.]

* * * * *

Ce n'est pas souvent que je dérange les lecteurs de l'Atlantic Monthly. Je ne les dérangerais pas maintenant, sans les importunités de ma femme, qui « a l'impression d'insister » sur le fait qu'un devoir envers la société n'est pas rempli, jusqu'à ce que je lui ai expliqué pourquoi j'ai dû avoir un double et comment il m'a défait. Elle est sûre, dit-elle, que les personnes intelligentes ne peuvent pas comprendre cette pression exercée sur les fonctionnaires qui seule pousse n'importe quel homme à l'emploi d'un sosie. Et même si je crains qu'elle ne pense, au fond de son cœur, que ma fortune ne sera jamais refaite, elle a un faible espoir que, comme un autre Rasselas , je pourrai donner aux publics futurs une leçon dont ils pourront profiter, même si nous mourir. En raison du comportement de mon double, ou, s'il vous plaît, de cette pression publique qui m'a obligé à l'employer, j'ai tout le loisir d'écrire cette communication.

Je suis, ou plutôt j'étais, un ministre de la branche sandémanienne . J'étais installé dans la ville active et bien éveillée de Naguadavick , sur l'une des plus belles forces hydrauliques du Maine. Nous l'appelions autrefois une ville occidentale au cœur de la civilisation de la Nouvelle-Angleterre. C'était et c'est toujours un endroit charmant. J'avais une jeune paroisse pleine d'entrain et courageuse ; et il semblait que nous pouvions avoir « la joie d'une vie mouvementée » à notre guise.

Hélas! combien nous en savions peu le jour de mon ordination et dans ces moments paisibles de notre première tenue de maison. Être l'ami de confiance d'une centaine de familles de la ville, — coupant la bagatelle sociale, comme dit mon ami Haliburton, « du haut du syllabub fouetté jusqu'au bas de la génoise, qui est la base », — pour se tenir au courant de la pensée de l'époque dans son bureau, et faire de son mieux le dimanche pour mêler cette pensée à la vie active d'une ville active, et pour inspirer toutes deux et les rendre infinies par des aperçus de la gloire éternelle, semblait une telle nécessité. un aperçu exquis de la vie ! Assez de choses à faire, et tout cela est si réel et si grandiose ! Si seulement cette vision avait pu durer !

La vérité est que cette vision n'était pas en soi une illusion, ni même assez brillante. Si seulement on avait pu laisser chacun vaquer à ses occupations, la vision se serait accomplie d'elle-même et aurait fait apparaître de nouvelles visions parahéliaques , chacune aussi brillante que l'originale. La misère était et est, comme nous l'avons découvert, moi et Polly, en peu de temps, qu'en plus de la vision, et en plus des échecs humains et finis habituels de la vie (comme casser le vieux pichet qui est arrivé dans le "Mayflower" et mettre dans le feu de l'Alpenstock avec lequel son père gravit le Mont Blanc), - en plus de cela, dis-je (en imitant le style de Robinson Crusoé), il y avait sur nous un grand sorbier - un tas de fumigènes, transmis d'une graine inconnue - époque où nous étions censés, et moi principalement, remplir certaines fonctions publiques devant la communauté, du caractère de ceux remplis par la troisième rangée de surnuméraires qui se tiennent derrière les Cipayes dans le spectacle de la « Cataracte du Gange ». En un mot, c'étaient les devoirs que l'on accomplit en tant que membre de telle ou telle classe ou subdivision sociale, tout à fait distincts de ce que l'on fait en tant que A. par lui-même A. Quelle puissance invisible m'a confié ces fonctions, il serait très difficile de le faire. dire. Mais un tel pouvoir existait et existe toujours. Et je n'avais pas travaillé depuis un an avant de découvrir que je vivais deux vies, l'une réelle et l'autre simplement fonctionnelle, pour deux groupes de personnes, l'une ma paroisse, que j'aimais, et l'autre un public vague, pour qui je je m'en fichais deux pailles. Tout cela reposait sur une vague idée, que tout le monde avait et a, que cette seconde vie finirait par apporter à quelqu'un quelque part de grands résultats, inconnus à l'heure actuelle.

Fou de cette dualité de la vie, j'ai d'abord lu le Dr Wigan sur la « Dualité du cerveau », espérant pouvoir entraîner un côté de ma tête à accomplir ces travaux extérieurs, et l'autre à accomplir mes tâches intimes et réelles. Richard Greenough m'a dit un jour qu'en étudiant la statue de Franklin, il avait découvert que le côté gauche du visage du grand homme était philosophique et réfléchi, et le côté droit drôle et souriant. Si vous allez regarder la statue de bronze, vous constaterez qu'il y a répété cette observation pour la postérité. Le profil oriental est le portrait de l'homme d'État Franklin, le profil occidental du pauvre Richard. Mais le Dr Wigan n'aborde pas les subtilités de ce sujet, et j'ai échoué. C'est alors que, sur la suggestion de ma femme, j'ai décidé de chercher un Double.

Au début, j'ai eu un succès singulier. Cet été-là, nous étions en train de recréer à Stafford Springs. Nous sommes allés un jour, pour une des détentes de ce point d'eau, au grand Monson Poorhouse. Nous traversions une des grandes salles, lorsque mon destin s'est accompli !

Il n'était pas rasé. Il ne portait pas de lunettes. Il était vêtu d'un rond-point de feutrine verte et d'une salopette bleue délavée, tristement portée au genou. Mais je vis tout de suite qu'il était de ma taille, cinq pieds quatre et demi. Il avait les cheveux noirs, effacés par son chapeau. Moi aussi, je l'ai fait et je ne l'ai pas fait. Il s'est penché en marchant. Moi aussi . Ses mains étaient grandes, tout comme les miennes. Et – le plus beau cadeau du destin – il avait, non pas « une marque de fraise sur son bras gauche », mais une coupure d'un jeune chauve-souris sur son œil droit, affectant légèrement le jeu de ce sourcil. Lecteur, moi aussi ! Mon sort était scellé !

Un mot avec M. Holley, l'un des inspecteurs, a réglé le tout. Cela prouvait que ce Dennis Shea était un garçon inoffensif et aimable, de la classe dite des sans-changement, qui avait scellé son sort en épousant une femme stupide, qui, à ce moment-là, repassait dans la lessive. Avant de quitter Stafford, j'avais embauché les deux pendant cinq ans. Nous avions demandé au juge Pynchon, alors juge des successions à Springfield, de changer le nom de Dennis Shea en Frederic Ingham. Nous avions expliqué au juge quelle était la vérité précise, à savoir qu'un gentleman excentrique souhaitait adopter Dennis, sous ce nouveau nom, dans sa famille. Il ne lui était jamais venu à l'esprit que Dennis pouvait avoir plus de quatorze ans. Et ainsi, pour abréger cette préface, lorsque nous retournâmes la nuit à mon presbytère de Naguadavick , entrèrent Mme Ingham, sa nouvelle blanchisseuse muette, moi-même, qui suis M. Frederic Ingham, et mon double, qui était M. Frederic Ingham par aussi bien que moi.

O le plaisir que nous avons eu le lendemain matin à lui raser la barbe selon mon modèle, à lui couper les cheveux selon les miens et à lui apprendre à porter et à ôter des lunettes à monture d'or ! En réalité, ils étaient électrolytiques et le verre était uni (car les yeux du pauvre garçon étaient excellents). Puis, en quatre après-midi successifs, je lui ai appris quatre discours. J'avais trouvé que cela suffirait amplement pour la lignée des cipayes surnuméraires, et c'était bien pour moi qu'ils le soient ; car, bien qu'il fût de bonne humeur, il était très indifférent, et c'était, comme le dit notre proverbe national, « comme s'arracher des dents », de lui apprendre. Mais à la fin de la semaine suivante, il pouvait dire, avec mon air tout à fait facile et fringant :

1. "Très bien, merci. Et vous ?" Ceci pour une réponse aux salutations informelles.

2. "Je suis très content que ça vous plaise."

3. « On a tant dit, et dans l'ensemble, si bien dit, que je n'en occuperai pas le temps.

4. "Je suis, en général, d'accord avec mon ami de l'autre côté de la pièce."

Au début , j'avais le sentiment que j'allais devoir payer très cher pour l'habiller. Mais cela prouva bien sûr immédiatement que, chaque fois qu'il était absent, je devais être à la maison. Et j'ai assisté, pendant la brillante période de son succès, à si peu de ces horribles concours qui exigent un habit noir et ce que les impies appellent, du nom de M. Dickens, un tour de cou blanc, que dans l'heureux retrait de mon propre dressing - robes et vestes, mes journées se passaient aussi joyeusement et à moindre coût que celles d'un autre Thalaba . Et Polly déclare qu'il n'y a jamais eu une année où la couture coûtait aussi peu. Il vivait (Dennis, pas Thalaba) dans la chambre de sa femme au-dessus de la cuisine. Il avait pour ordre de ne jamais se montrer à cette fenêtre. Lorsqu'il apparut devant la maison, je me retirai dans mon sanctissimum et ma robe de chambre. Bref, le Hollandais et sa femme, dans la vieille calotte météorologique, n'avaient pas moins affaire l'un à l'autre que lui et moi. Il alluma le feu du fourneau et fendit le bois avant le jour ; puis il se rendormit et dormit tard ; puis il venait chercher des ordres, avec un bandana de soie rouge noué autour de la tête, avec sa salopette, son veston et ses lunettes enlevés. Si nous étions interrompus, personne ne devinait qu'il s'agissait de Frederic Ingham aussi bien que moi ; et, dans le quartier, l'impression grandit que l'Irlandais du ministre travaillait le jour dans le village-usine de New Coventry. Après lui avoir donné ses ordres, je ne le revis que le lendemain.

Je l'ai lancé en l'envoyant à une réunion du Conseil des Lumières. Le Conseil des Lumières est composé de soixante-quatorze membres, dont soixante-sept sont nécessaires pour former un quorum. On devient membre selon les règlements énoncés dans le testament du vieux juge Dudley. Je le suis devenu en étant ordonné pasteur d'une église à Naguadavick . Vous voyez, vous ne pouvez pas vous en empêcher, même si vous le vouliez. À ce moment-là, nous avions eu quatre réunions successives, d'une durée moyenne de quatre heures chacune, entièrement occupées à déterminer le quorum. Au début, onze hommes seulement étaient présents ; au suivant, en force de trois circulaires, vingt-sept ; au troisième, grâce à deux jours de démarchage par Auchmuty et moi-même, suppliant les hommes de venir, nous en avions soixante. La moitié des autres étaient en Europe. Mais sans quorum, nous ne pourrions rien faire. Nous avons tous attendu sombrement nos quatre heures et avons ajourné sans aucune action. Lors de la quatrième réunion, nous avions renoncé et nous n'en avions réuni que cinquante-neuf. Mais à la première apparition de mon double, que j'envoyai en ce lundi fatal à la cinquième séance, il fut le *soixante-septième* homme à entrer dans la salle. Il a été accueilli par une tempête d'applaudissements ! Le pauvre garçon s'était égaré , avait lu mal les panneaux de signalisation avec ses lunettes (très malade même sans elles), et n'avait pas osé s'enquérir. Il entra dans la chambre et trouva le président et le secrétaire tenant sur leurs chaises deux juges de la Cour suprême, qui étaient également membres *d'office* , et qui demandaient la permission de s'éloigner. A son entrée, tout fut changé. *Presto* , les statuts furent suspendus et la propriété occidentale fut cédée. Personne ne s'est arrêté pour converser avec lui. Il vota, comme je lui avais chargé de le faire, dans tous les cas, avec la minorité. J'ai gagné de nouveaux lauriers en tant qu'homme de sens, bien qu'un peu peu ponctuel, — et Dennis, *alias* Ingham, retourna au presbytère, étonné de voir avec quel peu de sagesse le monde est gouverné. Il a coupé quelques-uns de mes paroissiens dans la rue ; mais il avait enlevé ses lunettes et je suis connu pour être myope. Finalement, il les reconnut plus facilement que moi.

Je l'ai « remis en place » à l'exposition de la New Coventry Academy ; et ici il entreprit une « partie parlante », comme, dans mes jours d'enfant et de monde, je me souviens des factures qu'on disait de Mlle. Céleste. Nous sommes tous administrateurs de la New Coventry Academy ; et il y a eu récemment « beaucoup d'émotions » parce que les administrateurs sandémaniens n'assistaient pas régulièrement aux expositions. On a laissé entendre, en effet, que les Sandémaniens penchent vers le libre arbitre et que nous avons donc négligé ces expositions semestrielles, alors qu'il ne fait aucun doute qu'Auchmuty s'est rendu l'année dernière au Commencement à Waterville. Or, le directeur de New Coventry est un très bon garçon, qui connaît une racine sanscrite quand il la voit, et qui me propose souvent des étymologies, de sorte qu'en toute rigueur, je devrais aller à leurs expositions. Mais pensez, lecteur, à passer trois longues journées de juillet dans cette chapelle de l'Académie, à suivre le programme de

MARDI MATIN. *Composition anglaise.* "SOLEIL."
Mademoiselle Jones.

arrondir à

Trio sur trois pianos. Duel de l'opéra "Midshipman
Easy". *Marryat* .

je rentre à neuf heures, jeudi soir ! Pensez-y, lecteur, pour les hommes qui savent que le monde essaie de reculer et qui donneraient leur vie s'ils pouvaient l'aider ! Bien! Le double avait si bien réussi au Conseil, que je l'envoyai à l'Académie. (Ombre de Platon, pardon !) Il arriva tôt mardi, alors qu'en effet on n'attend généralement que des mères et des ecclésiastiques, et nous revint le soir, couvert d'honneurs. Il avait dîné à la droite du président, et il parlait en termes élogieux du repas. Le président avait exprimé son intérêt pour la conversation en français. "Je suis très heureux que cela vous ait plu", a déclaré Dennis ; et le pauvre président, décontenancé, crut que l'accent était faux. A la fin de la journée, les messieurs présents avaient été appelés à faire des discours, — le révérend Frederic Ingham en premier, en l'occurrence ; sur quoi Dennis s'était levé et avait dit : « On a tant dit, et dans l'ensemble, si bien dit, que je n'occuperai pas le temps. Les filles étaient ravies, car le Dr Dabney, l'année précédente, les avait réprimandées à cette occasion pour une conduite inappropriée lors des cours du lycée. Ils ont tous déclaré que M. Ingham était un amour et qu'il *était si* beau ! (Dennis est beau.) Trois d'entre eux, les bras derrière la taille des autres, le suivirent jusqu'au chariot dans lequel il rentrait chez lui ; et une petite fille à ceinture bleue avait été envoyée pour lui offrir un bouton de rose. Après ces *débuts* de parole, il se rendit à l'exposition pendant encore deux jours, à la satisfaction mutuelle de tous. En effet, Polly a rapporté qu'il avait déclaré que les dîners des administrateurs étaient de qualité supérieure à ceux du presbytère. Au début du trimestre suivant, j'ai découvert que six des filles de l'Académie avaient obtenu la permission de traverser la rivière et de fréquenter notre église. Mais cet arrangement ne dura pas longtemps.

Après cela, il alla pour moi à plusieurs Commencements et prit les dîners prévus ; il a assisté à trois de nos congrès trimestriels pour moi, votant toujours judicieusement, selon la simple règle mentionnée ci-dessus, de se ranger du côté de la minorité. Et moi, qui avais auparavant perdu ma caste parmi mes amis, parce que je me tenais à l'écart des associations du corps, je commençais à m'élever dans la faveur de tous. « Ingham est un bon garçon, toujours disponible » ; « ne parle jamais beaucoup, mais fait ce qu'il faut au bon moment » ; "n'est plus aussi ponctuel qu'avant, il arrive tôt et reste assis jusqu'à la fin." "Il a également surmonté sa vieille habitude de bavarder. J'en ai parlé une fois à un de ses amis; et je pense qu'Ingham l'a pris avec gentillesse", etc., etc.

Ce pouvoir de vote de Dennis était particulièrement précieux lors des réunions trimestrielles des propriétaires du Naguadavick Ferry. Ma femme a hérité de son père quelques parts dans cette entreprise, qui n'est pas encore complètement développée, mais qui deviendra sans aucun doute un bien de grande valeur. La loi du Maine interdisait alors aux actionnaires de se présenter par procuration à de telles assemblées. Polly n'aimait pas y aller, n'étant pas en fait une "poule ayant des droits de poule", elle m'a transféré son cheptel. Après y être allé une fois, je l'ai détesté plus qu'elle. Mais Dennis est allé à la réunion suivante et a beaucoup aimé. Il a dit que les fauteuils étaient bons, la collation bonne et les promenades gratuites vers les actionnaires agréables. Il fut un peu effrayé lorsqu'on l'emmena pour la première fois sur l'un des ferry-boats, mais après deux ou trois réunions trimestrielles, il devint très courageux.

Jusqu'à présent, je n'ai jamais eu de difficulté avec lui. En effet, étant, comme je l'ai laissé entendre, du type qu'on appelle sans changement, il n'était que trop heureux qu'on lui dise quotidiennement ce qu'il devait faire et qu'on lui reproche de ne pas être ouvert ou original de quelque manière que ce soit dans l'accomplissement de son devoir. Il apprit cependant à faire la distinction entre les lignes de sa vie et préféra de beaucoup ces réunions d'actionnaires, ces dîners d'administrateurs et ces collations d'ouverture à une autre série d'occasions, dont il avait l'habitude de mendier le plus pitoyablement. Notre excellent frère, le Dr Fillmore, avait alors pensé que nos églises sandémaniennes avaient besoin de davantage d'expression de sympathie mutuelle. Il a insisté sur le fait que nous étions négligents. Il dit que, si l' évêque venait prêcher à Naguadavick , tout le clergé épiscopal du voisinage était présent ; si le Dr Pond venait, tous les ecclésiastiques de la congrégation se présentaient pour l'entendre ; si le Dr Nichols, tous les Unitaires ; et il pensait que nous nous devions mutuellement que, chaque fois qu'il y avait un service occasionnel dans une église sandémanienne, les autres frères devraient tous, si possible, y assister. "Ça avait l'air bien", si rien de plus. Cela signifiait en réalité que je n'avais pas assisté à l'une des conférences du Dr Fillmore sur l'ethnologie de la religion. Il oubliait qu'il n'avait pas entendu un de mes cours sur le « sandémanisme d'Anselme ». Mais je me suis senti mal quand il l'a dit ; et ensuite, je faisais toujours venir Dennis pour entendre prêcher tous les frères, quand je ne prêchais pas moi-même. C'est à cela qu'il s'est opposé , — la seule chose, comme je l'ai dit, à laquelle il ait jamais fait exception. Vint maintenant l'avantage de sa longue sieste matinale et du thé vert avec lequel Polly approvisionnait la cuisine. Mais il plaiderait si humblement pour être libéré, seulement d'un ou deux ! Mais je ne l'ai jamais excepté. Je savais que les conférences étaient utiles et j'ai pensé qu'il valait mieux qu'il puisse garder le lien.

Polly est plus téméraire que moi, comme le lecteur l'a observé au début de ce mémoire. Elle a risqué Dennis une nuit sous les yeux de son propre sexe. Le gouverneur Gorges avait toujours été très gentil avec nous et, lorsqu'il donnait sa grande fête annuelle à la ville, nous le demandait. J'avoue que je détestais y aller. J'étais plongé dans le nouveau volume des « Mystiques » de Pfeiffer, qu'Haliburton venait de m'envoyer de Boston. "Mais comme c'est impoli", dit Polly, "de ne pas rendre la courtoisie du gouverneur et de Mme Gorges , alors qu'ils ne manqueront pas de vous demander pourquoi vous êtes absent!" J'ai néanmoins hésité, et finalement elle, avec l'esprit d'Ève et de Sémiramis réunis, m'a laissé partir en disant que si j'allais avec elle et soutenais les premières conversations avec le gouverneur et les dames qui y séjournaient, elle le ferait. risquez Dennis pour le reste de la soirée. Et c'est exactement ce que nous avons fait. Elle a emmené Dennis à l'entraînement tout l'après-midi, lui a enseigné les conversations à la mode, l'a mis en garde contre les tentations du dîner et, à neuf heures du soir, il nous a tous emmenés dans le fourre-tout. J'ai fait la grande *entrée des étoiles* avec Polly et les jolies filles Walton, qui logeaient avec nous. Nous avions mis à Dennis un grand manteau rugueux, sans ses lunettes : et les filles ne songeaient jamais, dans le noir, à le regarder. Il s'est assis dans la voiture, à la porte, pendant que nous entrions. J'ai fait l'amende à Mme Gorges, j'ai été présenté à sa nièce, Miss Fernanda ; J'ai félicité le juge Jeffries pour sa décision dans la grande affaire D'Aulnay. *contre* la Laconia Mining Company ; Je suis entré dans le vestiaire pendant un moment, j'en suis sorti pour un autre, je suis rentré chez moi après un signe de tête avec Dennis et j'ai attaché le cheval à une pompe ; et tandis que je rentrais chez moi à pied, M. Frederic Ingham, mon double, entra par la bibliothèque dans le grand salon des Gorges .

Oh! Polly est morte de rire en me l'annonçant à minuit ! Et même ici, où je dois apprendre à mes mains à tailler le hêtre pour en faire des piquets pour clôturer notre grotte, elle meurt de rire en s'en souvenant , et dit que cette seule occasion valait tout ce que nous avons payé pour cela. Gallante Eve qu'elle est ! Elle rejoignit Dennis à la porte de la bibliothèque et le présenta aussitôt au Dr Ochterlony , de Baltimore, qui était en visite en ville et discutait avec elle lorsque Dennis entra. "M. Ingham aimerait savoir ce que vous nous parliez de votre succès auprès de la population allemande. Et Dennis s'inclina et dit, malgré le regard renfrogné de Polly : "Je suis très content que ça te plaise." Mais le Dr Ochterlony n'observa rien et se lança dans un flot d'explications ; Dennis écoutait comme un premier ministre et s'inclinait comme un mandarin, ce qui est, je suppose, la même chose. Polly a déclaré que cela ressemblait à la conversation en latin de Haliburton avec le ministre hongrois, dont il aime beaucoup raconter. " *Quæne sit historia Réformation en Ungariâ ?* » dit Haliburton après réflexion. Et son *confrère* répondit vaillamment : « *In seculo decimo tertio* », etc., etc., etc. ; et de *decimo tertio* [16] au dix-neuvième siècle et demi dura jusqu'à l'arrivée des huîtres. Il s'avère qu'avant que le Dr Ochterlony ait atteint le « succès », ou presque, le gouverneur Gorges est venu voir Dennis et lui a demandé de conduire Mme Jeffries pour le souper, demande qu'il a entendue avec une grande joie.

Polly sautillait dans la pièce, je suppose, gaie comme une alouette. Auchmuty est venu la voir « par pitié pour le pauvre Ingham », qui s'ennuyait tellement par cet idiot d'expert, et Auchmuty ne comprenait pas pourquoi j'avais tenu si longtemps. Mais quand Dennis a fait tomber Mme Jeffries, Polly n'a pas pu résister à l'envie de se tenir près d'eux. Il était un peu troublé, jusqu'à ce que la vue des aliments et des boissons lui redonne le même courage mercien qu'elle a donné à Diggory. Un peu excité alors, il tenta un ou deux de ses discours devant la dame du juge. Mais il ne savait pas à quel point il était difficile d'y pénétrer ne serait-ce qu'un *message* par le bord. "Très bien, je vous remercie", dit-il après avoir réglé les éléments alimentaires; "et toi?" Et puis, n'a-t-il pas entendu parler des oreillons, de la rougeole, de l'arnica, de la belladone, de la camomille et du dodécathéon , jusqu'à ce qu'elle change les huîtres contre de la salade ; et puis sur l'ancienne pratique et la nouvelle, et ce que sa sœur a dit, et ce que l'ami de sa sœur a dit, et ce que le médecin a dit à l'ami de sa sœur, et puis ce qui a été dit par le frère de la sœur du médecin de l'ami. de sa sœur, exactement comme si c'était à Ollendorff ? Il y eut un moment de pause, alors qu'elle refusait le champagne. "Je suis très heureux que cela vous ait plu", a répété Dennis , ce qu'il n'aurait jamais dû dire sans quelqu'un qui complimentait un sermon. " Oh ! vous êtes si vif, M. Ingham ! Non ! Je ne bois jamais de vin du tout, sauf parfois en été un petit groseillier, de nos propres groseilles, vous savez. Ma propre mère, c'est-à-dire que je appelle-la ma propre mère, parce que, tu sais, je ne m'en souviens pas, etc., etc., etc.; jusqu'à ce qu'ils arrivèrent à l'orange confite à la fin du festin, lorsque Dennis, plutôt confus, pensa qu'il devait dire quelque chose, et essaya le numéro 4 : « Je suis, en général, d'accord avec mon ami de l'autre côté de la pièce, "... ce qu'il n'aurait jamais dû dire sans une réunion publique. Mais Mme Jeffries, qui n'écoute jamais dans l'espoir de comprendre, l'a rattrapé instantanément en lui disant : « Eh bien, je suis sûre que mon mari vous rend le compliment ; il est toujours d'accord avec vous, même si nous adorons avec les méthodistes ; mais vous savez, M. . Ingham", etc., etc., etc., jusqu'à ce que vous montiez les escaliers ; Et tandis que Dennis la conduisait à travers le hall, il était à peine compris de Polly, car il dit : « On a tant dit, et dans l'ensemble, si bien dit, que je n'occuperai pas le temps.

Sa grande ressource du reste de la soirée était debout dans la bibliothèque, poursuivant des conversations animées les uns avec les autres à peu près de la même manière. Polly l'avait initié aux mystères d'une de mes découvertes, selon laquelle il n'est pas nécessaire de finir ses phrases en foule, mais par une sorte de marmonnement, en omettant les sifflantes et les dentaires. Ceci, en effet, si vos paroles vous manquent, répond même dans un discours public improvisé, mais mieux là où d'autres parlent. Ainsi : « Vous nous avez manqué à la Société d'histoire naturelle, Ingham. » Ingham répond: "Je suis très gligloglum , c'est-à-dire que tu étais mmmmm ." En baissant progressivement la voix, l'interlocuteur est obligé de fournir la réponse. "Mme Ingham, j'espère que votre amie Augusta va mieux." Augusta n'a pas été malade. Polly n'arrive cependant pas à penser à s'expliquer et répond : « Merci, Madame ; elle est très raisonnable . wewahwewoh », dans des tons de plus en plus bas. Et Mme Throckmorton, qui a oublié le sujet dont elle a parlé dès qu'elle a posé la question, est tout à fait satisfaite. Dennis pouvait voir dans la salle de jeu et est venu voir Polly pour lui demander si il n'allait peut-être pas jouer à quatre pattes. Mais, bien sûr, elle refusa sévèrement. À minuit, ils rentrèrent ravis, Polly, comme je l'ai dit, folle de me raconter l'histoire de la victoire; seules les deux jolies filles Walton dirent , "Cousin Frédéric, tu ne t'es pas approché de moi de toute la soirée."

Nous l'appelions toujours Dennis à la maison, par commodité, même si son vrai nom était Frederic Ingham, comme je l'ai expliqué. Cependant, lorsque le jour des élections arriva, je découvris que, par hasard, il n'y avait qu'un seul nom de Frederic Ingham sur la liste de vote ; et comme j'étais assez occupé ce jour-là à écrire quelques lettres étrangères à Halle, j'ai pensé renoncer à mon privilège de suffrage et rester tranquillement chez moi, disant à Dennis qu'il pourrait utiliser l'inscription sur la liste électorale et voter. Je lui ai donné un ticket, que je lui ai dit qu'il pourrait l'utiliser s'il le souhaitait. C'était cette élection très serrée dans le Maine dont les lecteurs de l'Atlantique se souviennent si bien, et on avait laissé entendre en public que les ministres feraient bien de ne pas se présenter aux urnes. Bien sûr, après cela, nous avons dû comparaître personnellement ou par procuration. Pourtant, Naguadavick n'était pas alors une ville, et le fait de faire la queue pendant plusieurs heures lors d'une assemblée municipale pour voter était une saignée de première eau ; et ainsi , quand j'ai découvert qu'il n'y avait qu'un seul Frederic Ingham sur la liste, et que l'un de nous devait abandonner, je suis resté à la maison et j'ai terminé les lettres (ce qui, en effet, a valu à Fothergill sa nomination convoitée de professeur d'astronomie à Leavenworth).), et j'ai donné sa chance à Dennis, comme nous l'appelions. Quelque chose dans cette affaire a donné une grande popularité au nom de Frederic Ingham ; et lors des élections ajournées, la semaine prochaine, Frederic Ingham fut choisi pour la législature. Que ce soit moi ou Dennis, je ne l'ai jamais vraiment su. Mes amis semblaient penser que c'était moi ; mais je sentais que, comme Dennis avait fait une chose populaire, il avait droit à cet honneur ; je l'envoyai donc à Augusta le moment venu, et il prêta serment. Et il est devenu un membre très précieux. Ils le nommèrent au comité des paroisses ; mais j'ai écrit une lettre pour lui, démissionnant, au motif qu'il s'intéressait à nos revendications sur le droit de coupe dans les seizièmes du ministre de Gore A, prochain n° 7, dans le 10e rang. Il n'a jamais fait de discours et a toujours voté avec la minorité, ce pour quoi il a été envoyé. Il s'est fait, à moi et à lui-même, un grand nombre de bons amis, dont certains que je n'ai pas reconnus par la suite aussi rapidement que Dennis l'a fait avec mes paroissiens. Une ou deux fois, quand il y avait du bois à scier à la maison, je le gardais à la maison ; mais j'en profitai pour aller moi-même à Augusta. Me trouvant alors souvent à sa place vacante, j'observais les débats avec beaucoup d'attention ; et une fois, j'étais tellement excité que j'ai prononcé mon discours quelque peu célèbre sur la question du district scolaire central, discours dont « l'État du Maine » a imprimé quelques exemplaires supplémentaires. Je crois qu'il n'existe aucune règle formelle permettant aux étrangers de parler ; mais personne ne s'y est opposé.

Dennis lui-même, comme je l'ai dit, n'a jamais parlé. Mais notre expérience de cette session m'a amené à penser que si, par une sorte de « compréhension générale » comme celle dont parlent quotidiennement les rapports dans la législation, chaque membre du Congrès pouvait laisser un double pour siéger pendant ces sessions meurtrières et répondre aux appels nominaux et faire Grâce au vote légitime des partis, qui apparaît stéréotypé dans la liste régulière d'Ashe, Bocock , Black, etc., nous devrions résolument gagner en force de travail. Dans l'état actuel des choses, la prison d'État la plus triste que j'aie jamais visitée est la Chambre des Représentants de Washington. Si un homme part pendant une heure, vingt « correspondants » peuvent hurler : « Où était M. Pendergrast lorsque le projet de loi de l'Oregon a été adopté ? Et si le pauvre Pendergrast y restait ! Certes, le pire usage qu'on puisse faire d'un homme, c'est de le mettre en prison !

Je sais, en effet, que des hommes publics du plus haut rang ont eu recours à cet expédient depuis longtemps. Le roman de Dumas, Le Masque de fer, tourne autour de l' emprisonnement brutal du double de Louis XIV. Il ne fait guère de doute, dans notre propre histoire, que c'est le véritable général Pierce qui a versé des larmes lorsque le délégué de Lawrence lui a expliqué les souffrances des gens là-bas, et seul le double du général Pierce qui avait donné l'ordre de l'assaut sur ce lieu. ville qui fut envahie le lendemain. Mon charmant ami, George Withers, a, j'en suis presque sûr, un double qui lui prêche ses sermons de l'après-midi. C'est la raison pour laquelle la théologie diffère souvent autant de celle du matin. Mais ce double est presque aussi charmant que l'original. Certains des hommes les plus définis , qui se détachent le plus dans le contexte de l'histoire, sont ainsi des hommes stéréoscopiques, qui doivent leur relief distinct aux légères différences entre les doubles. Tout cela, je le sais. Ma suggestion actuelle est simplement une grande extension du système, de sorte que tout le travail des machines publiques puisse être effectué par lui.

Mais je vois que je m'attarde sur mon histoire, qui se précipite à l'eau. Permettez-moi cependant de m'arrêter encore un instant pour rappeler, ne serait-ce que pour moi, cette charmante année où tout allait encore bien. Après que le double soit devenu une évidence, pendant près de douze mois avant qu'il ne me défait, quelle année ce fut ! Plein de vie active, plein d'amour heureux, du travail le plus dur, du sommeil le plus doux et de la réalisation de tant d'aspirations et de rêves frais de l'enfance ! Dennis assistait à toutes les réunions du comité scolaire et assistait à toutes ces querelles tardives qui me tenaient éveillé jusqu'à minuit et éveillé jusqu'au matin. Il assistait à toutes les conférences pour lesquelles des exilés étrangers m'envoyaient des billets en me suppliant de venir pour l'amour du Ciel et de la Bohême. Il a accepté et utilisé tous les billets de concerts caritatifs qui m'étaient envoyés. Il est apparu partout où il était particulièrement souhaitable que « notre confession », ou « notre parti », ou « notre classe », ou « notre famille », ou « notre rue », ou « notre ville », ou « notre pays », ou « notre État », devrait être pleinement représenté. Et je suis revenu à cette vie charmante dont on rêve dans l'enfance, quand on suppose qu'il doit faire son devoir et faire ses propres sacrifices, sans être lié à ceux des autres. Mon sanskrit rouillé, mon arabe, mon hébreu, mon grec, mon latin, mon français, mon italien, mon espagnol, mon allemand et mon anglais ont commencé à se polir. Cieux! comme j'en avais peu fait pendant que je m'occupais de mes devoirs *publics* ! Mes visites à mes paroissiens sont devenues les sociabilités amicales, fréquentes et familiales qu'elles étaient censées être, au lieu du travail acharné d'un homme poussé au désespoir par la vue de ses listes d'arriérés. Et la prédication ! quel luxe de prêcher quand j'avais le dimanche tout le résultat d'une semaine individuelle et personnelle, pour parler à un peuple que toute cette semaine j'avais rencontré comme un ami au corps à corps ; moi, je ne me lassais jamais le dimanche. , et en état de laisser le sermon à la maison, si je le voulais, et de le prêcher improvisé, comme tous les hommes devraient toujours le faire. En effet, je m'étonne, quand je pense qu'un peuple sensé, comme le nôtre, — en réalité plus attaché à son clergé qu'il ne l'était aux jours perdus, lorsque les Mather et les Norton étaient des nobles — devrait choisir de neutraliser autant de ministres. vies, et détruisent une grande partie de leur formation initiale, par cette passion indéfinie de les voir en public. Cela découle de notre équilibre des sectes. Si un épiscopalien fougueux s'intéresse à l'hospice et est inscrit au Conseil des pauvres, toutes les autres confessions doivent y avoir un ministre, de peur que l'hospice ne soit transformé en cathédrale Saint-Paul. Si un Sandémanien est choisi comme président de la Bibliothèque des Jeunes Hommes, il doit y avoir un vice-président méthodiste et un secrétaire baptiste. Et si une convention universaliste de l'école du dimanche rassemble cinq cents délégués, la prochaine conférence congrégationaliste de l'école du sabbat doit être aussi nombreuse, « de peur qu'« ils » – quels qu'ils *soient* – ne pensent que « nous » – qui que *nous* soyons – sommes en train de décliner. ". Libéré de ces nécessités, cette année heureuse, je commençai à connaître ma femme de vue. On se voyait parfois. Lors de ces longues matinées, lorsque Dennis était dans le bureau expliquant aux vendeurs de cartes que j'avais déjà onze cartes de Jérusalem, et aux agents des livres scolaires que je les ferais pendre avant d'être soudoyé pour introduire leurs manuels dans le bureau. les écoles, — elle et moi travaillions ensemble, comme dans ces vieux jours de rêve, — et encore dans celles de notre cabane en rondins. Mais tout cela ne pouvait pas durer, et enfin le pauvre Dennis, mon double, surchargé de travail à son tour, m'a défait.

C'est ainsi que cela s'est passé. Il y a un excellent garçon, autrefois ministre, — je l'appellerai Isaacs, — qui mérite bien du monde jusqu'à sa mort, et après, parce qu'il a autrefois, dans une réelle exigence, fait la bonne chose, de la bonne manière, au bon moment, comme aucun autre homme ne pourrait le faire. Lors du plus grand match de football du monde, le ballon l'a trouvé par hasard errant à l'extérieur du terrain ; il l'a fermé, l'a « campé », l'a chargé jusqu'au fond, — oui, de l'autre côté, — sans être dérangé, ni effrayé par son propre succès, — et, essoufflé, il s'est retrouvé un grand homme, alors que le Grand Delta sonnait des applaudissements. Mais il ne s'est pas trouvé riche ; et le football ne lui a plus jamais fait obstacle. Depuis ce moment jusqu'à ce moment , il n'a servi à rien, cela se voit du tout. Pourtant, pour ce grand acte, nous parlons d'Isaacs avec gratitude et nous nous souvenons de lui avec bienveillance ; et il continue, espérant retrouver le football quelque part. Dans ce vague espoir, il avait organisé un « mouvement » pour une organisation générale de la famille humaine en clubs de débat, sociétés de comté, unions d'État, etc., etc., dans le but d'inciter tous les enfants à prendre les commandes. de leurs couteaux et fourchettes, au lieu du métal. Les enfants ont de mauvaises habitudes à cet égard. Le mouvement, bien sûr, était absurde ; mais nous avons tous fait de notre mieux pour transmettre, non pas lui, mais lui. Le moment était venu de tenir à Naguadavick la réunion annuelle du comté sur ce sujet . Isaacs est venu, mon bon gars ! pour arranger cela, — j'ai pris la mairie, j'ai fait présider le gouverneur (le saint ! — il devrait avoir des triplets doubles que la loi lui prévoit), et puis il est venu me faire parler. "Non", dis-je, "je ne parlerais pas si dix gouverneurs présidaient. Je ne crois pas à l'entreprise. Si je parlais, ce serait pour dire que les enfants doivent s'emparer des dents des fourchettes et des lames des couteaux." couteaux. Je souscrirais dix dollars, mais je ne parlerais pas d'un moulin. Le pauvre Isaacs s'en alla donc tristement pour convaincre Auchmuty et Delafield de parler. Je suis sorti. Peu de temps après qu'il soit revenu et ait dit à Polly qu'ils avaient promis de parler, le gouverneur prendrait la parole et il terminerait lui-même avec le rapport trimestriel et quelques anecdotes intéressantes sur la manière de Miss Biffin de manipuler son couteau et celle de M. Nellis . poser sa fourchette. « Maintenant, si M. Ingham veut seulement venir s'asseoir sur l'estrade, il n'a pas besoin de dire un seul mot ; mais cela se verra clairement dans le journal, cela montrera que les Sandémaniens s'intéressent autant au mouvement que les Arméniens ou les Mésopotamiens, et cela me sera d'une grande faveur. Polly, bonne âme ! a été tentée et elle a promis. Elle savait que Mme Isaacs mourait de faim et les bébés, elle savait que Dennis était à la maison, et elle l'avait promis ! La nuit est venue et je suis revenu. J'ai entendu son histoire. J'étais désolé. J'ai douté. Mais Polly avait promis de me supplier, et j'ai tout osé ! J'ai dit à Dennis de se taire, quelles que soient les circonstances, et je l'ai renvoyé.

Il ne fallut pas plus d'une demi-heure avant qu'il revienne, fou d' excitation, dans une parfaite fureur irlandaise, ce qu'il me fallut longtemps avant de comprendre. Mais j'ai su tout de suite qu'il m'avait défait !

Voici ce qui s'est passé. Le public s'est rassemblé, attiré par le nom du gouverneur Gorges . Il y avait mille personnes. Le pauvre Gorges était en retard d'Augusta. Ils sont devenus impatients. Il arriva enfin directement du train, ignorant vraiment l'objet de la rencontre. Il l'ouvrit avec le moins de mots possibles, et dit qu'il y avait d'autres messieurs qui les divertiraient mieux que lui. Le public a été déçu, mais a attendu. Le gouverneur, poussé par Isaacs, dit : « L'honorable M. Delafield s'adressera à vous. Delafield avait oublié les couteaux et les fourchettes et jouait l' ouverture de Ruy Lopez au club d'échecs. "Le révérend M. Auchmuty s'adressera à vous." Auchmuty avait promis de parler tard et était présent au comité scolaire. "Je vois le Dr Stearns dans le hall ; peut-être dira-t-il un mot." Le Dr Stearns a déclaré qu'il était venu pour écouter et non pour parler. Le gouverneur et Isaacs chuchotèrent. Le gouverneur regarda Dennis, qui resplendissait sur l'estrade ; mais Isaacs, pour lui rendre ce qui lui était dû, secoua la tête. Mais le regard suffisait. Un misérable garçon mal élevé, qui avait été autrefois à Boston, a pensé que ce serait bien de m'appeler et a jeté un coup d'œil : « Ingham ! Quelques misérables encore criaient : « Ingham ! Ingham ! Isaacs restait ferme ; mais le gouverneur, soucieux en effet d' éviter une dispute, savait que j'allais dire quelque chose, et dit : « Notre ami M. Ingham est toujours prêt ; et, même si nous n'avions pas compté sur lui, il dira peut-être un mot. Des applaudissements ont suivi, qui ont fait tourner la tête à Dennis. Il se leva, s'agita et essaya le n° 3 : « On a tant dit, et en somme si bien dit, que je n'en occuperai plus le temps ! et s'assit, cherchant son chapeau ; car les choses semblaient difficiles. Mais les gens criaient : « Continuez ! continuez ! et certains ont applaudi. Dennis, toujours confus, mais flatté par les applaudissements auxquels ni lui ni moi ne sommes habitués, se releva et tenta cette fois le numéro 2 : "Je suis très content que ça vous ait plu !" dans une prestation sonore et claire. Mes meilleurs amis regardaient. Tous les gens qui ne me connaissaient pas personnellement criaient de joie à l'aspect de la soirée ; le gouverneur était hors de lui, et le pauvre Isaacs se croyait perdu ! Hélas, c'était moi ! Un garçon dans la galerie s'écria d'une voix forte : « Tout cela n'est qu'une farce infernale », au moment même où Dennis, agitant la main, ordonnait le silence et essayait le numéro 4 : « Je suis, en général, d'accord avec mon ami de l'autre côté de la rue. la chambre." Le pauvre gouverneur douta de son bon sens et traversa la route pour l'arrêter, mais pas à temps. Le même garçon de galerie a crié : « Comment va ta mère ? et Dennis, désormais complètement perdu, tenta, comme son dernier coup, le n° 1, en vain : « Très bien, merci ; et vous ?

Je pense que j'ai déjà dû être défait. Mais Dennis, comme un autre Lockhard , a choisi de « rendre plus malade ».

Le public se leva dans un tourbillon d'étonnement, de rage et de tristesse. Une autre impertinence, dirigée contre Dennis, brisa toute retenue, et, dans un pur irlandais, il fit un discours à la galerie, invitant toute personne désireuse de se battre à descendre et à le faire , déclarant qu'ils étaient tous des chiens. et des lâches et des fils de chiens et de lâches, — qu'il en prendrait cinq à lui seul. "Shure, j'ai dit tout son Riverence et la Maîtresse m'a dit de le dire", s'écria-t-il par défi ; et, saisissant la canne du gouverneur, il la brandit au-dessus de sa tête, à la manière d'un bâton. En effet, il ne fut fait sortir de la salle qu'avec les plus grandes difficultés par le gouverneur, le maréchal de la ville, qui avait été appelé, et le surintendant de mon école du dimanche.

L'impression universelle, bien sûr, était que le révérend Frederic Ingham avait perdu tout contrôle de lui-même dans certains de ces lieux d'ivresse que je m'efforce depuis quinze ans de détruire. Jusqu'à présent, en effet, telle est l'impression à Naguadavick . Ce numéro de l'Atlantique soulagera une centaine de mes amis qui sont gravement blessés par cette idée depuis des années ; mais je n'y montrerai probablement plus jamais la tête.

Non! Mon double m'a défait.

Nous avons quitté la ville à sept heures le lendemain matin. J'arrivai au n° 9, dans le Troisième Rang, et m'installai sur le Lot du Ministre. Dans les nouvelles villes du Maine, le premier ministre installé reçoit en cadeau cent acres de terre.

Je suis le premier ministre installé au n°9. Ma femme et la petite Paulina sont ma paroisse. Nous cultivons suffisamment de maïs pour vivre en été. Nous tuons suffisamment la viande d'ours pour la carboniser en hiver. Je travaille régulièrement sur mes « Traces du sandémanisme aux sixième et septième siècles », que j'espère persuader Phillips, Sampson et Co. de publier l'année prochaine. Nous sommes très heureux, mais le monde pense que nous sommes perdus.

LES ENFANTS DU PUBLIC.

[Cette histoire trouve son origine dans la publicité du fumisterie qu'elle décrit. Il y a quinze ou vingt ans, lorsque les entreprises de cadeaux atteignirent l'un de leurs sommets, un don d'une grosse somme d'argent, je pense 10 000 $, fut offert à New York au détenteur de billet le plus performant dans le cadre d'un projet, et un cadeau de 5 000 $ à la seconde. Il fut convenu que l'un de ces partis serait un homme et l'autre une femme ; et l'aimable suggestion fut ajoutée, de la part de l'entrepreneur de l'entreprise, que si l'homme et la dame qui ont tiré ces prix s'aimaient suffisamment bien au moment de la distribution, ils pourraient considérer la décision comme un match fait pour eux en Ciel, et prends l'argent comme dot de la mariée. Cette suggestion à la fois tout à fait pratique et, en même temps, tout à fait absurde, attira l'attention d'un conteur distingué, un de mes chers amis, qui me proposa que nous écrivions chacun de nous l'histoire de l'un des deux succès. partis, qui seront tissés ensemble par leur syndicat à la fin. Le plan, cependant, est resté latent pendant des années – l'entreprise de don a bien sûr explosé – et ce n'est qu'à l'été 1862 que j'ai écrit ma moitié de l'histoire proposée, dans l'espoir de susciter l'autre moitié. Cependant, les engagements les plus importants de mon ami ont jusqu'à présent caché la biographie détaillée de Fausta . J'ai envoyé ma moitié à M. Frank Leslie, en compétition pour une prime offerte par lui, comme il est dit dans le deuxième chapitre de l'histoire. Et l'histoire trouva une telle faveur aux yeux des juges, qu'elle reçut l'une de ses secondes primes. Le premier a été très justement attribué à Miss Louisa Alcott , pour une histoire pleine d'esprit et de puissance. "The Children of the Public" a été imprimé dans l'Illustrated Newspaper de Frank Leslie les 24 et 31 janvier 1863. La morale qu'il tente d'illustrer, qui est, je crois, importante, a ainsi été recommandée à l'attention du plus grand public. un large cercle de lecteurs de ce journal, un journal auquel je tiens à dire que je pense que cette nation est très largement redevable de la loyauté, du bon sens et du ton élevé qui semblent toujours la caractériser. Pendant la guerre, les journaux illustrés ont eu une immense influence dans l'armée, et ils ont utilisé cette influence avec un souci constant du véritable honneur du pays.]

* * * * *

CHAPITRE I.

LE BARIL DE PORC.

« Félix, me dit ma femme en rentrant ce soir, il faudra que tu ailles au tonneau de porc.

« En êtes-vous bien sûr, lui dis-je, bien sûr ? Malheur à celui, dit l'oracle, qui va au tonneau de porc avant le moment de son besoin. »

« Et malheur à lui, dis-je, » répondit ma brave épouse, « malheur et désastre à lui ; mais le moment où nous en avons besoin est venu. Les chiffres sont ici, et vous verrez. J'ai tout en noir et en blanc. blanc."

Et ainsi il s'est avéré, en effet, que lorsque Miss Sampson, l'infirmière, a été payée pour son mois de service, et lorsque les garçons ont eu leurs bottes d'hiver, et lorsque ma cotisation d'assurance-vie a été prévue, et le nouveau paiement pour l'assurance sur la maison, — quand les impôts furent réglés avec le percepteur (et ma femme dut mettre de côté le double pour la guerre), — quand le loyer des bancs fut payé pour l'année et le tarif de l'eau — il fallut commencer par , le 1er janvier, cent dollars. Celui-ci, tant que nous vivons, paierait en espèces le boucher, l'épicier, le boulanger et tous les marchands de choses périssables, achèterait les billets d'omnibus et récompenserait Bridget jusqu'au 1er avril. Et chez moi, si on voit à trois mois, on est satisfait. Mais chez moi, nous ne sommes jamais satisfaits s'il y a un crédit dans un magasin pour nous. Nous avons juré de payer au fur et à mesure. Nous ne devons rien à personne.

C'est ainsi que ma femme m'a dit : « Félix, il va falloir que tu ailles au baril de porc.

C'est l'histoire du baril de porc.

Il arriva un jour, dans une petite paroisse des Montagnes Vertes, que le diacre rapporta au Parson Plunkett que, alors qu'il se rendait à cheval à une réunion près de l'étang Chung-a- baug , il avait vu Michael Stowers pêcher le brochet à travers un trou dans la glace sur le jour du sabbat. Le curé a pris note de la plainte et, cet après-midi-là, s'est rendu à l'étang dans son « shay à un cheval ». Il a rendu sa visite, non inacceptable, à la pauvre maison des Stowers, puis a traversé des terrains jusqu'à l'endroit où il a vu le pauvre Michael biner. Il dit à Michael qu'il était accusé d'avoir enfreint le sabbat et lui demanda de plaider cette accusation. Et le pauvre Mike, comme un homme, plaide coupable ; mais, en guise d'atténuation, il dit qu'il y avait rien à manger dans la maison, et plutôt que de voir sa femme et ses enfants s'évanouir, il avait fait un trou dans la glace, y avait mis son hameçon encore et encore, et encore et encore, et en rentrant à la maison, il avait ravi la famille qui l'attendait avec un petit-déjeuner inattendu. . Le bon pasteur ne fit aucune réprimande, hocha la tête pensivement et se dirigea immédiatement vers la porte du diacre.

« Diacre, dit-il, quelle viande as-tu mangé hier au petit-déjeuner ?

La famille du diacre avait mangé du porc salé, frit.

"Et où as-tu trouvé le porc, Deacon ?"

Le diacre le regarda fixement, mais dit qu'il l'avait pris dans son tonneau de porc.

"Oui, diacre", dit le vieil homme ; "Je suppose. Je suis allé voir frère Stowers, pour lui parler de ses violations du sabbat ; et, Diacre, je trouve que l'étang est son tonneau de porc."

L'histoire est une préférée de moi et de Fausta . Mais « malheur », dit l'oracle, « à celui qui va au tonneau de porc avant le moment de son besoin ». Et à ce « malheur », Fausta et moi disons « amen ». Car nous savons qu'il n'y a pas de poissons dans notre étang pour les dépensiers ou les paresseux ; aucun pour les personnes qui portent des chaînes en or ou des bijoux Attleborough ; aucun pour les gens qui ont honte des tapis bon marché ou des cheminées en bois. Ce n'est pas pour ceux qui sont endettés que le poisson mordra ; ni pour ceux qui prétendent être plus riches, meilleurs ou plus sages qu'eux. Non! Mais nous avons découvert, dans nos vies, que dans une grande démocratie règne un grand et gracieux souverain. Nous avons constaté que ce souverain, de manière imprudente et inconsciente, prend tout le temps les dispositions les plus abondantes pour tous les citoyens. Nous avons constaté que ceux qui ne sont pas trop grands pour lui faire confiance s'en sortent aussi bien qu'ils le méritent. Nous avons constaté, en revanche, que ceux qui lui lèchent les pieds ou flattent ses folies sont les plus mal lotis parmi les hommes vivants. Nous constatons que ceux qui travaillent honnêtement et recherchent uniquement la moyenne de vie d'un homme ou d'une femme obtiennent cette moyenne, bien que parfois grâce aux expériences les plus singulières à long terme. Et ainsi nous constatons que, lorsqu'une éventualité extraordinaire survient dans la vie, comme en ce moment dans la nôtre, il suffit d'aller à notre tonneau de porc, et le poisson monte jusqu'à notre hameçon ou notre lance.

Le souverain y parvient de toutes sortes de manières, mais il n'échoue pas, si, sans le flatter, on lui fait confiance. Le nom de ce souverain est « le public ». Fausta et moi avons tendance à nous appeler ses enfants, c'est pourquoi je nomme cette histoire de nos vies,

"LES ENFANTS DU PUBLIC."

CHAPITRE II.

OÙ EST LE BARIL ?

"Où est le tonneau cette fois, Fausta ?" dis-je après avoir additionné et soustrait ses chiffres trois fois, pour être sûr qu'elle avait bien porté ses dizaines et ses centaines . Pour les unités, dans de tels comptes, face au Dr Franklin, j'avoue que je m'en fiche.

"Le tonneau," dit-elle, "est dans le BUREAU de FRANK LESLIE. Voici la marque !" et elle me remit le JOURNAL DE FRANK LESLIE, avec une marque à cette annonce :—

100 $

pour le meilleur court conte d'une à deux pages du JOURNAL ILLUSTRÉ DE FRANK LESLIE, à envoyer au plus tard le 1er novembre 1862.

"Il y a un autre baril", a-t-elle dit, "qui contient 5 000 dollars, et un autre avec 1 000 dollars. Mais nous ne voulons pas de 5 000 dollars ou de 1 000 dollars. Il y a un petit baril qui contient 50 dollars. Mais voyez ici, avec tout cela, je J'ai arrêté le gaz maintenant, j'ai retourné les manteaux des enfants, j'aimerais que vous voyiez à quel point Robert est beau, et j'ai fait mettre un nouveau carreau dans la cuisinière, au lieu d'acheter celui-là. belle nouvelle « bannière ». Mais tout ne suffira pas. Nous devons aller à ce tonneau. »

"Et quel sera le crochet, chérie, cette fois ?" dis-je.

" J'y ai pensé toute la journée. J'espère que vous ne le détesterez pas, je sais que vous ne l'aimerez pas exactement ; mais pourquoi ne pas écrire toute l'histoire de ce que signifie être des « enfants du public » ; comment nous sommes arrivés à vivre ici, vous savez ; comment nous avons construit la maison, et... tout ça ? »

"Comment Félix a connu Fausta ", dis-je ; "et comment Fausta a rencontré Félix pour la première fois, peut-être; et quand ils se sont embrassés pour la première fois ; et ce qu'elle lui a dit quand ils l'ont fait."

"Dites cela, si vous l'osez", dit Fausta ; " mais peut-être - l'oracle dit que nous ne devons pas être fiers - peut-être pourriez-vous en dire un peu. Vous savez - en réalité, presque tout le monde s'appelle Carter maintenant ; et je ne crois pas que les voisins le remarqueront , - peut-être qu'ils ne liront pas le papier. Et s'ils le remarquent, je m'en fiche ! Là !"

"Ce ne sera pas si grave que..."

Mais je n'ai jamais fini la phrase. Un geste impératif me ferma les lèvres physiquement aussi bien que métaphoriquement, et j'étais heureux de tourner suffisamment le sujet pour m'asseoir autour d'un thé avec les enfants. Après le pain et le beurre , nous avons convenu de ce que nous pouvions et de ce que nous ne pouvions pas dire, puis j'ai écrit ce que le lecteur allait maintenant voir.

CHAPITRE III.

MA VIE À SA CRISE.

Les New-Yorkais d'aujourd'hui voient tant de cortèges, vivent tant de sensations, et hourra pour tant de héros chaque année, que seul le plus vieux des brouillards vous raconte le cortège triomphal des bateaux à vapeur qui, dans le année 1824, accueillit le général Lafayette à son retour de sa tournée à travers le pays qu'il avait si noblement servi.

Mais si le lecteur souhaite prolonger cette histoire , il peut boutonner le prochain ami gris argenté qu'il rencontre et lui demander de raconter l'anglais approximatif et le français approximatif du marquis, de Levasseur et des autres ; de l'enthousiasme des gens et de la disponibilité des visiteurs, et il saura bien garder à l'esprit que je suis tout ce que je suis.

Car il arriva que le matin où, faute de meilleurs lions à montrer, le maire, le gouverneur et les autres emmenèrent le marquis et son secrétaire, et les autres, voir l'asile des orphelins de Deering Street ,... Alors qu'ils passaient dans la première salle, après avoir pris "un petit rafraîchissement" dans la salle des directeurs, Sally Eaton, l'infirmière en chef, leur a fait part de la première politesse, et Sally Eaton, justement, m'a tenu en criant dans ses bras.

. J'avais été envoyé à l'asile ce matin-là avec un papier épinglé sur mon bavoir, qui disait que je m'appelais Felix Carter.

" Eet Ça ira bien, dit le marquis avec un sourire doux.

« Ràvissant ! » » dit Levasseur, et il laissa tomber une pièce de cinq francs dans la main de Sally Eaton. Ainsi, le cortège des directeurs d'exposition parlant mal français, et des Français exhibés parlant mal anglais, continua son chemin ; tout sauf le bon vieux Elkanah Ogden – que Dieu le bénisse ! – qui se trouvait être venu là-bas avec le groupe du gouverneur et qui est resté une minute pour parler de moi avec Sally Eaton.

Des années plus tard, elle m'a raconté comment le vieil homme m'avait embrassé , comment ses yeux s'étaient remplis de larmes lorsqu'il m'avait demandé mon histoire, comment elle avait raconté à nouveau le moment où on m'avait entendu crier sur le pas de la porte et comment elle avait proposé d'aller chercher le journal qui m'avait été envoyé. été épinglé sur mon bavoir. Mais le vieillard dit que ce n'était pas grave : « seulement nous l'aurions appelé marquis, dit-il, si son nom ne lui avait pas été donné. Il ne faut pas le laisser ici, dit-il ; "Il grandira comme un garçon de fermier, et non comme un petit cockney." Aussi, au lieu de faire avec les autres la grande tournée des infirmeries, des cuisines, des boulangeries et des dortoirs, le bon vieux retourna dans la salle des directeurs, et écrivit en ce moment une lettre à John Myers, qui s'occupait de son des terres sauvages du comté de St. Lawrence pour lui, pour lui demander si Mme Myers n'élèverait pas à la main un bébé orphelin pour lui ; et si, tous deux ensemble, ils ne dressaient pas ce bébé jusqu'à ce qu'il dise « stop » ; si, au contraire, il leur accordait, dans le compte annuel, cent dollars chaque année pour la charge.

Quiconque sait jusqu'où va une centaine de dollars dans les forêts du comté de St. Lawrence sait que n'importe quel colon serait heureux de choisir une paroisse ainsi recommandée. Quiconque connaissait Betsy Myers aussi bien que la vieille Elkanah Ogden savait qu'elle aurait accueilli n'importe quel orphelin amené à sa porte, même s'il n'avait pas été recommandé du tout.

Et c'est arrivé, grâce à Lafayette et à la mairie ! que je n'avais pas été un "enfant du public " un jour auparavant, à sa manière grande, maladroite et libérale, il avait pourvu à mes besoins. Je dus ma maison saine et heureuse des quatorze années suivantes dans le désert à ces merveilleuses habitudes, que je qualifierais autrement d'absurdes, avec lesquelles nous adorons les étrangers. Parce que nos hôpitaux et nos hospices sont les plus grands bâtiments que nous ayons, nous divertissons aussi bien le prince de Galles que Jenny Lind, en leur montrant des fous et des pauvres. L'affichage est assez facile à rire ; mais si, cher Public, il arrive que par une telle habitude vous aérez votre Bridewell ou votre Bedlam, la ventilation n'est-elle pas, peut-être, une compensation à l'absurdité ? Je ne sais pas si Lafayette s'est amélioré après avoir visité l'asile de Deering Street ; mais je sais que je l'étais.

Ce n'est pas l'histoire de ma vie. Ce n'est qu'une illustration d'un de ses principes. Je n'ai aucune anecdote à raconter sur la vie sauvage, ni aucune esquisse des traits charmants et robustes de John et Betsy Myers, mes vrais père et mère. Je n'ai aucune quête pour que les prétendus parents, qui m'ont jeté quand j'étais enfant, enregistrent. Ils ont fermé des comptes avec moi lorsqu'ils m'ont laissé sur les marches de l'asile, et moi avec eux. J'ai grandi avec l'école que le public me donnait : toujours dix semaines en hiver et dix en été, jusqu'à ce que je sois assez grand pour travailler à la ferme ; je considère que les périodes d'école étaient meilleures que celles des systèmes modernes. M. Ogden, je n'ai jamais vu. Régulièrement, il m'accordait cent par an jusqu'à l'âge de neuf ans, puis subitement il mourut, comme le lecteur le sait peut-être. Mais John Myers m'a quand même gardé comme son fils. Je n'ai connu aucun changement jusqu'à ce que, à l'âge de quatorze ans, il estime qu'il était temps pour moi de découvrir le monde et m'a envoyé dans ce qu'on appelait à l'époque une « école de travail manuel ».

À cette époque, il y avait une théorie, totalement infondée en physiologie, selon laquelle si un homme travaillait cinq heures avec ses mains, il pouvait mieux étudier pendant les cinq heures suivantes. Tout cela n'a aucun sens. L'épuisement est l'épuisement ; et si vous épuisez un récipient par un robinet, rien n'est gagné ou économisé en le fermant et en en ouvrant un autre. La vieille théorie de l'intérieur du pays est la vraie. Étudiez dix semaines et coupez du bois quinze ; étudiez-en dix de plus et récoltez-en quinze. Mais l'« Ecole du travail manuel » s'offrait vraiment gratuitement, seuls John Myers et moi emportions, je m'en souviens, une douzaine de barils de pommes de terre lorsque j'y allais avec mes livres. L'école était à Roscius, et si je travaillais cinq heures dans l'atelier de menuiserie et à la ferme-école, pourquoi ils me nourriraient et m'apprendraient tout ce qu'ils savaient de ce que j'avais de la journée à côté.

"Félix," dit John en me quittant, "je ne pense pas que ce soit la meilleure école du monde, à moins que vous ne le fassiez ainsi. Mais je suppose que vous pouvez le faire. Si vous et moi allions pleurnicher, Si vous cherchez la meilleure école du monde, et que quelqu'un vous paie pour y accéder, je mourrais, et vous perdriez votre voix à force de pleurnicher, et nous n'en trouverions pas après tout. C'est ce que le public prévoit pour vous. toi et moi. Nous ne regarderons pas un cheval-cadeau dans la gueule ... Monte sur son dos, Félix, panse-le bien comme tu peux quand tu t'arrêtes, nourris-le quand tu peux, et en tout cas abreuve-le bien et prends soin de lui. " Mon dernier conseil, Félix, c'est d'accepter ce qu'on t'offre et de ne jamais te plaindre parce que personne n'en offre plus. "

Ces mots doivent être gravés sur ma bague de sceau, si jamais j'en ai une, et si le Dr Anthon ou le professeur Webster veulent bien les mettre en latin assez court pour moi. Telle est la devise des « Enfants du public ».

John Myers est décédé avant la fin de ce mandat. Et ma mère, Betsy, est retournée chez ses amis dans le Maine. Après les funérailles, je ne les ai plus revus. Comment j'ai vécu depuis ce moment jusqu'à ce que Fausta et moi appelons la crise ne concerne personne. Je travaillais dans le magasin de l'école ou à la ferme. Ensuite, j'ai enseigné dans les quartiers voisins. Je n'ai jamais acheté de billet à une loterie ou à un tirage au sort. Mais chaque fois que j'avais l'occasion de faire un travail honnête, je le faisais. J'ai parcouru quinze milles la nuit pour porter un rapport électoral à l' agent *de la Tribune* à Gouverneur. Je me suis retrouvé dans la neige pour ouvrir la route alors que le surveillant ne parvenait pas à trouver un autre homme dans la commune. Lorsque Sartain a lancé son magazine, j'ai écrit un essai en compétition pour ses primes, et l'essai a gagné ses cent dollars. Lorsque les directeurs de l'« Orphan Home », à Baltimore, offraient leurs prix pour des articles sur les mauvais garçons, j'écrivis pour l'un d' eux, et cela m'a aidé pendant quatre mois difficiles. Il n'y avait pas de chance dans ces choses-là. J'avais besoin d'argent et j'ai mis mon hameçon dans le baril de porc, c'est- à-dire que j'ai fait confiance au public. Je n'ai jamais eu qu'un seul coup de chance dans ma vie. Je voulais vraiment une nouvelle paire de bottes. J'allais marcher jusqu'à Albany, travailler à la bibliothèque d'État sur l'histoire des Six Nations, ce qui m'intéressait. Je n'avais pas un dollar. C'est à ce moment-là que le Congrès adopta le projet de loi sur le partage des excédents de recettes. L'État de New York reçut deux ou trois millions et les répartit entre les comtés. Le comté de Saint-Laurent l'a partagé entre les cantons, et le canton de Roscius l'a partagé entre les électeurs. Deux dollars et soixante cents de l'argent de l'Oncle Sam me sont parvenus, et avec cet argent sur mes pieds, j'ai marché jusqu'à Albany. C'est ce que j'appelle de la chance ! Combien d'imbéciles ont dû accepter une absurdité avant que je puisse étudier l'histoire des Six Nations !

Mais un exemple raconté en détail vaut mieux que mille racontés en général, pour illustrer un principe. Je ne vous retiendrai donc plus de l'histoire de ce que Fausta et moi appelons

LA CRISE.

CHAPITRE IV.

LA CRISE.

Je travaillais comme placage dans une usine de pianos-fortes à Attique, lorsqu'un quelconque tarif fut adopté ou abrogé ; il y a eu une grande explosion financière et notre patron, parmi les autres, a fait faillite. Il nous devait six mois de salaire, et nous étions tous très pauvres et très déprimés. Jonathan Whittemore, un très bon gars qui recouvrait les marteaux de cuir, est venu me voir le jour de la fermeture du magasin et m'a dit qu'il allait saisir l'occasion d'aller en Europe. Il irait au Conservatoire Musical de Leipzig, s'il le pouvait. Il travaillerait comme chauffeur. Il se laverait pendant trois ou quatre jours à Brême, puis trouverait du travail, s'il le pouvait, chez Voightlander ou Von Hammer jusqu'à ce qu'il puisse entrer au Conservatoire. En guise de préparation, il voulait que je lui vende mon dictionnaire allemand d'Adler.

"Je n'ai rien à vous donner en échange, Félix, mais cette bêtise , c'est un des billets de Burrham , que j'ai acheté en jouant le soir de notre promenade en traîneau. Je vous le transférerai."

J'ai dit à Jonathan qu'il pourrait avoir le dictionnaire et lui souhaiter la bienvenue. Il faisait une chose sensée, et il l'utiliserait vingt fois plus que moi. Quant au billet, il ferait mieux de le garder. Je n'en voulais pas. Mais j'ai vu qu'il se sentirait mieux si je le prenais, alors il me l'a approuvé.

Or, le lecteur doit savoir que ce Burrham était un homme qui avait saisi une partie de l'idée de ce que le public pouvait faire pour ses enfants. Il avait découvert qu'il y avait un millier de personnes qui seraient heureuses de faire chaque été le tour des montagnes et des lacs si elles pouvaient le faire à moitié prix. Il a découvert que les compagnies ferroviaires étaient assez heureuses de baisser les prix si elles pouvaient être sûres du millier de personnes. Il a servi d'intermédiaire entre les deux et c'est ainsi que des « excursions bon marché » ont vu le jour. Ils font partie des cadeaux que le public offre à ses enfants. Montant d'échelon en échelon, Burrham avait, juste avant la grande crise financière, conçu l'idée d'une grande combinaison bon marché, dans laquelle tout le monde recevrait un magazine pendant un an et une cyclopédie , toutes deux à moitié prix ; et de plus, l'argent gagné grâce à cette combinaison devait être attribué par tirage au sort à deux détenteurs de billets, un homme et une femme, pour leur dot en mariage. J'ose dire que le lecteur se souvient du prospectus. Il a trop le goût de la « Gift Enterprise » moderne pour être réimprimé dans son intégralité ; mais il y avait cet élément honnête, que chacun obtenait plus que ce qu'il pouvait obtenir pour son argent dans le commerce de détail. J'ai encore aujourd'hui ma revue, le vieux *Boston Miscellany* , *et je viens de chercher* le nom de Levasseur dans ma cyclopédie ; et, comme vous le verrez, j'ai des raisons de savoir que tous les autres abonnés ont eu le leur.

L'un des billets pour ces livres, pour lequel Whittemore avait donné cinq bons dollars, était celui qu'il m'avait donné pour mon dictionnaire. Et donc nous nous sommes séparés. J'ai flâné en Attique, espérant trouver un endroit où je pourrais mettre mon aviron. Mais j'avais la main tendue pour enseigner, et à une époque où toutes les facettes du monde étaient arrachées, personne ne voulait que j'en mette davantage de mon espèce, de sorte que mon argent s'est épuisé. Je ne m'endetterais pas , c'est une chose que je n'ai jamais faite. Il est plus honnête, dis-je, d'aller à l'hospice et d' y faire soigner son enfant par le public , que d'emprunter ce qu'on ne peut payer. Mais je n'en suis pas tout à fait arrivé là, comme vous le verrez.

soir, je comptais mon argent , et cela s'est fait facilement, quand j'ai remarqué que la date sur cette commande de Burrham était le 15 octobre, et il m'est venu à l'esprit qu'il ne s'écoulerait pas tout à fait quinze jours avant que ces livres ne soient livrés. être livré. Ils devaient être livrés à Castle Garden, à New York ; et l'idée me vint que je pourrais aller à New York, tenter ma chance là-bas pour y travailler, et au moins voir la ville que je n'avais jamais vue, et me procurer ma cyclopédie et mon magazine. C'était la moindre offre que le public me fît jamais ; mais à ce moment-là le public était en ruine, et la moindre chose valait mieux que rien. Le projet d'un si long voyage était assez chimérique, et j'ai beaucoup hésité à ce sujet. Finalement, j'en suis venu à cette résolution : je partirais le matin pour marcher jusqu'au poste d'éclusage de Brockport sur le canal. Si un bateau passait cette nuit- là et qu'ils me donneraient mon billet pour tout travail que je pourrais faire pour eux, j'irais à Albany. Sinon, je retournerais à Lockport le lendemain et tenterais ma fortune là-bas. Cela m'a donné, pour ma première journée d'entreprise, un voyage à pied d'environ vingt-cinq milles. Il était hors de question, avec mes finances, de songer à contourner le train.

Chaque point de la vie est un pivot autour duquel tourne toute l'action de notre au-delà ; et il en va de même pour les vies après la vie du monde entier. Mais nous sommes tellement aveugles que nous ne voyons cela que de certaines entreprises et efforts particuliers, que nous appelons donc critiques. Je suis sûr de le voir lors de ces vingt-cinq milles de marche fraîche et automnale . J'étais de bonne humeur. J'ai trouvé que l'air était entièrement oxygéné et que tout « allait bien ». Je n'ai pas flâné et je ne me suis pas dépêché. J'ai balancé avec le sentiment que chaque nerf et chaque muscle était sollicité, comme dans les métiers un marin ressent chaque cordage et chaque voile. Et ainsi je n'étais ni fatigué, ni assoiffé, jusqu'à ce que le ruisseau apparaisse où je devais boire ; je n'avais pas faim jusqu'à midi, heure à laquelle je devais dîner. Je m'appelais en marchant "L'Enfant de la Bonne Fortune", parce que le soleil était sur mon côté droit, comme le soleil devrait l'être quand on marche, parce que la pluie d'hier m'avait déposé la poussière, et le gel d'hier avait j'ai peint les collines et le vent du nord-ouest a rafraîchi l'air pour moi. Je suis arrivé à Wilkie's Cross-Roads juste à temps pour rencontrer le boulanger de Claremont et lui acheter mon pain de dîner. Et quand ma promenade fut presque terminée , je débouchai sur le pont bas de Sewell, qui est un pont-levis, juste avant qu'ils ne le soulèvent pour un bateau qui passe, au lieu de l'instant d'après. Parce que j'allais bien , je me suis senti moi-même et je me suis appelé « l'enfant de la bonne fortune ». Cher lecteur, dans un monde créé par un Père aimant, nous sommes tous des enfants de bonne fortune, si seulement nous avons assez d'esprit pour le découvrir au fil de nos promenades.

Le dernier coup de chance que ce jour m'a apporté fut la solution à ma question de savoir si j'irais ou non à Babylone. Je devais y aller si un batelier de bonne humeur me prenait. C'est une question, Monsieur le Millionnaire , plus douteuse pour ceux qui n'ont pas touché leurs dividendes que pour ceux qui l'ont fait. Alors que je descendais la rue du village à Brockport, je pouvais voir les chevaux d'un bateau qui se dirigeait vers l'est, conduit de niveau en niveau jusqu'à la dernière écluse ; et, malgré ma détermination à ne pas me presser, je me mis au grand trot que m'ont appris les Indiens de Saint-Régis, afin de pouvoir réviser ce bateau avant qu'il ne parte à sa nouvelle vitesse. Je suis sorti par la porte supérieure de la dernière écluse juste au moment où elle s'évanouissait par la porte inférieure. Les chevaux venaient d'être montés, et un garçon téméraire leur donna le premier coup après deux heures de repos et de maïs. Alors que le lourd bateau partait sous le nouveau mouvement, je vis, et son capitaine vit au même instant, qu'un long câble de remorquage neuf, qui était resté enroulé sur le pont, s'envolait soudainement dans toute sa longueur. L'extrémité extérieure avait été portée du côté de l'écluse par quelque hasard ou par erreur, et là, quelque fainéant en avait jeté la boucle par-dessus un poteau d'aussière. Les fainéants sur l'écluse ont vu, comme moi, que la corde s'épuisait, et à l'appel du patron, l'un d'eux a daigné jeter la boucle par-dessus bord, mais il l'a fait si négligemment que la corde paresseuse a roulé dans l'écluse. , et la boucle s'accrocha à l'un des fers à soupape de la porte supérieure. Bien entendu, tout cela fut l'affaire d'un instant. Mais le pauvre capitaine a vu, ce que nous n'avons pas vu, que l'enroulement du cordage sur le pont était sale et tellement emmêlé autour de sa longue barre que dix secondes feraient l'une des trois choses suivantes : ils briseraient son nouveau cordage en deux, ce qui était une bagatelle, ou bien on lui arracherait le timon du gouvernail, ce qui lui coûterait une heure à réparer, ou bien on renverserait ces deux chevaux, en ce moment au trot, et on mettrait dans le canal le jeune turbulent qui les avait commencés. C'est cette certitude complexe qui enflamma les doubles cris qu'il nous adressait en arrière sur l'écluse et en avant au garçon magnétique, dont l'intelligence indifférente à ce moment l'entraînait.

Je marchais sur le portail pour le traverser. Il ne fallut qu'un instant, presque toutes les dix secondes, pour descendre par les bras dans la serrure, me tenant suspendu par les mains, pour attraper avec mon pied droit l'anse de la corde et la soulever du fer perfide, pour donnez un coup de pied au tout dans l'eau, puis remontez à nouveau le côté humide de la serrure. Je me suis un peu mouillé, mais ce n'était rien. J'ai couru sur le chemin de halage, j'ai fait signe au patron qui a dirigé son bateau jusqu'au rivage et j'ai sauté à bord.

À ce moment-là, lecteur, Fausta était assise sur une chaise jaune sur le pont de ce vieux bateau moisi, en train de crocheter à partir d'un modèle du *Grodey's Lady's Book* . Je m'en souviens comme je me souviens de mon petit-déjeuner de ce matin. Non pas que je sois tombé amoureux d'elle, ni de mon petit-déjeuner ; mais je savais qu'elle était là. Et c'était la première fois que je la voyais. Il y a bien des années, et je l'ai vue tous les jours depuis ce soir jusqu'à ce soir. Mais je n'avais alors aucune affaire avec elle. Ma liaison était avec celui que j'ai appelé le capitaine, en adaptant ce récit d'eau douce aux oreilles habituées à Marryat et Tom Cringle. Je lui ai dit que je devais aller à New York ; que je n'avais pas le temps de marcher et que je n'avais pas d'argent pour payer ; que j'aimerais travailler mon passage vers Troie, s'il y avait un moyen par lequel je le pouvais ; et c'est pour lui demander cela que j'étais monté à bord.

" Waal, " dit le capitaine, " " entache beaucoup de choses qui doivent être faites, et Zekiel et moi comptons faire la majeure partie de cela et il y a ce garçon blâmé à côté de... "

Cet adjectif « blâmé » est le serment vertueux par lequel les gens simples, qui améliorent leurs habitudes, se guérissent d'une épithète plus forte, comme prennent pour flagrants d'hommes ceux qui abandonnent le tabac.

"Il n'est bon à rien , comme vous le voyez", a poursuivi le skipper d'un ton méditatif, "et vous l'air, tout le monde peut le voir", a-t-il ajouté. "Si vous avez envie de venir à Albany, vous pouvez avoir vos provisions, elles sont assez pauvres aussi ; et si vous êtes prêt à monter à cheval de temps en temps, vous pouvez monter à cheval. Je suppose que là où il y a de la place pour trois dans les couchettes, il y a de la place pour quatre. " Entaché, tout le monde aurait jeté cette fameuse aussière aussi proprement que vous l'avez fait. "

De cette dernière remarque je déduis, ce que j'appris avec certitude à mesure que nous avancions, que sans l'aide opportune que je lui avais apportée, j'aurais plaidé pour mon passage en vain.

C'était mon introduction à Fausta . C'est-à-dire qu'elle a entendu toute la conversation. La présentation formelle, qui n'est omise dans aucun cercle de la vie américaine où j'ai jamais été admis, eut lieu au thé une demi-heure après, lorsque Mme Grills, qui voyageait toujours avec son mari, apporta les flapjacks de la cuisine. "Miss Jones", dit Grills alors que j'entrais dans le repas, laissant Zekiel à la barre, - "Miss Jones, voici un jeune homme qui va à Albany. Je ne sais pas correctement comment vous appeler, monsieur. ". J'ai dit que je m'appelais Carter. Puis il a dit : " M. Carter, voici Miss Jones. Mme Grills, M. Carter. M. Carter, Mme Grills. C'est ma femme. " Et donc notre *fête une place carrée* a été établie pour le voyage.

De nos jours, rares sont ceux qui savent qu'un voyage sur un canal est le voyage le plus agréable au monde. Un canal doit traverser de beaux paysages. Il ne peut exister que s'il traverse la vallée d'un ruisseau. Le mouvement est si facile que, les yeux fermés, vous ne savez pas que vous bougez. L'itinéraire est si direct que lorsque vous êtes une fois à l'abri du soleil, vous êtes en sécurité pendant des heures. Vous dessinez, vous lisez, vous écrivez ou vous cousez, crochetez ou tricotez. Vous jouez de votre flûte ou de votre guitare, sans le moindre inconvénient. Sur un « pont bas », vous baissez la tête de peur de perdre votre chapeau, et ce rappel vous apprend que vous êtes humain. Vous êtes heureux de le savoir et vous riez du souvenir. Pour le reste du temps, vous voyagez, si vous allez « bien » à l'intérieur, à l'Élysée .

Je montais un de ces chevaux environ deux ou trois heures par jour. Aux écluses, je me rendais généralement utile. La nuit, je me promenais sur le pont jusqu'à une heure, avec ou sans ma pipe, pour me garder des voleurs de serrures. Le patron me demandait parfois, après avoir découvert que je savais « chiffrer », de démêler pour lui certains nœuds de ses connaissements. Mais tout cela n'a fait qu'une petite incursion dans ces belles journées d'automne, et pendant les huit jours que nous avons parcourus – il y a un niveau béni qui a soixante-dix milles de long – j'ai passé la plupart de mon temps avec Fausta . Nous marchâmes ensemble sur le chemin de halage pour nous mettre en appétit pour le dîner et le souper. Au lever du soleil, je faisais toujours une croisière à l'intérieur des terres et je ramassais les gentianes, les baies d'aulne noir et les feuilles colorées avec lesquelles elle dressait la table de Mme Grill. Elle s'est intéressée à mon misérable carnet de croquis et, bien qu'elle ne dessine pas et ne dessine pas bien, elle m'a montré comment étaler une teinte uniforme, ce que je ne connaissais pas auparavant. Je travaillais mon français. Elle en savait autant et aussi peu que moi, et nous avons lu Mad. Ensemble, Clémentine de Reybaud , devinant les mots difficiles, parce que nous n'avions pas de dictionnaire.

Ce cher vieux Grill nous a proposé de parler français à table, et nous l'avons essayé pendant quelques jours. Mais cela prouvait qu'il avait appris sa prononciation à Sainte-Catherine, parmi les bateliers de là-bas, et qu'il disait *shwo* pour « chevaux », là où le livre disait *chevaux* . Notre conversation, en revanche, n'était pas parisienne, – mais elle n'était pas cathérinienne, – et nous nous replongeâmes dans l'anglais.

Alors j'ai accéléré ces huit jours bénis. Je racontai ainsi à Fausta une grande partie de mon histoire, que j'allais chercher fortune à New York. Bien entendu, elle ne savait rien de moi sauf ce qu'elle voyait, et elle ne m'a rien raconté de son histoire.

Mais j'étais vraiment désolé lorsque nous sommes arrivés dans le bassin de Troie, car je savais alors que, pour toutes les raisons, je devais descendre le bateau à vapeur. Et j'étais très heureux, — j'ai rarement été aussi heureux dans ma vie — quand j'ai appris qu'elle aussi se rendait immédiatement à New York. Elle accepta très agréablement mon offre de porter sa malle jusqu'à l'Isaac Newton pour elle et de lui servir d'escorte jusqu'à la ville. Pour moi, ma malle,

" en danger essayé,"

Balancé dans ma main, — « ni quitté mon côté ».

Mes possessions terrestres étaient rares nulle part. J'avais laissé en Attique la plupart de ce qu'ils étaient. Tout au long du voyage, j'avais été assez homme pour conserver un équipement de travail adapté au devoir d'un ouvrier. Et le vieux Grills n'avait pas encore assez de grâce pour maintenir son bateau immobile dimanche. Comme on se souvient des petites choses ! Je me souviens de chaque contact avec les toilettes, comme dans ce coin d'une câlin sombre où j'avais partagé avec lui la couchette de " Zekiel ". Je m'habillai avec une de mes deux chemises blanches et avec les vêtements de rechange bien serrés dans mon porte-manteau. Le vieux pardessus en était la meilleure partie, comme c'est souvent le cas dans un monde fini. J'ai vendu mon chapeau de feutre à Zekiel et suis apparu avec une légère casquette de voyage. Je ne sais pas comment Fausta a apprécié ma métamorphose. Je sais seulement que, comme les papillons, pendant un jour ou deux après avoir traversé le leur, j'ai eu décidément froid.

En tant que Carter, l'homme du canal, j'avais transporté la malle de Fausta à bord. En tant que M. Carter, je lui ai donné mon bras, je l'ai conduite jusqu'à la passerelle du Newton, j'ai pris son passage et le mien, puis j'ai marché et je me suis assis sous le splendide clair de lune des quatre premières heures de descente de la rivière.

Miss Jones décida ce soir-là de prendre son petit-déjeuner sur le bateau. Il faut remarquer que je ne la connaissais alors sous aucun autre nom. Elle devait se rendre chez une tante, et elle savait que si elle quittait le bateau à son arrivée anticipée à New York, elle dérangerait cette dame en sonnant prématurément à sa cloche. Je n'avais aucune raison de me précipiter, comme le lecteur le sait. La distribution des cyclopédies ne devait avoir lieu que le lendemain, et cette bagatelle absurde était la seule excuse distincte que j'avais pour me trouver à New York. J'ai donc demandé à Miss Jones si je ne pouvais pas continuer à l'accompagner jusqu'à la maison de sa tante. J'avais dit qu'il serait difficile d'interrompre notre agréable voyage avant d'avoir vu où elle habitait, et je pensais qu'elle semblait soulagée de savoir qu'elle ne serait pas totalement étrangère à son arrivée. Il était clair que sa tante n'enverrait personne pour la rencontrer.

Ces préliminaires réglés, nous nous séparâmes dans nos cabines respectives. Et quand, le lendemain matin, à cette heure surnaturelle exigée par les trains de Philadelphie et d'autres exigences, le Newton accostait, je me réjouissais de ce que le petit déjeuner n'était qu'à sept heures, d'avoir encore deux heures de couchette, ce qui était un luxe. comparé à celui de Zekiel couchette, — je me suis retourné de l'autre côté et j'ai continué à dormir.

Je suis assez désolé pour cette sieste matinale pendant les trente-six heures suivantes. Car lorsque je suis monté sur le pont et que j'ai envoyé l'hôtesse dire à Miss Jones que je l'attendais, et que je lui ai ensuite pris le chèque pour sa malle, je me suis réveillé avec la tristesse de constater que, au cours de ces deux heures traîtres, certains Un pirate du quai était monté à bord, s'était emparé de la malle qui attendait, laissée presque seule, tandis que le bagagiste avait le dos tourné, et que, de façon certaine, elle était perdue. Je ne suis revenu à Fausta avec cette histoire que lorsque la cloche du petit déjeuner était passée depuis longtemps et que le petit déjeuner était très froid. Je ne le lui ai alors dit que lorsque je l'ai vue prendre son petit déjeuner avec un appétit bien meilleur que le mien. J'avais déjà offert en haut à quiconque le rapporterait la plus grosse récompense, que ma maigre bourse paierait. J'avais parlé au greffier, qui avait fait venir un policier. Je ne pouvais plus rien faire et je n'ai pas choisi de gâcher sa côtelette et son café par une nouvelle inopportune. L'officier est arrivé avant la fin du petit-déjeuner et m'a appelé de table.

Dans l'ensemble, son sens des affaires encourageait. Il avait des points d'écoute que je n'aurais pas cru possibles. Il n'était pas improbable qu'ils se jettent sur le coffre avant qu'il ne soit ouvert. Je lui ai donné une description écrite de ses marques ; et lorsqu'il m'a demandé poliment si « ma dame » donnerait une description des livres ou autres articles qu'il contenait, j'ai volontiers promis que j'appellerais avec une telle description au poste de police. Un peu encouragé, je retournai auprès de Miss Jones et, lorsque je la conduisis hors de la table du petit-déjeuner, je lui racontai son malheur. J'ai pris sur moi toute la honte de ma propre insouciance, à laquelle j'ai attribué la perte. Mais je lui racontai tout ce que m'avait dit l'officier et que j'espérais lui apporter la malle chez sa tante avant la fin de la journée.

Fausta prit cependant mes nouvelles avec un sursaut qui m'effraya. Tout son argent, à l'exception d'un ou deux shillings, était dans le coffre. Placer de l'argent dans des malles est une faiblesse de l'esprit féminin dont je n'ai vu nulle part l'explication. Pire encore, comme cela apparut après un instant d'examen de son *sac de voyage*, son portefeuille dans la malle contenait la lettre de la tante à qui elle venait rendre visite, lui donnant son adresse dans la ville. À cette adresse, elle n'avait d'autre indice que sa tante était Mme Mary Mason, mariée quelques années auparavant à un marchand nommé Mason, que Miss Jones n'avait jamais vu, et dont c'était tout ce qu'elle savait du nom et des affaires. Ils habitaient dans une rue numérotée, mais que ce soit la Quatrième Rue, la Cinquante-Quatrième, ou la Cent Vingt-Quatrième, ou quelque chose entre les deux, le pauvre enfant n'en avait aucune idée. Elle avait soigneusement rédigé la lettre, mais n'avait jamais pensé à l'importance de l'adresse. A part cette tante, elle ne connaissait aucun être humain à New York.

« Enfant du public, me dis-je, que fais-tu maintenant ? J'avais fait appel à mon grand patron en envoyant chercher l'officier, et dans l'ensemble, je sentais que mon souverain avait été aimable envers moi, même s'il n'avait pas encore plein d'espoir. Mais maintenant je dois frotter à nouveau ma lampe et demander au génie où habitait le Maçon inconnu. Le génie m'a bien sûr suggéré le Directoire, et j'ai couru le chercher au bureau du greffier. Mais alors que nous feuilletions les pages des « Maçons » et que nous avions radié treize ou quatorze habitants de rues numérotées, Fausta sursauta, regarda la préface et sa date, jeta son crayon dans le seul abandon de consternation avec lequel Je l'ai toujours vue et j'ai pleuré : « Premier mai ! Ils étaient à l'étranger jusqu'en mai. Ils sont à l'étranger depuis le jour de leur mariage ! Ce génie dut donc mettre ses gloires dans sa poche et rapporter son Directoire au bureau. La chose naturelle à proposer était que je trouve pour Miss Jones une pension respectable, et qu'elle y resterait jusqu'à ce que sa malle soit retrouvée, ou jusqu'à ce qu'elle puisse écrire à des amis qui avaient cette fatale adresse, et recevoir une réponse. Mais là, elle hésita. Elle n'aimait guère expliquer pourquoi, elle ne l'expliquait pas entièrement. Mais elle n'a pas dit qu'elle n'avait pas d'amis connaissant cette adresse. Elle avait peu de relations au monde, et sa tante communiquait seule avec elle depuis qu'elle était venue d'Europe. Quant à la pension, « je préférerais chercher du travail », dit-elle courageusement. "Je n'ai jamais promis de payer de l'argent quand je ne savais pas comment l'obtenir; et ça" - et ici elle sortit cinquante ou soixante centimes de sa bourse - "et c'est tout maintenant. Dans les pensions respectables, quand les gens "Je viens sans bagages, ils ont tendance à demander une avance. Ou du moins," ajouta-t-elle avec une certaine fierté, "je suis susceptible de l'offrir."

Je me suis empressé de lui demander de prendre tout mon petit magasin ; mais je devais admettre que je n'avais pas deux dollars. J'étais sûr cependant que mon pardessus et le tailleur que je portais me serviraient à quelque chose, si je les poussais hardiment dans quelque bec. J'étais sûr que je devrais être au travail dans un jour ou deux. En tout cas, j'étais certain de la cyclopédie du lendemain. Cela devrait aller au vieux Gowan — c'était alors dans Fulton Street — « le centre moral du monde intellectuel », à l'heure où je l'aurais reçu. Et à ce moment-là, pour la première fois, la pensée m'a traversé : « Si seulement le mien pouvait être le nom tiré, pour que ces stupides 5 000 $ me reviennent. » Dans ce cas, je pensais que Fausta pourrait vivre dans « une pension respectable » jusqu'à sa mort. Bien sûr, je n'ai rien dit, seulement qu'elle était la bienvenue avec mon pauvre dollar et demi et que je recevrais le lendemain un peu plus d'argent qui m'était dû.

"Vous oubliez, M. Carter," répondit Fausta , aussi fièrement qu'avant , "vous oubliez que je ne peux pas emprunter de vous pas plus qu'à une pensionnaire. Je n'emprunte jamais. S'il vous plaît à Dieu, je ne le ferai jamais. Il faut bien, ajouta-t-elle, que dans une ville chrétienne comme celle-ci, il existe des arrangements respectables et convenables pour les voyageurs qui se trouvent là où je suis. Quelle est cette disposition, je ne le sais pas, mais je découvrirai ce que c'est avant ce soleil se couche."

J'ai fait une pause un moment avant de répondre. Si j'avais été auparavant fasciné par cette charmante fille, je m'inclinais maintenant avec respect devant sa dignité et sa résolution ; et, à ma sympathie, il y eut un délicieux frisson de respect pour moi-même uni, lorsque je l'entendis poser si simplement, comme principes de sa vie, deux principes sur lesquels j'avais toujours moi-même essayé de vivre. Les habitudes à moitié exprimées de mon enfance et de ma jeunesse m'étaient maintenant énoncées comme des axiomes par des lèvres dont je savais qu'elles ne pouvaient dire que le droit et la vérité.

Je m'arrêtai un moment. J'ai trébuché un peu en lui exprimant mon regret de ne pas me laisser l'aider , joint à ma certitude qu'elle avait raison de refuser, et puis ce fut le seul discours raide que je lui ai jamais fait, je lui ai dit :

« Je suis « l'enfant du public ». Si jamais vous entendez mon histoire, vous le direz aussi. Au moins, je peux affirmer que j'ai le droit de vous aider dans votre quête de la manière dont le public vous aidera. Jusqu'à présent, je suis clairement l'officier de sa suite à qui il vous a confié . Êtes-vous donc prêt à débarquer ?

Fausta regarda autour d'elle ce salon pour dames abandonné, comme si c'était le dernier lien qui la retenait à son ancien monde sûr.

"J'ai regardé la lucarne, la lampe et la chaîne,

Comme ce qu'elle ne reverra peut-être plus."

Puis elle a regardé à travers moi; et s'il y avait eu une pensée méchante en moi à ce moment-là, elle aurait vu la vipère. Puis elle dit tristement :

" J'ai une parfaite confiance en toi, même si les gens diraient que nous sommes des étrangers. Partons. "

Et nous avons quitté le bateau ensemble. Nous avons décliné les invitations des hackmen bruyants et avons marché lentement jusqu'à Broadway.

Nous nous arrêtâmes à la gare de ce quartier et, au chef attentif, Fausta décrivit elle-même le contenu de sa malle qu'elle pensait être le plus facilement détecté s'il était mis en vente. La Bible de sa mère, devant laquelle le chef secoua la tête ; Des Bibles, hélas ! n'a rien apporté dans les magasins; une médaille de soldat, telle que celle donnée comme prix de cible par le régiment de Montgomery ; et une petite gourde en argent, marquée de l'emblème du même régiment, lui parut plus digne de mention. Son portefeuille était orné d'un chiffre, et elle lui expliqua qu'elle tenait particulièrement à ce qu'on le retrouve. Le portefeuille contenait plus de cent dollars, ce qu'elle décrivit, mais il secoua la tête ici et ne lui laissa que peu d'espoir, si la malle était une fois ouverte. Son principal espoir était pour ce matin.

"Et où vous enverrons-nous alors, madame ?" a-t-il dit.

J'avais été fier, comme si c'était mon mérite, de l'impression que Fausta avait faite sur l'officier, par sa tenue et ses manières calmes, simples et distinguées. Pour ma part, je pensais qu'un simple faux- semblant dans ma tenue vestimentaire ou ma tenue, un morceau d'or ou de pincement, nous aurait tous deux ruinés dans notre appel. Mais heureusement, je ne l'ai pas déshonorée et l'homme l'a regardée comme s'il s'attendait à ce qu'elle dise « Quatorzième rue ». Que dirait-elle ?

"Cela dépend de l'heure. M. Carter appellera à midi et vous le fera savoir."

Nous nous sommes inclinés et sommes partis. Un instant plus tard, elle me demanda pardon, presque en pleurant ; mais je lui dis que si elle aussi avait été une « enfant du public », elle n'aurait pas pu parler plus à propos à l'un des officiers de son père. Je l'ai suppliée de m'utiliser comme son protecteur et de ne plus s'excuser. Ensuite, nous avons exposé les plans que nous avons suivis ce jour-là.

L'attitude de l'officier l'avait rassurée, et je parvins à la persuader qu'il était certain que nous aurions la malle à midi. Combien mieux vaut attendre, au moins jusqu'à présent, avant de se lancer dans l'une des entreprises dont elle parlait si froidement, comme de s'offrir comme nourrice ou comme modiste, à qui voudrait l'employer, si seulement elle pourrait ainsi s'assurer un foyer honnête jusqu'à ce que l'argent ou jusqu'à ce que la tante soit trouvée. Une fois persuadé que nous étions à l'abri de ce chichotisme, je lui dis qu'il fallait continuer, comme nous l'avons fait sur le canal, et qu'il fallait d'abord faire notre promenade constitutionnelle de deux heures.

"Au moins," dit-elle, "notre bon papa, le Public, nous donne des vues merveilleuses à voir et de bonnes marches debout, comme un Père meilleur nous a donné ce ciel céleste et cet air vivifiant."

Et avec ces mots, le dernier sentiment de découragement quitta son visage pour cette journée. Et nous nous sommes plongés dans la délicieuse aventure d'explorer une nouvelle ville, de regarder par les fenêtres comme seuls les étrangers peuvent le faire, de nous délecter des imprimeries comme eux seuls, de vraiment voir les beaux bâtiments comme les habitants oublient toujours de le faire, et de ranger, en bref, avec ces rues, presque toutes les associations que nous avons encore aujourd'hui avec elles.

Deux heures de cela nous ont fatigués à marcher, bien sûr. Je ne sais pas ce qu'elle avait l'intention de faire ensuite ; mais à dix heures, j'ai dit : « C'est l'heure du français, Miss Jones. " *Ah oui* " dit-elle, " *mais où* ?" et j'avais calculé mes distances, et je la conduisis immédiatement à Lafayette Place ; et, en un instant, j'ouvris la porte de la bibliothèque Astor, je la conduisis dans l'escalier principal et lui dis :

"C'est ce que le Public offre à ses enfants lorsqu'ils doivent étudier."

"C'est l'Astor", dit-elle ravie. "Et nous allons bien, comme vous dites, ici ?" Puis elle vit que notre entrée n'excitait aucune surprise parmi les quelques lecteurs, hommes et femmes, qui commençaient à se rassembler.

Nous nous asseyâmes à une table inoccupée et commençâmes à nous délecter du luxe dont nous n'avions qu'à demander à pouvoir jouir. J'avais un petit mémorandum de livres que j'attendais de voir. Elle n'en avait pas besoin ; mais nous cherchions l'un et l'autre, et encore un autre, et à nous deux, nous maintenions le serviteur en mouvement. C'était une chose agréable pour moi de découvrir ses goûts pur-sang et ses lignes de travail, et j'étais assez heureux de l'intéresser à certaines de mes lectures préférées ; et, bien sûr, car elle était une femme, pour obtenir des indices rapides qui ne m'étaient jamais venus à l'esprit auparavant. Nous y passâmes une très petite heure et demie avant de retourner à la gare. Je suis allé très vite. Je suis revenu vers elle très lentement. Le coffre n'a pas été retrouvé. Mais ils étaient désormais sûrs d'être sur la bonne voie. Ils étaient certains qu'il avait été transporté de quai en quai et remonté la rivière. Il n'était pas non plus inutile de le suivre. Le coquin qui était censé l'avoir s'arrêterait certainement soit à Piermont, soit à Newburg. Ils avaient télégraphié aux deux endroits et étaient à temps pour les deux. "Le bateau de jour, monsieur, apportera la malle de votre dame et m'amènera aussi Rowdy Rob, j'espère", a déclaré l'officier. Mais au même moment, en sonnant, il apprit qu'aucune dépêche n'était encore arrivée d'aucun des endroits indiqués. Je ne me sentais pas aussi sûr que lui.

Mais Fausta ne montra aucune gêne lorsque je lui annonçai mes nouvelles. « Jusqu'à présent, dit-elle, le public me sert bien. Je ne m'emprunterai aucune peine par manque de foi. Et moi – comme dirait Dante – et moi, à elle, « permettez-moi alors de vous rappeler qu'à une heure nous dînons, que Mme

Grills est en train de poser le porc salé sur la table de la cabane, et que M. Grills demandant la bénédiction ; et, comme c'est le seul jour où je peux avoir l'honneur de votre compagnie, me permettrez-vous de vous montrer comment dîne un Enfant du Public, quand ses finances sont basses ? »
Fausta rit et répéta, moins tragiquement qu'auparavant : « J'ai une parfaite confiance en toi », sans penser à la façon dont elle m'a fait couler le sang avec ces mots ; mais cette fois, comme en signe, elle me laissa prendre sa main sur mon bras, tandis que nous marchions ensemble dans la rue.
Si nous avions été snobs, ou même si j'en avais été un, je l'aurais emmenée chez Taylor et j'aurais dépensé tout l'argent que j'avais pour un déjeuner comme aucun de nous n'en avait jamais mangé auparavant. Quoi que je sois, je ne suis pas un snob de ce genre. Je montre mes couleurs. Je la conduisis dans une petite rue transversale que j'avais remarquée lors de notre pèlerinage matinal irrégulier. Nous nous sommes arrêtés chez une boulangerie allemande . Je lui ai demandé de s'asseoir à la jolie table de marbre et j'ai acheté deux petits pains. Elle a refusé la bière blonde, que je lui ai offerte pour m'amuser. Nous avons pris de l'eau à la place, et nous avons dîné, payé deux cents pour notre repas, et avons eu un dîner très joyeux aussi lorsque l'horloge a sonné deux cents.
"Et maintenant, M. Carter," dit-elle, "je ne volerai plus votre journée. Vous n'êtes pas venu à New York pour escorter des demoiselles seules à la bibliothèque Astor ou au dîner. Je ne suis pas non plus venu uniquement pour voir les lions. ou pour lire le français. J'insiste pour que vous alliez à vos affaires et me laissiez aux miennes. Si vous me rejoignez à la bibliothèque une demi-heure avant sa fermeture, je vous remercierai. main, et un rire joyeux : « adieu !
Je savais très bien qu'aucun mal ne pouvait lui arriver en deux heures d'un après-midi d'automne. Je n'étais pas désolé de son *congé*, car cela me donnait l'occasion de suivre mes propres projets. Je m'arrêtai chez un ou deux ébénistes, et parlai du travail avec les « Jours », pour lui dire en toute vérité que j'en avais cherché ; — puis je commençai assidûment à appeler tous les hommes que je pouvais atteindre nommés Le maçon. Oh, que de fois je suis passé par telle ou telle phase de ce colloque :
« Est-ce que M. Mason est là ?
"C'est mon nom, monsieur."
"Pouvez-vous me donner l'adresse de M. Mason revenu d'Europe en mai dernier ?"
"Je ne connais pas une telle personne, monsieur."
Le lecteur peut imaginer combien de formes ce dialogue pourrait être répété avant que, alors que je me frayais un chemin à travers une longue file de caisses de marchandises sèches jusqu'à une salle de comptage lointaine, j'entendais quelqu'un dire : « Non, madame, Je ne connais aucune personne telle que vous la décrivez" ; et de la récréation Fausta sortit et me rencontra.

Son plan pour l'après-midi était le même que le mien. Nous avons ri en nous détectant ; puis je lui ai dit qu'elle en avait assez, qu'il était temps qu'elle se repose, et je l'ai emmenée, *nolens volens* , dans le salon des dames de l'hôtel Saint-Nicolas, et lui ordonna d'y attendre au crépuscule, avec mon exemplaire de Clémentine, jusqu'à ce que je revienne du commissariat. Si le lecteur a déjà attendu dans un tel endroit que quelqu'un vienne s'occuper de lui, il comprendra que personne ne sera susceptible de le molester s'il n'a pas demandé de l'attention.

Deux heures plus tard, je laissai Fausta dans le fauteuil à bascule que le public lui avait fourni là. Puis je suis revenu, malheureusement. Aucune nouvelle de Rowdy Rob, aucune malle, Bible, argent, lettre, médaille ou quoi que ce soit. Mon sergent de district était toujours plein d'espoir et, comme toujours, respectueux. Mais cette fois, j'étais désespéré et je savais que le lendemain, Fausta se lancerait dans la guerre avec des services de renseignement et des publicités. Pour la nuit, j'étais déterminé à ce qu'elle la passe dans ma « pension respectable » idéale. En descendant la ville, je me suis arrêté dans un ou deux magasins pour me renseigner et me suis assuré de l'endroit où je l'emmènerais. Pourtant, je pensais qu'il était plus sage que nous allions après le thé ; et un autre boulanger de la rue, une autre paire de petits pains et un autre robinet au Croton nous ont fourni ce repas. Puis j'ai parlé à Fausta de la respectable pension et qu'elle devait y aller. Elle n'a pas dit non. Mais elle a dit qu'elle préférait ne pas y passer la soirée. « Il doit y avoir une place libre pour nous », dit-elle. "Là ! il y a une cloche d'église ! L'église est toujours la maison. Allons-y."

donc allés à la « réunion du soir », surprenant le sacristain en arrivant une heure plus tôt. S'il y en avait qui se demandaient à quoi servait ce service du mercredi soir, ce n'était pas nous. Sur un banc sombre de la galerie, nous étions assis, elle à un bout, moi à l'autre ; et, à vrai dire, chacun de nous s'endormit aussitôt et dormit jusqu'à ce que les lourds sons de l'orgue nous apprennent que le service avait commencé. Une centaine de personnes ou plus s'étaient alors rassemblées, et le prédicateur, bonne âme, prit pour texte : « Dieu ne se soucie-t-il pas des corbeaux ? Je ne peux pas décrire le sentiment ineffable de chez moi qui m'a envahi sur ce banc sombre de cette vieille église. Je n'avais jamais été dans une église aussi grande auparavant. Je n'avais jamais entendu un orgue aussi lourd auparavant. Peut-être avais-je entendu de meilleures prédications, mais jamais aucune qui ne vienne davantage à mes occasions. Mais rien de tout cela ne m'a touché. C'était le fait que nous étions exactement là où nous avions le droit d'être. Aucun serveur impudent ne pourrait nous demander pourquoi nous étions assis là, ni aucun policier irritable ne pourrait nous proposer de continuer notre route. C'était la maison de Dieu et, parce que la sienne, c'était celle de ses enfants.

Tout ce sentiment de repos s'est développé en moi et, comme cela s'est avéré, en Fausta aussi. Car lorsque le service fut terminé, et que j'osai lui demander si elle avait aussi ce sentiment de foyer et de repos, elle acquiesça avec tant d'empressement que je proposai, bien qu'avec hésitation, une idée qui m'avait traversé, de la laisser là. .

"Je ne peux pas penser", dis-je, "à aucun mal possible qui pourrait vous arriver avant le matin."

"Sais-tu, j'avais pensé à la même chose, mais je n'ai pas osé te le dire " , dit-elle.

N'étais-je pas content qu'elle m'ait considéré comme son gardien ! Mais j'ai seulement dit : « Dans la « pension respectable », vous pourriez être ennuyé par les questions.

"Et personne ne me parlera ici. Je le sais grâce à Goody Two-Shoes."

«Je serai ici, dis-je, au lever du soleil du matin.» Alors je lui ai dit au revoir , insistant pour laisser sur le banc mon propre manteau. Je savais qu'elle pourrait en avoir besoin avant le matin. Je suis sorti alors que le sacristain fermait la porte en bas sur le dernier des fidèles en bas. Il parcourait les allées en contrebas, avec son long tisonnier qui vissait le gaz. Je vis tout de suite qu'il n'avait pas l'intention d'explorer les galeries. Mais j'ai flâné dehors jusqu'à ce que je le voie verrouiller les portes et partir ; puis, heureux à l'idée que Miss Jones se trouvait dans l' endroit le plus sûr de New York, aussi à l'aise que la nuit précédente et bien plus à l'aise qu'elle ne l'avait été lors de n'importe quelle nuit sur le canal, je partis à la recherche de mon propre logement. hébergement.

« Dans la respectable pension ? »

Pas du tout, lecteur. Je n'avais aucun shilling pour des pensions respectables ou irrespectueuses. J'ai demandé au premier policier où se trouvait son commissariat de district. J'entrai dans son bureau et dis au capitaine que j'étais vert dans la ville ; n'avait ni travail ni argent. En vérité, j'avais laissé ma bourse à la garde de Miss Jones, et une pièce de cinq cents, que j'ai montrée au chef, était tout ce que j'avais. Il ne dit rien d'autre que de me demander de monter deux étages et de me diriger vers la première couchette que je trouvai. Je l'ai fait; et en cinq minutes, je dormais dans un meilleur lit que celui dans lequel j'avais dormi pendant neuf jours.

C'est ce que le public a fait pour moi ce soir-là. Moi aussi, j'étais en sécurité ! Je fais cette histoire trop longue. Mais avec cette nuit et ses angoisses, la fin est venue. Au lever du soleil, je me levai et fis ma toilette facile. J'ai acheté et mangé mon petit pain, en variant la marque de celui d'hier. J'en ai acheté un autre, avec un morceau de beurre et une orange, pour Fausta . J'ai laissé mon portemanteau à la gare, tandis que je me précipitais chez le sacristain, disais à sa femme que j'avais laissé mes gants à l'église la veille au soir , comme c'était la vérité, et obtenais facilement d'elle les clés. En un instant, j'étais dans le vestibule - enfermé - dans la galerie, et là j'ai trouvé Fausta , juste réveillée, comme elle le disait, d'une nuit confortable, lisant sa leçon du matin dans la Bible, et sûre, dit-elle, que je devrait bientôt apparaître. Ni fantôme, ni spectre ne lui avaient rendu visite. J'ai étendu pour elle une nappe en papier marron sur la table du vestibule. Je lui ai préparé son petit-déjeuner, je l'ai appelée et je me suis interrogé sur ses toilettes. Comment se fait-il que les femmes se donnent toujours l'air aussi soignées et finies que s'il n'y avait pas de conflit, de poussière ou de ride dans le monde ?

[Ici Fausta ajoute, dans ce manuscrit, une parenthèse, pour dire qu'elle pliait soigneusement ses sous-manches et son col avant de dormir, et les plaçait entre les coussins sur lesquels elle dormait. Le matin, ils avaient été repassés — sans fer à repasser.]

Elle termina son repas. J'ai ouvert la porte de l'église pendant cinq minutes. Elle s'est évanouie après avoir suffisamment examiné les monuments, et je l'ai suivie à une distance respectable. Nous nous rejoignîmes et fîmes notre promenade matinale habituelle ; mais ensuite elle dit résolument : « Au revoir » pour la journée. Elle trouverait du travail avant la nuit, du travail et un logement. Et je dois faire de même. Ce n'est que lorsque je l'ai pressée de me faire part de son succès qu'elle m'a dit qu'elle me retrouverait à la bibliothèque Astor juste avant sa fermeture. Non, elle ne prendrait pas mon argent. Assez, cela faisait vingt-quatre heures qu'elle était mon invitée. Lorsqu'elle aurait retrouvé sa tante et lui aurait raconté l'histoire, ils insisteraient pour lui rendre cette hospitalité. Hospitalité, cher lecteur, que j'avais dispensée moyennant six centimes. Avez-vous déjà soigné Miranda pendant une journée et trouvé le tarif si bas ? Lorsque j'ai demandé de l' aide , elle a répondu résolument : « Non ». En fait, elle avait déjà pris rendez-vous à deux heures, dit-elle, et il ne fallait pas perdre sa journée.

J'avais aussi rendez-vous à deux heures ; car c'était à cette heure-là que Burrham devait distribuer les cyclopédies à Castle Garden. La Commission des Émigrants ne s'en était pas encore emparée. Je passai la matinée à demander en vain des maçons fraîchement venus d'Europe et du travail dans des ateliers d'ébénisterie. Je ne trouvai ni l'un ni l'autre, et je me dirigeai ainsi vers l'endroit désigné, où, au lieu de ces misérables oiseaux dans la brousse, je devais en prendre un si méprisable dans ma main.

Ceux qui se souviennent de la première soirée de triomphe de Jenny Lind à Castle Garden ont une idée de la foule qui remplissait la galerie et le sol de cette immense salle lorsque j'y suis entré. Je n'avais pas pensé au rouage de cette folie, je sais seulement que mon billet m'ordonnait d'être là ce jour à quatorze heures. Mais à mesure que j'approchais, la foule, les bandes de policiers, les longues files de personnes entrant, me rappelèrent qu'il s'agissait là d'une affaire de dix mille personnes, et aussi que M. Burrham n'était pas réticent à rendre l'événement aussi voyant, peut-être aussi bruyant, une affaire tout aussi respectable, en guise de publicité pour les futures excursions et distributions. J'ai été conduit au siège n° 3 671 avec beaucoup de parade, et quand j'y suis arrivé, j'ai découvert que j'étais vraiment prisonnier. J'étais en retard, ou plutôt à deux heures pile. Immédiatement, presque, M. Burrham se leva devant et fit un long discours sur sa libéralité, et sur la libéralité du public , et sur la libéralité de tout le monde en général, et sur la méthode de distribution en particulier. Le maire et quatre ou cinq autres messieurs connus et respectables ont eu la gentillesse d'être présents pour garantir l'équité des arrangements. Sur proposition du maire et de la police, les portes seraient désormais fermées, afin que personne ne puisse interrompre la cérémonie jusqu'à ce qu'elle soit terminée. Et la distribution des cyclopédies se poursuivrait aussitôt, dans l'ordre dans lequel les tirages au sort seraient tirés au sort, les premiers numéros garantissant les premières impressions ; qui, comme M. Burrham regrettait presque de le dire, étaient un peu meilleurs que le dernier. Après que ceux-ci eurent été distribués, deux chiffres seraient tirés, un vert et un rouge, pour indiquer l'heureux dame et le gentilhomme qui recevraient respectivement les bénéfices résultant de cette méthode de vente des cyclopédies , après que les dépenses d'impression et de distribution eurent été payées. été couvert, et après que les magazines aient été commandés.

De grands applaudissements ont suivi cette annonce, sauf moi. Ici, je m'étais enfermé dans cette salle ridicule, pour Dieu sait combien de temps, le jour le plus important de ma vie. J'aurais volontiers renoncé à ma cyclopédie et à ma chance aux « bénéfices », pour la certitude de voir Fausta à cinq heures. Si je ne la voyais pas à ce moment-là, que pourrait-il lui arriver et quand pourrais-je la revoir. Une heure auparavant, cette certitude était la mienne, maintenant elle n'était plus que la mienne en me libérant de cette prison. J'étais néanmoins encouragé de voir que tout se déroulait comme sur des roulettes. Depuis littéralement une centaine de stations, ils distribuaient les livres. Nous formions des files à notre guise, tirions nos numéros, puis nous présentions aux bureaux , commandions nos revues et prenions nos cyclopédies . Ce serait fait, à ce rythme-là, vers quatre heures et demie. Un omnibus pourrait m'amener au parc et une voiture Bowery ferait le reste à temps. Après une vaine discussion pour le droit de sortie avec un ou deux des serviteurs, je m'abandonnai à cet espoir et me mis à étudier ma cyclopédie .

Il était assez amusant de voir dix mille personnes se résigner à la même tâche et faire semblant de ne pas se soucier des chiffres verts et rouges qui devaient diviser les « profits ». J'ai essayé de déterminer qui était aussi impatient que moi de sortir de cet antre sordide. Quatre heures sonnèrent et la distribution ne se fit pas. J'ai commencé à être très impatient. Et si Fausta avait des ennuis ? Je savais, ou espérais savoir, qu'elle aurait du mal à se rendre à la bibliothèque Astor, quant à son seul lieu de secours et de refuge, son asile. Et si je l'avais laissé tomber là-bas ? Moi qui avais prétendu être son protecteur ! "Protecteur, en effet !" dirait-elle si elle savait que j'étais dans un théâtre et que j'étais témoin de la plus grande folie de notre époque. Et si je ne l'ai pas rencontrée aujourd'hui, quand devrais-je la rencontrer ? Si elle a trouvé sa tante, comment dois-je la retrouver ? Si elle ne la trouvait pas, bon

Dieu ? c'était pire : où ne serait-elle pas avant douze heures ? Puis la malle fatale ! J'avais dit à l' agent de police qu'il pourrait l'envoyer au Saint-Nicolas, car je devais lui donner une adresse. Mais Fausta ne le savait pas, et les gens de Saint-Nicolas ne savaient rien de nous. J'étais de plus en plus excité, et quand enfin mon voisin suivant me dit qu'il était quatre heures et demie, je me levai et insistai pour quitter ma place. Deux huissiers à écharpe bleue faillirent me retenir ; ils me montrèrent toute l'assemblée plongée dans le silence. En fait, à ce moment-là, M. Burrham suppliait tout le monde de s'asseoir. Je ne serais pas assis. J'irais à la porte. Je sortirais. "Allez, s'il vous plaît!" » dit ensuite l'huissier avec mépris. Et j'ai regardé, et il n'y avait pas de poignée ! Pourtant, ce n'était pas un rêve. C'est la manière dont ils disposent les portes des couloirs où ils choisissent de garder les gens à leur place. J'aurais pu mettre cette ceinture bleue souriante. Je lui ai dit que je lui tordrais le précieux cou s'il ne me laissait pas sortir. J'ai dit que je le poursuivrais pour séquestration ; J'aurais une ordonnance d' *habeas corpus* .

" *Habeas corpus* soyez d ... d ! » dit l'officier avec un manque de respect irrévérencieux envers le palladium. « Si vous n'êtes pas plus poli, monsieur, j'appellerai la police, dont nous en avons beaucoup. Vous dites que vous voulez sortir ; vous gardez tout le monde à l'intérieur. »

Et en effet, à ce moment-là, la voix claire du maire annonçait qu'ils ne continueraient pas tant que le calme ne serait pas parfait ; et j'avais l'impression que c'était moi qui emprisonnais tous ces gens, pas eux moi.

« Enfant du public, dit mon génie du deuil, es-tu meilleur que les autres hommes ? Je me suis donc faufilé vers le siège n° 3 671, au milieu des regards méprisants et réprobateurs et des ricanements de mes voisins les plus respectables, qui s'étaient assis là où on leur avait demandé de le faire. Nous devons en avoir fini dans un moment, et peut-être que Fausta serait en retard aussi. Si seulement l'Astor pouvait rester ouvert après le coucher du soleil ! Combien de fois ai-je souhaité cela depuis, et pour moins de raisons !

Le silence ainsi rétabli, M. A..., le maire, fit avancer sa petite fille, lui banda les yeux et lui ordonna de mettre la main dans une boîte verte, d'où elle tira un ticket vert. Il le lui prit et lut de nouveau de sa voix claire : « N° 2 973 ! » A cette époque , nous savions tous où étaient assis les « deux mille ». Alors "neuf cents" n'étaient pas loin du front, de sorte que ce n'était pas loin que devait marcher cette jeune fille effrayée, toute de noir vêtue et lourdement voilée, qui répondait à cet appel. M. A... la rencontra, l'aida à monter l'escalier sur la scène, lui prit son billet et lut : " Jerusha Stillingfleet , de Yellow Springs, qui, à sa mort, semble-t-il, a transféré ce droit au porteur.

Les neuf mille neuf cent quatre-vingt-dix-neuf déçus se sont joints dans une acclamation ravie, chaque homme et chaque femme, pour montrer qu'ils n'étaient pas déçus. Le porteur a parlé avec M. Burrham , en réponse à ses questions, et, avec beaucoup d'ostentation, il a ouvert un chéquier, rempli un chèque et le lui a remis , elle a signé un reçu en le prenant et a transféré à lui son billet. Jusqu'à présent, tout allait bien. Ce qui était plus intéressant pour moi, c'était que c'était rapide, car nous aurions eu fini en cinq minutes de plus, si quelque diable n'avait tenté un fainéant dans une galerie de crier : « Face ! face ! Le légataire de Miss Stillingfleet était encore lourdement voilé.

En une minute horrible, tout cet amphithéâtre , qui me paraissait alors plus cruel que le Colisée ne l'a jamais été, retentit au cri de « Face, face ! J'ai essayé le contre-cri de "Honte ! honte !" mais j'étais en disgrâce parmi mes voisins, et un contre-cri ne prend jamais non plus comme son prototype. D'abord, sur scène, ils affectèrent de ne pas entendre ni comprendre ; puis il y eut un murmure courtois entre M. Burrham et la dame ; mais M. A..., le maire et les respectables messieurs intervinrent aussitôt. Il était évident qu'elle ne se dévoilerait pas et qu'ils étaient prêts à approuver son refus. Un instant plus tard, elle fit la courtoisie à l'assemblée ; le maire lui tendit le bras et la fit sortir par une porte latérale.

Ô le cri qui s'est élevé alors ! Toute l'assemblée s'est levée et, comme si elle avait perdu un droit acquis, a hué et crié : "Retour ! dos ! face ! face !" M. A... revint, faisant mine de parler, s'avança tout devant et obtint un moment de silence.

"Ce n'est pas dans le lien, messieurs", dit-il. "La jeune femme ne veut pas se dévoiler et nous ne devons pas la contraindre."

"Face à face!" » fut la seule réponse, et des oranges tombèrent de l'escalier et volèrent autour de sa tête et frappèrent la table, présage effrayant seulement d'après ce qu'il prophétisait. Puis il y a eu une telle dispute pendant cinq minutes que j'espère ne plus jamais revoir ni entendre. Les gens gardèrent heureusement leur place, avec la vague impression qu'ils perdraient certains droits magiques s'ils quittaient ces sièges numérotés. Mais quand, un instant, une file de policiers apparut dans l'orchestre, toute une volée de cyclopédies tomba comme une pluie sur leur chef, avec un nouveau cri de « Face ! face !

À ce stade, avec une bonne connaissance du sentiment populaire, M. A... fit de nouveau avancer son enfant. La pauvre créature était morte de peur et pleurait ; il lui attacha précipitamment son mouchoir autour des yeux et l'emmena jusqu'à la boîte rouge. Pendant une minute, le silence régna dans la maison. Un cri de « À bas ! À bas ! » et chacun prit place pendant que l'enfant remettait le ticket rouge à son père. Il l'a lu comme auparavant : « N° 3 671 ! » J'ai entendu les mots comme s'il ne les prononçait pas. Tout excité par le retard et la querelle, par l'injustice envers l'étranger et l'injustice personnelle de chacun envers moi, je n'ai pas su, pendant une douzaine de secondes, que tout le monde regardait de notre côté de la maison, et ce n'est que lorsque mon prochain voisin avec la montre a dit : « Vas-y, imbécile », que je savais que 3 671, c'était moi ! Même alors, alors que je descendais le couloir et montais les marches, mon seul sentiment était que je devrais sortir de cet horrible piège et trouver peut-être Miss Jones attardée près de l' Astor , - ce n'est en aucun cas que j'étais invité à prendre un chèque de 5 000 $.

Il n'y avait pas beaucoup d'acclamations. Les femmes n'ont jamais eu l'intention d'applaudir, bien sûr. Les hommes avaient applaudi le ticket vert, mais ils étaient en colère contre le rouge. J'ai rendu mon billet, j'ai signé mon reçu, j'ai pris mon chèque, j'ai serré la main de M. A... et de M. Burrham , et je me suis retourné pour m'incliner devant la foule, car la foule, je dois l'appeler maintenant. Mais les acclamations se sont tues. Quelques personnes essayèrent peut-être de sortir, mais il n'y avait plus rien pour retenir les gens à leur place comme auparavant, et la généralité se levait, pressait les couloirs et hurlait : « Face ! face ! J'ai pensé un instant que je devrais dire quelque chose, mais ils ne m'ont pas entendu et, après un moment de pause, ma passion de partir m'a submergé. J'ai murmuré quelques excuses à ces messieurs et j'ai quitté la scène par la porte de la scène.

J'avais oublié qu'il ne peut y avoir d'entrée arrière au Castle Garden. Je suis venu porte après porte, qui étaient toutes verrouillées. Il faisait sombre. De toute évidence, le soleil était couché et je savais que la porte de la bibliothèque serait fermée au coucher du soleil. Les passages étaient très obscurs. Tout autour de moi résonnait cet horrible cri de la foule, dans lequel je ne distinguais que le cri : « Face, face ! Enfin, en tâtonnant, j'arrivai à une porte praticable. Je suis entré dans une pièce où l'éclat du coucher de soleil à l'ouest m'a ébloui. Je n'étais pas seul. La dame voilée en noir était là. Mais dès qu'elle m'aperçut, elle bondit vers moi, se jeta dans mes bras et s'écria :

" Félix, c'est toi ? — tu es bien mon protecteur ! "

C'était Miss Jones ! C'était Fausta ! Elle était la légataire de Miss Stillingfleet . Ma première pensée fut : « Oh, si ce mendiant huissier m'avait laissé partir ! Est-ce que je penserai un jour que j'ai à nouveau de meilleurs droits que le public ?

Je l'ai prise dans mes bras. Je l'ai portée jusqu'au canapé. Je pouvais à peine parler d'enthousiasme. Puis j'ai dit que j'étais fou de terreur ; que j'avais eu peur de la perdre et de la perdre pour toujours ; que perdre cette entrevue eût été pour moi pire que la mort ; car à moins qu'elle sache que je l'aimais plus qu'un homme n'a jamais aimé une femme, je ne pourrais pas affronter une nuit solitaire et un autre jour solitaire.

« Mon cher, cher enfant, dis-je, vous pouvez me croire sauvage ; mais je dois dire ceci : cela a été refoulé trop longtemps.

« Dis ce que tu veux, » dit-elle après un moment, pendant lequel je la tenais toujours dans mes bras ; elle tremblait au point qu'elle n'aurait pas pu se tenir debout toute seule : « Dis ce que tu veux, pourvu que tu ne me dises pas de passer encore une journée seule.

Et je l'ai embrassée, et je l'ai embrassée, et je l'ai embrassée, et j'ai dit : "Jamais, chérie, Dieu ne m'aide, jusqu'à ma mort !"

Combien de temps nous sommes restés assis là, je ne sais pas. Aucun de nous n'a repris la parole. D'une part, j'ai regardé le coucher de soleil et la baie.

Nous avions à peine le temps de nous réorganiser dans des positions plus indépendantes, lorsque M. A... entra, cette fois alarmé, pour dire :
"Miss Jones, nous devons vous faire sortir de cet endroit, ou nous devons vous cacher quelque part. Je crois que, devant Dieu, ils prendront d'assaut ce passage et nous mettront la maison autour des oreilles."
Il a dit cela, sans avoir conscience au début que j'étais là. Mais à ce moment-là, j'avais l'impression que j'aurais pu rencontrer un million d'hommes. Je me suis avancé et je l'ai dépassé en disant : « Laissez-moi leur parler ». Je me suis précipité sur la scène, repoussant assez bien deux ou trois tyrans qui s'y trouvaient déjà. J'ai bondi sur la table, en renversant la boîte rouge, de sorte que les tickets rouges sont tombés sur le sol et sur les gens en dessous. L'un d'eux chaussait des lunettes de vieillard, d'une manière qui faisait rire les gens des galeries. Rire est une grande bénédiction dans un tel moment. La curiosité en est une autre. Trois mots forts prononcés comme le tonnerre font bien plus. Et après trois mots, la maison s'est tue pour m'entendre. J'ai dit:-
"Soyez juste envers cette fille. Elle n'a ni père ni mère. Elle n'a ni frère ni sœur. Elle est seule au monde, sans personne pour l'aider à part le public... et moi !"
L'audace de ce discours a provoqué une acclamation et nous aurions dû sortir triomphants, quand un tapageur - l'homme au "visage" original, je suppose - a dit : -
"Et qui êtes-vous?"
Si le rire allait à mon encontre, j'étais perdu, bien sûr. Heureusement, je n'ai pas eu le temps de réfléchir. J'ai dit sans réfléchir :
"Je suis l'Enfant du Public et son fiancé !"
Ô Cieux ! quels cris de rire, de hourras , de satisfaction d'un *dénouement* , retentissaient dans la maison et démontraient que tout allait bien. Burrham saisit le moment et fonda son groupe, cette fois avec succès, — je crois avec « See the Conquering Hero ». Bien entendu, les portes étaient ouvertes depuis longtemps. Les gens bien disposés comprirent qu'ils n'avaient plus besoin de rester ; les gens mal intentionnés n'osaient pas rester ; les hommes en habit bleu avec des boutons déambulaient sur scène en groupes, et je suppose que les pires voyous disparaissaient en les voyant. J'avais prononcé mon seul discours et, pour le moment, j'étais un héros.
Je crois que le maire aurait aimé m'embrasser. Burrham a failli le faire. Ils m'ont comblé de remerciements et de félicitations. Tout cela, je l'ai reçu du mieux que je pouvais, - d'une manière ou d'une autre, je n'ai pas été surpris du tout, - tout était comme il fallait. Je pensais à peine quitter la scène moi-même, jusqu'à ce que, à ma grande surprise, le maire me demande de l'accompagner dîner chez lui.
Puis je me suis souvenu que nous ne devions pas passer le reste de notre vie dans le jardin du château. J'ai fait une erreur à propos de Miss Jones, à savoir qu'elle n'avait d'autre escorte que moi, et je me suis précipité dans sa chambre

pour la retrouver. Un groupe de messieurs l'entourait. Son voile était de retour maintenant. Elle était très pâle, mais très jolie. Ai-je dit qu'elle était belle comme le ciel ? Elle était la reine de la pièce, recevant modestement et agréablement leurs félicitations que le danger était écarté, et avouant qu'elle avait été très effrayée.

"Jusqu'à ce que," dit-elle, "mon ami, M. Carter, ait la chance de deviner que j'étais ici. Comment il a fait cela", dit-elle en se tournant vers moi, "est encore un mystère pour moi."

Elle ne savait pas encore que c'était moi qui avais partagé avec elle les bénéfices des cyclopédies .

Dès que nous pûmes nous excuser, je demandai à quelqu'un de commander une voiture. J'ai envoyé chercher ma valise au guichet et nous sommes allés au Saint-Nicolas. J'ai bien ri en donnant au hackman à la porte de l'hôtel ce qui aurait été mon dernier dollar et demi seulement deux heures auparavant. J'ai entré le nom de Miss Jones et le mien. L'employé regarda et dit d'un ton interrogateur :

"Est-ce la malle de Miss Jones qui est arrivée cet après-midi ?"

J'ai suivi son doigt pour voir la malle sur le sol en marbre. Rowdy Rob l'avait abandonné, après avoir peut-être vu un détective à son arrivée à Piermont. La malle était allée à Albany, n'avait trouvé aucun propriétaire et était revenue par le bateau de jour de ce jour-là.

Fausta est allée dans sa chambre et je lui ai envoyé souper après elle. Un baiser et "Bonne nuit", c'est tout ce que j'ai reçu d'elle à ce moment-là.

« Demain, dit-elle, tu m'expliqueras.

Il n'était pas encore sept heures, je suis allé dans ma propre chambre, je me suis habillé et je me suis offert chez le maire juste avant que sa joyeuse fête ne se mette à dîner. J'ai rencontré, pour la première fois de ma vie, des hommes dont j'avais lu les livres et dont j'avais par cœur les discours, et des femmes que j'ai su honorer depuis ; et, au milieu de ce groupe brillant, si excité que M. A... eût été en train de raconter l'étrange histoire de la journée, j'étais, pour l'heure, le lion.

J'ai conduit Mme A... à table ; Je la fis bien rire en lui racontant les menaces de l'huissier contre moi et les miennes contre lui, et la disgrâce dans laquelle je tombai parmi les trois mille six cents. Je n'avais jamais assisté à une telle fête auparavant. Mais j'ai trouvé que c'était seulement un peu plus simple et plus calme que la plupart des soirées que j'avais vues, et que sa bonne éducation était exactement celle de la chère Betsy Myers.

Alors que la fête se terminait, Mme A... me dit :

"M. Carter, je suis sûr que vous êtes fatigué, avec toute cette excitation. Vous dites que vous êtes un étranger ici. Laissez-moi envoyer chercher votre malle au Saint-Nicolas, et vous passerez la nuit ici. Je sais que je peux faire de toi un meilleur lit qu'eux.

C'est ce que j'ai pensé moi-même et j'ai accepté. Une demi-heure plus tard, j'étais au lit dans la « meilleure chambre » de Mme A....

« Je ne dormirai pas mieux, me disais-je, qu'hier soir.

C'est ce que le public a fait pour moi ce soir-là. J'étais à nouveau en sécurité !

CHAPITRE DERNIER.

L'HISTOIRE DE FAUSTA.

Fausta a dormi tard, pauvre enfant. Je l'ai appelée avant le petit-déjeuner. Je l'ai attendue après. Vers dix heures, elle apparut, si radieuse, si belle et si bonne ! La malle avait révélé une robe que je n'avais jamais vue auparavant, et le sentiment de repos, de sécurité éternelle et d'amour ininterrompu avait révélé un charme qui n'avait jamais été vu auparavant. Elle était habillée pour marcher, et, en me rencontrant, elle me dit :

"Il est temps de passer à la Constitution, M. Millionnaire ."

donc encore marché, tout en haut de la ville, presque jusqu'à la région des porcheries et des jardins de choux qui est aujourd'hui Central Park. Et après le premier élan de mon enthousiasme, Fausta dit très sérieusement :

"Je dois vous apprendre à être sérieux. Vous ne savez pas à qui vous demandez pour être votre épouse. À l'exception de Mme Mason, n° 27 de la trente-quatrième rue, monsieur, il n'y a personne au monde qui soit de ma famille. , et elle ne se soucie pas du tout de moi, Félix," dit-elle, presque tristement maintenant. « Vous vous appelez « Enfant du public ». J'ai commencé quand vous l'avez dit pour la première fois, car c'est exactement ce que je suis.

"J'ai vingt-deux ans. Mon père est mort avant ma naissance. Ma mère, une femme pauvre, détestée et évitée par ses proches, est allée vivre là -bas à Hoboken , avec moi. Comment elle a vécu, Dieu sait , mais il arriva que d'une mort étrange elle mourut, moi dans ses bras.

Après un silence, la pauvre fille reprit :

"Il y avait une grande revue militaire, un campement. Elle a été tentée de le voir. Tout à coup, par erreur, une baguette a été tirée par le fusil d'un soldat imprudent, et cela lui a transpercé le cœur. Je te le dis, Félix, il a coincé ma robe de bébé dans la plaie, de sorte qu'ils ne pouvaient pas me séparer d'elle jusqu'à ce qu'elle soit coupée.

" Bien sûr tout le monde était rempli d'horreur. Personne n'a prétendu être pauvre de moi, le bébé. Mais c'était le bataillon, le bataillon Montgomery, qui avait, par hasard, tué ma mère et m'avait adopté comme leur enfant. J'ai été élue « Fille du Régiment ». Ils payaient une cotisation annuelle, que le colonel dépensait pour moi. Une gentille vieille femme m'a soigné.

"Elle était votre Betsy Myers", l'interrompis-je.

"Et quand j'ai été assez grand , j'ai été envoyé dans le Connecticut, dans la meilleure des écoles. Cela a duré jusqu'à l'âge de seize ans. Heureusement pour moi, peut-être, le bataillon Montgomery s'est alors dissous. J'avais du mal à répondre aux lettres annuelles du colonel. J'avais ma vie à gagner, il valait mieux que je le gagne. J'ai décliné une proposition de partir en tant que missionnaire. Je n'ai reçu aucun appel. J'ai répondu à l'un des appels de Miss Beecher pour des enseignants occidentaux. La majeure partie de ma vie depuis a été "Je suis une madame d'école. Il y a eu des hauts et des bas. Mais j'ai toujours été fière que le public soit mon parrain et, comme vous le savez," dit-elle, "j'ai bien fait confiance au public. Je n'ai jamais été seule." , partout où j'allais. J'ai essayé de me rendre utile. Là où j'étais utile, j'ai trouvé la société. Les ministres ont été gentils avec moi. J'ai toujours offert mes services dans les écoles du dimanche et les ateliers de couture. Les comités d'école ont été gentils avec moi. pour moi. Ce sont les grands chambellans du public pour les filles pauvres. J'ai écrit pour les journaux. J'ai gagné l'un des prix de cent dollars de Sartain... "

"Et moi un autre", interrompis-je.

"Quand j'étais très pauvre, j'ai gagné le premier prix pour un essai sur les mauvais garçons."

"Et moi le deuxième", répondis-je.

"Je pense que je connais un mauvais garçon mieux qu'il ne se connaît lui-même", a-t-elle déclaré. Mais elle a continué. "J'ai observé avec cette pauvre Miss Stillingfleet la nuit de sa mort. Cette" distribution "absurde s'était emparée d'elle, et elle ne serait pas satisfaite tant qu'elle ne m'aurait pas transféré cet étrange billet, n ° 2 973, en écrivant l'endossement que vous J'avais eu envie de visiter à nouveau New York et Hoboken. Ce billet me semblait me faire signe. J'avais assez d'argent pour venir, si je voulais venir à moindre coût. J'ai écrit à l'associé commercial de mon père et j'ai joint une note à sa sœur unique. Elle est Mme Mason. Elle m'a invité, assez froidement, chez elle. Le vieux M. Grills m'a toujours aimé, - il m'a offert une escorte et un passage jusqu'à Troie ou Albany. J'ai accepté sa proposition, et tu connais la suite."

Quand j'ai raconté mon histoire à Fausta , elle a déclaré que je l'avais inventé au fur et à mesure. Lorsqu'elle le croyait, — comme elle le croit maintenant, — elle était d'accord avec moi en déclarant qu'il n'était pas convenable que deux personnes ainsi unies se séparent jamais. Nous ne l'avons jamais été non plus !

Elle fit une visite précipitée chez Mme Mason. Elle y préparait son mariage. Le 1er novembre, nous sommes entrés dans cette même église qui était notre première maison à New York ; et ce cher vieux corbeau nous a fait
UN!

LE SQUELETTE DANS LE PLACARD.

PAR J. THOMAS DARKAGH (FIN CCS).

[Cet article a été publié pour la première fois dans le
"Galaxy" en 1866.]

* * * * *

Je vois qu'un de mes vieux amis publie des fragments confidentiels de
l'histoire confédérée dans Harper's Magazine. Il semblerait donc qu'il soit
temps de révéler les pivots sur lesquels s'articulent certains des rouages des
six dernières années. La science de l'histoire, telle que je la comprends,
dépend de la révélation opportune de ces pivots, qui sont susceptibles de
rester hors de vue pendant que les choses bougent.

J'étais dans la fonction publique à Richmond. La raison pour laquelle j'étais
là, ou ce que j'ai fait, n'est l'affaire de personne. Et je n'ai pas l'intention dans
cet article de raconter comment il s'est passé que j'étais à New York en
octobre 1864 pour des affaires confidentielles. Assez que j'étais là et que
c'était une affaire honnête. Cette affaire faite, dans la mesure où cela pouvait
être avec les ressources qui m'étaient confiées , je me préparai à rentrer chez
moi. Et c'est de là que dépend cette histoire et, comme elle l'a prouvé, le sort
de la Confédération.

Car, bien sûr, je voulais ramener des cadeaux à ma famille. Il ne faisait aucun
doute de savoir ce que devaient être ces cadeaux, car je n'avais ni garçons ni
frères. Les femmes de la Confédération avaient un désir qui dominait tous
les autres. Ils pouvaient faire du café avec des grains ; des épingles qu'ils
avaient de Colomb ; ils ont très bien tressé des chapeaux de paille de leurs
belles mains ; à priser, nous pourrions faire mieux que vous ne pourriez le
faire dans « la vieille entreprise ». Mais nous n'avions pas de jupes à cerceaux,
des squelettes, comme nous les appelions. Aucune ingéniosité ne les avait
réalisés. Aucune prime ne les avait forcés. Le Bat, le Greyhound, le Deer, le
Flora, le JC Cobb, le Varuna et le Fore-and-Aft en ont tous pris des
cargaisons pour nous en Angleterre. Mais le Bat, le Deer et le Flora ont été
saisis par les bloqueurs, le JC Cobb a coulé en mer, le Fore-and-Aft et le
Greyhound ont été incendiés par leurs propres équipages, et le Varuna (notre
Varuna) n'a jamais été entendu. de. Ensuite, l'État de l'Arkansas a offert seize
townships de terres marécageuses au premier fabricant qui exposerait cinq
bruts d'un article fabriqué à la maison. Mais personne n'a jamais concouru.
En effet, les premières tentatives prirent fin lorsque Schofield traversa le Blue
Lick et détruisit les barrages de Yellow Branch. La conséquence en fut que la
crinoline du peuple s'effondra plus vite que la Confédération, dont cette
brute de Grierson disait qu'il n'y en avait jamais que l'extérieur.

Bien sûr, j'ai donc mis au fond de ma nouvelle grande malle à New York,
non pas un « duplex elliptique », car on n'en fabriquait pas alors, mais un «

Belmonte », de trente ressorts, pour ma femme. J'ai acheté, pour ses vêtements plus courants , une bonne « Belle-Fontaine ». Pour Sarah et Susy chacune, j'ai eu deux "Dumb-Belles". Pour tante Eunice et tante Clara, les jeunes sœurs de ma femme, qui ont vécu avec nous après la quatrième chute de Winchester, j'ai reçu le « Scotch Harebell », deux de chaque. Pour ma propre mère, j'ai reçu une « Belle des Prairies » et une « Combinaison invisible Gossamer ». Je n'ai pas oublié la bonne vieille maman Chloé et maman Jane. Pour eux, j'ai reçu de grandes cages, sans noms. Avec ceux-ci, attachés en forme de huit au fond de mon coffre, comme je l'ai dit, j'ai mis une cargaison variée de marchandises sèches au-dessus, et, favorisé par un laissez-passer et la courtoisie du major Mulford sur le drapeau de- bateau de trêve, je suis arrivé sain et sauf à Richmond avant la fin de l'automne.

J'ai été reçu à la maison avec ravissement. Mais lorsque, le lendemain matin, j'ouvris mes magasins, ce fut un ravissement doublement ravi. Les mots ne peuvent décrire la joie silencieuse avec laquelle vieux et jeunes, noirs et blancs, observaient ces structures féeriques, pourtant intactes et non réparées .

L'été éternel régnait ce jour d'automne dans cette famille réunie. Il régna le lendemain, et le lendemain. Il aurait régné jusqu'à présent si les Belmontes et les autres choses duraient aussi longtemps que le prétendent les publicités ; et, qui plus est, la Confédération aurait régné jusqu'à présent, président Davis et général Lee ! mais pour cette grande misère, que toutes les familles comprennent, et qui a culminé dans notre grand malheur.

Un jour, j'étais dans le placard en cèdre, à la recherche d'une de mes vieilles casquettes de défilé, qui, je pensais, même si c'était ma troisième meilleure, pourrait être plus belle que ma deuxième meilleure, que je portais depuis que ma meilleure casquette avait été perdue aux Jeux olympiques. Sept pins. Je dis que j'étais debout sur l'étagère inférieure du placard en cèdre, quand, alors que j'avançais dans l'obscurité, mon pied droit s'est pris dans un bout de fil, mon pied gauche n'a pas cédé à temps, et je suis tombé, avec un petit coup. une boîte à chapeau en bois à la main, pleine sur le sol. Le coin de la boîte à chapeau m'a frappé juste en dessous du deuxième sinus frontal et je me suis évanoui.

Quand je revins à moi, j'étais dans la chambre bleue ; J'avais du vinaigre sur un papier brun sur le front ; la pièce était sombre et j'ai trouvé ma mère assise à côté de moi, assez heureuse d'entendre ma voix et de savoir que je la connaissais. Il m'a fallu un certain temps avant de comprendre pleinement ce qui s'était passé. Puis elle m'a apporté une tasse de thé et moi, tout à fait reposé, je lui ai dit que je devais aller au bureau.

"Bureau, mon enfant !" dit-elle. "Votre jambe est cassée au-dessus de la cheville ; vous ne bougerez pas pendant six semaines. Où pensez-vous que vous êtes ?"

Jusque-là, je n'avais aucune idée que cinq minutes s'étaient écoulées depuis que j'étais entré dans le placard. Lorsqu'elle m'a indiqué l'heure, cinq heures de l'après-midi, j'ai gémi au plus profond. Car, dans ma poche de poitrine, dans cet innocent manteau, que je pouvais maintenant voir posé sur le siège de la fenêtre, se trouvaient les doubles dépêches adressées à M. Mason, pour lesquelles, tard la nuit précédente, j'avais obtenu la signature du secrétaire. Ils devaient se rendre à dix heures du matin à Wilmington, par le messager spécial du Département de la Marine. Je les avais pris pour assurer soin et certitude. J'y avais travaillé jusqu'à minuit, et ils n'avaient été signés que vers une heure. Ciel et terre, et ici il était cinq heures ! L'homme doit être à mi-chemin de Wilmington à cette heure-ci. J'ai envoyé le médecin chercher Lafarge, mon commis. Lafarge fit de son mieux en se précipitant vers le télégraphe. Mais non! Une crue crue sur la rivière Chowan, ou un raid de Foster, ou quelque chose du genre, ou rien, avait brisé le fil télégraphique de cette nuit-là. Et avant que cette dépêche n'atteigne Wilmington, l'agent de la marine était au large à bord du Sea Maid.

"Mais peut-être que le double est passé ?" Non, lecteur essoufflé, le duplicata n'est pas passé. Le double a été pris par Faucon , dans l' Ino . Je l'ai vu la semaine dernière entre les mains du Dr Lieber, à Washington. Eh bien, tout ce que je sais, c'est que si le double était passé, le gouvernement confédéré aurait eu en mars une chance d'acquérir quatre-vingt-trois mille deux cent onze mousquets, qui, pour ainsi dire, n'ont jamais quitté la Belgique. Voilà pour le fait que je marche sur ce morceau de fil béni sur l'étagère du placard en cèdre, en haut des escaliers .

"Qu'est-ce que c'était que ce bout de fil ?"

Eh bien, ce n'était pas du fil télégraphique. Si tel avait été le cas, il se serait cassé quand on ne le voulait pas. Tu ne sais pas ce que c'était ? Montez dans votre propre placard en cèdre, marchez dans le noir et voyez ce qui se passe autour de vos chevilles. Julia, la pauvre enfant, en pleurait à chaudes larmes. Quand je me suis senti assez bien pour m'asseoir, et dès que j'ai pu parler et planifier avec elle, elle a ramené sept de ces vieilles choses, des Belmontes et des Simplex Elliptics désuets , et des horreurs sans nom, et elle en a fait un tas dans dans la chambre et me demanda de la manière la plus pénitente ce qu'elle devait en faire.

"Vous ne pouvez pas les brûler", dit-elle ; " Le feu ne les touchera pas. Si vous les enterrez dans le jardin, ils remontent au deuxième ratissage. Si vous les donnez aux domestiques, ils disent : " Merci, madame " et les jettent dans le couloir. " Si vous les donnez aux pauvres, ils les jettent dans la rue devant et ne disent pas : " Merci ", Sarah en a envoyé dix-sept à l'usine d'épées, et le contremaître a injurié le garçon et lui a dit qu'il Je le fouetterais à deux doigts de sa vie s'il y apportait encore de sa sauce ; et ainsi… et ainsi, sanglotait le pauvre enfant, j'ai simplement roulé ces misérables choses et je les ai déposées dans le placard en cèdre, en espérant que vous savez, qu'un jour le gouvernement voudrait quelque chose et ferait de la publicité pour cela. Vous savez quelle bonne chose : j'ai fabriqué avec les bouchons de bouteilles.

En fait, elle avait vendu nos bouchons de bouteilles pour quatre mille deux cent seize dollars du premier numéro. Nous avons ensuite acheté deux parapluies et un tire-bouchon avec l'argent.

Eh bien, je n'ai pas grondé Julia. Ce n'était certainement pas sa faute si je marchais sur l'étagère inférieure de son placard en cèdre. Je lui ai dit d'en faire un paquet, et la première fois que nous sommes allés en voiture, j'ai jeté tout ce tas informe dans la rivière, sans dire la messe.

Mais qu'aucun homme, ni aucune femme, ne pense que c'était la fin des ennuis. Quand je repense à cet hiver et au printemps de 1865 (je ne parle pas du ressort d'acier), il me semble que ce n'est que le début. Je suis enfin sorti avec des béquilles ; J'ai fait transférer le bureau chez moi, pour que Lafarge et Hepburn puissent y travailler la nuit et communiquer avec moi quand je ne pouvais pas sortir ; mais le matin, je boitillais jusqu'au département, je m'asseyais avec le chef et je prenais ses ordres. Ah moi ! j'oublierai bientôt ce matin d'hiver humide, où nous avions tous tant d'espoir au bureau. Un ou deux militaires regardaient par la fenêtre pendant qu'ils passaient en courant, et nous savions qu'ils se sentaient bien ; et même si je ne demanderais pas à Old Wick, comme nous avions surnommé le chef, ce qu'il y avait dans le vent, je savais que le moment était venu et que le lion avait l'intention de briser le filet cette fois. J'ai trouvé une excuse pour rentrer chez moi plus tôt que d'habitude ; je suis descendu à la maison dans l'ambulance du major, je m'en souviens ; et sauta dedans pour surprendre Julia avec la bonne nouvelle, pour constater que toute la maison était dans ce tumulte silencieux qui montre que quelque chose de grave s'est produit d'un coup.

"Qu'est-ce qu'il y a, Chloé ?" dis-je tandis que la vieille fille se précipitait vers moi avec un seau d'eau.

"Pauvre M. George, j'ai peur qu'il soit mort, sah !"

Et il était vraiment là, ce cher beau et brillant George Schaff, le délice de toutes les filles les plus gentilles de Richmond ; il gisait là, sur le lit de tante Eunice, au rez-de-chaussée, où on l'avait amené. Il n'était pas mort, et il n'est pas mort. Il fabrique maintenant du coton au Texas. Mais il avait alors l'air très proche. « La profonde coupure à la tête » était la pire que j'aie jamais vue à ce moment-là, et le coup a tout confondu. Lorsque McGregor a repris conscience, il a dit que ce n'était pas désespéré ; mais nous avons tous été expulsés de la pièce, et d'une chose à l'autre, il a sorti le garçon de l'évanouissement, et d'une manière ou d'une autre, cela a prouvé que sa tête n'était pas cassée.

Non, mais le pauvre George jure encore aujourd'hui que cela aurait été mieux si seulement il avait pu être brisé de la bonne manière et sur le bon terrain.

Car ce soir-là, nous avons appris que tout s'était mal passé dans la surprise. Là, nous attendions un de ces premiers brouillards, et enfin le brouillard était arrivé. Et Jubal Early avait, ce matin-là, chassé tous les hommes qu'il avait et qui pouvaient tenir ; et ils restèrent cachés pendant trois heures mortelles, à je ne sais combien près de la ligne de piquetage de Fort Powhatan, attendant seulement le coup de feu que l' équipe de John Streight devait tirer sur Wilson's Wharf, dès que quelqu'un sur notre centre gauche s'avancerait dans force sur la ligne ennemie au-dessus de l'île Turkey s'étendant jusqu'à Nansemond. Je ne suis pas au ministère de la Guerre, et j'oublie s'il devait avancer *en barbette* ou par *échelons* d'infanterie. Mais il devait avancer d'une manière ou d'une autre, et il savait comment ; et quand il avançait, vous voyez, cet autre homme plus bas devait se précipiter, et dès qu'Early l'entendrait, il devait surprendre Powhatan, vous voyez ; et alors, si vous m'avez bien compris, Grant et Butler et toute leur équipe auraient été coupés de leurs approvisionnements, auraient dû livrer une bataille pour laquelle ils n'étaient pas préparés, avec leur droite transformée en une nouvelle gauche, et leur ancienne gauche s'avançait de manière inattendue selon un angle oblique par rapport à leur centre , et cela n'aurait-il pas été leur fin ?

Eh bien, cela n'est jamais arrivé. Et la raison pour laquelle cela n'est jamais arrivé, c'est que le pauvre George Schaff, avec le dernier ordre fatal pour cet homme dont j'ai oublié le nom (le même qui a ensuite été tué la veille du High Bridge), a entrepris de gagner du temps en traversant derrière ma maison, de Franklin aux rues vertes. Vous savez combien de temps il a gagné : ils ont attendu cette commande toute la journée. George m'a dit plus tard que la dernière chose dont il se souvenait était d'avoir embrassé la main de Julia, qui était assise à la fenêtre de sa chambre. Il a dit qu'il pensait qu'elle pourrait être la dernière femme qu'il ait jamais vue de ce côté du paradis. Juste après cela, cela a dû être le cas, son cheval – ce poulain blanc Messenger que le vieux Williams a élevé – est tombé comme une bûche, et le pauvre George a été projeté quinze pieds la tête en avant contre un pieu qui se trouvait dans ce lot. Julia a tout vu. Elle s'est précipitée dehors avec toutes les femmes et venait de le ramener quand je suis rentré à la maison. Et c'est la raison pour laquelle la grande combinaison promise de décembre 1864 ne s'est jamais réalisée.

Je suis sorti dans le parking, après que McGregor m'ait fait sortir de la chambre, pour voir ce qu'ils avaient fait du cheval. Il gisait là, aussi mort que le vieux Messager lui-même. Son cou était cassé. Et pensez-vous que j'ai regardé pour voir ce qui l'avait fait trébucher. J'ai supposé que c'était l'un des trous à bandits des garçons. Ce n'était pas une telle chose. Le pauvre diable s'était emmêlé les pattes de derrière dans un de ces cerceaux infernaux que Chloé avait jetés dans la pièce quand je lui en avais donné de nouveaux. Même si je ne le savais pas à l'époque, ces morceaux mortels d'acier rouillé avaient brisé le cou ce jour-là de l'armée de Robert Lee.

Cette fois-là, j'en ai fait une polémique. Je me sentais trop mal pour me lancer dans une passion. Mais avant que les femmes ne se couchent , elles étaient toutes ensemble dans le salon, je leur parlais comme un père. Je n'ai pas juré. J'avais surmonté ça depuis un moment, pendant ces six semaines sur le dos. Mais j'ai dit que les vieux fils étaient des choses infernales et qu'il fallait s'en débarrasser de la maison et des locaux. Les tantes ont ri, même si j'étais si sérieux, et ont fait un clin d'œil aux filles. Les filles voulaient rire, mais elles avaient peur. Et puis il s'avéra que les tantes avaient vendu leurs vieux cerceaux, attachés aussi serrés qu'elles pouvaient, dans une grande masse de haillons. Ils avaient fait fortune grâce à cette vente — je suis désolé de dire que c'était dans d'autres haillons, mais les haillons qu'ils obtinrent étaient neufs au lieu de vieux — c'était une véritable affaire d'Aladdin. Les nouveaux chiffons avaient un dos bleu et étaient numérotés, certains pouvant atteindre cinquante dollars. Le chiffonnier était pressé et ne savait pas ce qui rendait les choses si lourdes. J'ai froncé les sourcils devant l'escroquerie, mais ils ont dit que tout était juste avec un colporteur , et j'avoue que j'étais heureux que les choses se passent bien à Richmond. Mais quand j'ai dit que je pensais que c'était un mauvais tour, Lizzie et Sarah ont semblé sages et m'ont demandé ce que je voulais qu'elles fassent avec les vieilles choses. Est-ce que je m'attendais à ce qu'ils descendent eux-mêmes jusqu'au pont avec de gros paquets à jeter à la rivière, comme je l'avais fait chez Julia ? Bien sûr , cela s'est terminé, comme c'est toujours le cas, par le fait que j'ai pris le travail sur mes propres épaules. Je leur ai dit de regrouper tout ce qu'ils avaient dans un paquet aussi petit que possible et de me les apporter.

Aussi, le lendemain, je trouvai un beau paquet de papier brun, pas très grand vu, et étrangement carré vu que les minx avaient rassemblé et laissé sur la table de mon bureau. Ils s'en sont bien amusés. Ils n'ont épargné ni la bureaucratie ni la cire rouge. Cela avait l'air très officiel, en effet, et sur le coin gauche, de la main la plus audacieuse et la plus déformée de Sarah, était écrit « Services secrets ». Nous avons bien ri de leur succès. Et, en effet, j'aurais dû l'emporter avec moi la prochaine fois que je descendrais au Tredegar, si je n'avais dîné un soir avec le jeune Norton de notre vaillante petite marine, et qu'il nous a dit une chose très curieuse.

Nous parlions de la déception de l'attaque terrestre combinée. Je n'ai pas dit ce qui a bouleversé le cheval du pauvre Schaff ; en fait, je ne pense pas que ces hommes de la marine connaissaient les détails de cette déception. O'Brien m'avait dit, en toute confiance, ce que j'avais écrit probablement pour la première fois maintenant. Mais nous parlions, de manière générale, de la déception. Norton termina son cigare d'un air pensif, puis dit : « Eh bien, mes amis, cela ne vaut pas la peine d'en parler dans les journaux, mais qu'est-ce qui, à votre avis, a bouleversé notre grande attaque navale, le jour où les canonnières yankees ont si bien descendu le fleuve ? "

"Eh bien," dit Allen, qui est l'ami le plus aimé de Norton, "ils disent que vous les avez fuis aussi vite qu'ils vous ont fui."

"Est-ce qu'ils?" » dit Norton d'un air sombre. " Si vous dites cela, je vous casse la tête. Sérieusement, mes amis, " continua-t-il, " c'était une chose des plus extraordinaires. Vous savez que j'étais sur le bélier. Mais pourquoi elle s'est arrêtée quand elle s'est arrêtée , je ne le savais pas du tout. comme ce verre à vin ; et Callender lui-même n'en savait pas plus que moi. Nous n'avions pas été touchés. Nous allions bien comme un dessous de plat pour autant que nous sachions, quand, skree ! elle a commencé à se défouler, et nous nous sommes arrêtés net et avons commencé à descendre sous ces batteries. Callender a dû télégraphier au petit Mosquito, ou quel que soit le nom que Walter appelait son bateau, et la petite chose courageuse s'est précipitée et nous a sortis du pétrin. Walter l'a très bien fait ; s'il avait eu un moniteur sous ces batteries. lui, il n'aurait pas pu faire mieux. Bien sûr , nous nous sommes tous précipités vers la salle des machines. Que diable faisaient-ils là ? Tout ce qu'ils savaient, c'est qu'ils ne pouvaient pas mettre d'eau dans sa chaudière.

"Maintenant, les amis, c'est la fin de l'histoire. Dès que les chaudières ont refroidi, elles ont bien fonctionné sur ces pompes d'alimentation. Puissé-je être pendu s'ils n'avaient pas aspiré, d'une manière ou d'une autre, un long fil de fil et du tissu. , et, si vous me croyez, un fil de crinoline de femme. Et cette folie française de fausse impératrice a interrompu ce jour-là la victoire de la marine confédérée, et le vieux Davis lui-même ne peut pas dire quand nous aurons une telle chance. encore!"

Certains hommes pensaient que Norton avait menti. Mais je n'ai jamais été avec lui lorsqu'il ne disait pas la vérité. Je n'ai cependant pas mentionné ce que j'avais jeté à l'eau la dernière fois que j'étais allé à Manchester. Et j'ai changé d'avis à propos du colis des « services secrets » de Sarah. Il est resté sur ma table.

C'était le dernier dîner que notre ancien club a eu au Spotswood, je crois. Le printemps arriva et l'intrigue s'épaissit. Nous avons fait notre travail au bureau du mieux que nous pouvions ; Je peux parler au nom du mien, et de celui des autres, mais peu importe ! Le 3 avril arriva, le feu et l'aile droite de l'armée de Grant. Je me souviens que j'étais alors heureux d'avoir déménagé le bureau dans la maison, car nous n'étions pas encombrés là-bas. Tout le monde s'était enfui du Département ; et ainsi, lorsque les pouvoirs en place en prirent possession, mon petit sous-bureau resta tranquille pendant quelques jours. J'ai amélioré ces jours du mieux que je pouvais, brûlant soigneusement ce qui devait être brûlé et cachant soigneusement ce qui devait être caché. Une chose qui s'est produite alors appartient à cette histoire. Alors que j'étais en train de travailler au bureau privé, — c'était en réalité un bureau, un bureau que j'avais obligé tante Eunice à abandonner après m'être cassé la jambe, — je suis arrivé, avec horreur, sur une jolie parcelle de côte... cartes d'enquête de la Géorgie, de l'Alabama et de la Floride. Ce n'étaient pas les mêmes que Maury avait volés lorsqu'il quittait l'Observatoire National, mais ils étaient comme eux. Or, j'étais parfaitement sûr que, ce dimanche fatal du vol, j'avais envoyé Lafarge les chercher, afin que le Président puisse les utiliser, s'il le fallait, dans son évasion. Quand je les ai trouvés, j'ai sauté dehors, j'ai appelé Julia et je lui ai demandé si elle ne se souvenait pas qu'il était venu les chercher. "Certainement", dit-elle, "c'était la première fois que je connaissais le danger. Lafarge est venu, m'a demandé la clé du bureau, m'a dit que tout était terminé, est entré et en un instant il était parti."

Et voici, dans le dossier du 3 avril, la phrase que Lafarge m'a adressée :

"J'ai moi-même reçu le colis des services secrets et je l'ai remis entre les mains du président. Je l'ai marqué 'Côte du Golfe', comme vous me l'avez demandé."

Qu'aurait pu donner Lafarge au Président ? Pas les sons du Hatteras Bar. Pas les dessins d'exécution du premier moniteur. J'avais tout ça sous la main. Se pourrait-il ... "Julia, qu'avons-nous fait de ces trucs de Sarah qu'elle a marqués *service secret ?* "

Comme je vis, nous avions envoyé les vieux cerceaux des filles au Président dans sa fuite.

Et quand le lendemain nous avons appris comment il les utilisait et comment Pritchard l'avait arrêté, nous avons pensé que s'il avait eu le bon colis, il aurait trouvé le chemin de la Floride.

C'est vraiment la fin de ce mémoire. Mais je n'aurais pas dû l'écrire sans quelque chose qui vient de se passer sur la place. Vous devez savoir que certaines d'entre nous, des épaves, se trouvent ici, aux bains de Berkeley. Mon oncle a une maison près d'ici. Voici venu aujourd'hui John Sisson, que je n'ai pas revu depuis que Memminger a couru et a emmené les commis avec lui. Ici, nous avions auparavant les deux frères Richards, les grands papetiers, vous savez, qui ont lancé Edgerly Works dans le comté de Prince George, juste après le début de la guerre. Après le dîner, Sisson et eux se retrouvèrent sur la place. Bizarrement, ils ne s'étaient jamais vus auparavant, bien qu'ils aient utilisé des rames de papier de Richards pour correspondre entre eux, et que le Trésor en ait utilisé des tonnes pour l'impression d'obligations et de billets de banque. Bien sûr, nous nous sommes tous mis à parler des temps anciens, vieux qu'ils semblent maintenant, même s'ils ne le sont pas il y a un an. « Richards, » dit enfin Sisson, « qu'est devenue notre dernière commande de papier de cautionnement du gouvernement, en pur lin, doublé d' *eau ?* Nous ne l'avons jamais reçu, et je n'ai jamais su pourquoi.

"Pensez-vous que Kilpatrick l'a compris ?" » dit Richards, plutôt bourru.

"Aucune de vos plaisanteries, Richards. Dites simplement où est passé le papier, car lors de la perte de ce lot de papier, comme cela s'est avéré, le fond est tombé du bac du Trésor . Sur ce papier devait être imprimé notre nouveau numéro de dix pour cent, convertibles, vous savez, et sécurisés sur ce coton de l'arrière-pays, que Kirby Smith avait au-dessus du Big Raft. J'ai préparé les imprimantes pendant près d'un mois en attendant ce papier. Les plaques étaient vraiment très belles. Je vous en montrerai une preuve en montant . C'étaient des pièces entièrement neuves, fabriquées par des Français que nous avions trouvés et qui avaient travaillé à la Banque de France. J'avais tellement hâte que la chose soit bien faite, que j'ai attendu trois semaines pour cela. papier, et, par Jupiter, j'ai attendu trop longtemps. Nous n'avons jamais obtenu une seule des obligations, et c'est pourquoi nous n'avions pas d'argent en mars.

Richards a jeté son cigare. Je ne dirai pas qu'il jura entre ses dents, mais il fit tournoyer sa chaise, la fit tomber à quatre pattes, les deux coudes sur les genoux et le menton dans les deux mains.

« M. Sisson, » dit-il, « si la Confédération avait vécu, je serais mort avant d'avoir jamais raconté ce qu'il était advenu de votre ordre. Mais maintenant, je n'ai plus de secrets, je crois, et je ne me soucie de rien. Je ne sais pas maintenant comment c'est arrivé. Nous savions que c'était un travail très agréable. Et nous l'avons fait monter sur un élégant petit Fourdrinier français neuf, ce qui nous a coûté plus cher que nous ne paierons jamais. La jolie chose a coulé comme de l'huile la veille. Ce jour-là , je pensais que tous les démons étaient dedans. Plus on mettait de puissance, plus les rouleaux criaient ; et moins on en mettait, plus le jade s'arrêtait boudeur. J'ai essayé moi-même dans tous les sens ; courant arrière ; j'ai essayé ; avant courant ; avance élevée ; faible libération , je l'ai essayé sur du vieux papier, je l'ai essayé sur du neuf ; et, M. Sisson, j'aurais fait un meilleur papier dans un moulin à café ! Nous avons vidé chaque goutte d'eau. Nous avons lavé le " Puis mon frère, là, a travaillé toute la nuit avec les machinistes, démontant le châssis et les rouleaux. Vous ne le croiriez pas, monsieur, mais ce petit bout de fil, " - et il sortit de sa poche un morceau de cet acier odieux, que je connaissais si bien à ce moment-là, - "ce petit morceau de fil était passé d'une jupe à cerceau, avait passé les cueilleurs, avait passé les écrans, à travers toutes les auges, de haut en bas à travers ce qu'on appelle les lacérateurs , et s'était fait forger, où, si vous connaissez une machine Fourdrinier, vous aurez peut-être remarqué un anneau de laiton riveté à la traverse, et là ce maudit petit couteau, car vous voyez que c'était un couteau. , à ce moment-là, coupait en morceaux la bande de fils sans fin à chaque démarrage de la machine. Vous avez perdu vos obligations, M. Sisson, parce qu'une Yankee a trompé un de mes chiffonniers.

Sur cette histoire, je suis monté dans les escaliers. Pauvre tante Eunice ! C'est à cause de elle que je n'ai pas reçu de salaire le 1er avril. Je pensais avertir les autres femmes en écrivant l'histoire.

Mon présent fatal, dans ces colis inoffensifs en forme de sablier, était la ruine de la marine, de l'armée, de l'artillerie et du trésor confédérés ; et cela a également conduit à la capture du pauvre président.

Mais, Dieu soit loué, personne ne dira que ma charge n'a pas fait son devoir !

NOËL ATTEND À BOSTON.

DES PAPIERS D'INGHAM.

[Lorsque mes amis du Boston Daily Advertiser m'ont demandé l'année dernière de contribuer à leur numéro de Noël, j'ai été très heureux de me souvenir de ce fragment des mémoires de M. Ingham.

Car dans la plupart des contes de Noël modernes, j'ai observé que les riches se réveillent soudainement pour se lier d'amitié avec les pauvres, et que la morale naît de cette compassion. Les incidents de cette histoire montrent, comme toute vie le montre, que les pauvres se lient d'amitié avec les riches aussi véritablement que les riches avec les pauvres : que, dans la vie chrétienne, chacun a besoin de tous.

On m'a demandé une douzaine de fois dans quelle mesure l'histoire était vraie. Bien entendu, aucune série d'incidents de ce type ne s'est jamais produite dans cet ordre en quatre ou cinq heures. Mais il n'y a rien de raconté ici qui n'ait des parallèles parfaitement justes dans mon expérience ou dans celle de n'importe quel ministre en activité.]

* * * * *

Je m'offre toujours un cadeau de Noël.

Et cette année-là, le cadeau était une fête de chants de Noël, qui est à peu près aussi amusante, tout en étant bienveillante, qu'un homme peut en avoir. Beaucoup de choses doivent consentir, comme cela apparaîtra. Tout d'abord, il faut qu'il y ait une bonne pratique de la luge ; et deuxièmement, une belle nuit pour le réveillon de Noël. Les nôtres ne sont pas les chants de Noël de vos pauvres petits grelottants des Angles de l'Est ou des Merciens du Sud, où ils doivent se promener péniblement à pied dans des pays qui ne savent pas ce qu'est une promenade en traîneau.

J'avais demandé à Harry d'avoir seize des meilleures voix de l'école de la chapelle pour qu'il soit formé à cinq ou six bons chants de Noël, sans savoir pourquoi. Nous ne voulions pas les décevoir si le dégel de février, qui s'installait le 24 décembre, interrompait la fête avant qu'elle ne commence. Ensuite, j'avais dit à Howland qu'il devait me réserver une paire de bons chevaux et un traîneau dans lequel je pourrais embarquer seize petits enfants, bien arrimés. Howland est toujours doué pour ce genre de choses, savait à quoi servait le traîneau, ayant fait la même chose les autres années, et a fait le

trajet de quatre chevaux de son propre gré, parce que les enfants l'apprécieraient mieux, et "cela ne ferait aucune différence de le faire". lui." Dimanche soir, comme l'ont ordonné les nymphes du temps, le vent a tourné au nord-ouest et tout a gelé fortement. Lundi soir, les choses se sont calmées et la neige a commencé à tomber régulièrement, si régulièrement ; et ainsi, mardi soir, le peuple métropolitain abandonna sa lutte inégale, tous les bons hommes et tous les anges se réjouissant de leur déconvenue, et seuls quelques-uns des habitants du *Bolgie le plus bas* étaient assez méchants pour s'affliger. Et c'est ainsi que jeudi soir, il y avait une route dure et compacte depuis Copp's Hill jusqu'à la Géhenne du Brûleur d'Os, propre aux hommes bons et aux anges à parcourir, sans secousses, sans bruit et sans fatigue pour les chevaux ou les hommes. C'est ainsi que lorsque je suis descendu avec Lycidas à la chapelle à sept heures, j'ai découvert qu'Harry y avait rassemblé ses huit jolies filles et ses huit joyeux garçons, et les avait fait s'entraîner pour la dernière fois.
"Carol, Carol, chrétiens,
Carol joyeusement;
Carol pour la venue
De la nativité du Christ."
Je pense que les enfants avaient eu une idée de ce qui allait arriver, ou peut-être qu'Harry l'avait laissé entendre à leurs mères. Certes, ils étaient chaudement habillés, et quand, quinze minutes après, Howland se tourna lui-même avec le traîneau, il avait mis autant de couvertures et de peaux d'ours que s'il pensait que les enfants devaient être tirés nouveau-nés de leurs berceaux respectifs. Grande était la joie alors que les cloches des chevaux sonnaient sous les fenêtres de la chapelle, et Harry n'obtint pas son dernier *da capo* pour son dernier chant de Noël. Cela n'a pas vraiment d'importance, car ils étaient assez parfaits avant minuit.
Lycidas et moi nous sommes assis sur la banquette arrière, chacun avec un enfant sur ses genoux pour nous garder au chaud ; J'étais flanqué de Sam Perry, et lui de John Rich, tous deux d'âge mercuriel, et donc bons pour faire des courses. Harry était quelque part devant, flanqué de la même manière , et les autres enfants se trouvaient divers entre eux, comme des sardines quand tu as ouvert pour la première fois la boîte que j'avais invitée Lycidas, car, en plus d'être mon meilleur ami, il est le meilleur garçon du monde, et mérite donc le meilleur réveillon de Noël qu'on puisse lui offrir. Sous la pleine lune, sur la neige encore blanche, avec seize enfants au plus heureux et avec les souvenirs bénis des meilleurs que le monde ait jamais eu, il ne peut y avoir rien de mieux que deux ou trois heures de ce genre.
"D'abord, chauffeur, sortez sur Commonwealth Avenue. Cela calmera les chevaux. Arrêtez-vous à gauche après avoir dépassé Fairfield Street." Nous nous sommes donc précipités devant le palais d'Haliburton, où il célébrait sa

première marée de Noël. Et les enfants, qu'Harry avait fait taire pendant un carré ou deux, éclatèrent d'une belle voix pleine sous sa forte direction.
"Berger de tendres brebis",
chanter avec tout ce pathétique inconscient avec lequel chantent les enfants, et faire monter les larmes aux yeux au milieu de votre joie. Dès l'instant où les cloches des chevaux s'arrêtèrent, leurs voix commencèrent. Un instant plus tard, nous vîmes Haliburton et Anna courir vers la fenêtre et remonter les stores, et en une minute encore des visages à toutes les fenêtres. C'est ainsi que les enfants ont chanté le vieil hymne de Clément . Clément ne pensait pas aux cloches et à la neige, car il les enseignait dans son école du dimanche à Alexandrie. Mais peut-être qu'aujourd'hui, en épinglant les lauriers et la palme dans la chapelle d'Alexandrie, ils fredonnent ces paroles, ne pensant pas plus à Clément qu'à nous. Alors que les enfants terminaient avec
" Gonfle la chanson triomphale
Au Christ, notre Roi. »

Haliburton est sorti en courant et m'a supplié de les amener. Mais je lui ai répondu « Non » dès que j'ai pu faire taire leurs cris de « Joyeux Noël » ; que nous avions un long voyage devant nous et que nous ne devions pas descendre en chemin. Et les enfants se sont éclatés avec
"Salut à la nuit,
Salut au jour,"
plutôt un favori, — plus rapide et plus enfantin peut-être que l'autre — et avec un autre « Joyeux Noël », nous repartîmes.
Au loin, le long de Commonwealth Avenue, jusqu'à l'endroit où elle croise la branche Brookline du Mill-Dam, se précipitant avec les plus gais des traîneaux alors que nous revenions en ville, remontant Chestnut Street, en passant par Louisburg Square ; a couru le traîneau dans une berge sur la pente de la rue Pinckney, devant la maison de Walter ; et, avant de soupçonner que quelqu'un était venu, les enfants chantaient
"Carol, Carol, chrétiens,
Carol avec joie."
Des baisers jetés par la fenêtre ; baisers renvoyés de la rue. "Joyeux Noël" encore une fois avec bonne volonté, puis une des filles commença :
"Quand Anna a pris le bébé,
Et il pressa ses lèvres contre les siennes,"
et ils sont tous tombés si joyeusement. Ô mon cher moi ! c'est un morceau du vieil Ephrem le Syrien, s'ils le savaient ! Et quand, après cela, Harry aurait volontiers continué sa route , parce que deux chants de Noël dans une même maison était la règle, comment les petites sorcières suppliaient qu'elles puissent y chanter juste une chanson de plus, parce que Mme Alexander avait

été si gentille avec elles, quand elle leur a montré les points allemands. Et puis en haut de la colline et jusqu'au North End, et aussi loin que nous pouvions amener les chevaux jusqu'à Moon Court, afin qu'ils puissent chanter à l'homme-image italien qui a donné à Lucy le garçon et le chien en plâtre, quand elle était malade. au printemps. Car les enfants avaient, vous savez, le choix de l'endroit où ils iraient, ils choisissaient leurs meilleurs amis, et ils se souviendraient plus de l'homme-image italien que de Chrysostome lui-même, bien que Chrysostome aurait dû « faire quelques remarques » pour dix-sept fois dans la chapelle. Puis l'homme-image italien entendit pour la première fois de sa vie

"C'est maintenant le temps de Noël"

et

"Jésus dans ses enfants demeure."

Et puis nous avons remonté Hanover Street et nous sommes arrêtés sous la chapelle de M. Gerry, où ils habillaient les murs avec leurs conifères, et leur avons donné

"Salut à la nuit,

Salut au jour,"

et ainsi de suite dans State Street et il s'est arrêté au bureau de l'annonceur, parce que, lorsque les garçons donnaient leur "divertissement littéraire", M. Hale avait mis leur publicité pour rien, et là-haut, dans le vieux grenier, les compositeurs étaient soulagés d'entendre

"Ni bruit de guerre ni de bataille",

et

"Le monde en attente était immobile ;"

de sorte que même le rédacteur en chef s'est détendu de sa gravité, et le rédacteur en chef de ses opinions plus sérieuses, et le lendemain matin, le Daily a souhaité à tous un joyeux Noël avec encore plus d'onction et a décidé que dans les années à venir, il aurait un supplément, suffisamment grand pour contenir tous les bons vœux. Retournons donc aux maisons des confiseurs qui avaient donné des bonbons aux enfants, à la maison de Miss Simonds, parce qu'elle avait été si gentille avec eux à l'école, aux palais des millionnaires qui avaient prié avec des larmes pour ces enfants si les enfants seulement je le savais, - chez le Dr Frothingham à Summer Street, je me souviens, où nous nous sommes arrêtés parce que l'Association des Ministres de Boston s'était réunie ici, - et sur le pont de Dover Street, afin que le pauvre raccommodeur de chaises puisse entendre nos chants de Noël une fois de plus avant de pouvoir le faire. je les entendais mieux chantés dans un autre monde où rien n'a besoin d'être réparé.

"Roi de gloire, roi de paix !"

"Écoutez la chanson et voyez l'étoile !"

"Bienvenue, Roi céleste!"

"Le Christ n'était-il pas notre Sauveur ?"

et tous les autres, sonnés avec ou sans ordre, brisant le silence dès que les cloches des chevaux s'arrêtaient, jetés en l'air avec toute la joie de l'enfance, choisis parfois comme Harry le jugeait le mieux pour les auditeurs, mais plus encore . souvent , alors que l'enthousiasme jubilatoire et incontrôlé des enfants leur faisait éclater le ton le plus joyeux, le moins étudié et le plus purement lyrique de tous. Oh, nous sommes allés dans vingt endroits ce soir-là, je suppose ! Nous sommes allés dans les endroits les plus grandioses de Boston, et nous sommes allés dans les endroits les plus méchants. Partout on nous souhaitait un joyeux Noël, et nous à eux. Partout une petite foule se rassemblait autour de nous, puis nous nous précipitions assez loin pour rassembler une toute autre foule ; et puis revenir, peut-être, pas fâché de doubler nos pas s'il le fallait, et de laisser chaque foule avec une joyeuse pensée de

"L'étoile, la crèche et l'Enfant !"

À neuf heures, nous sommes allés chez moi, rue D, à trois portes du coin, et les enfants ont choisi ce qu'ils avaient de mieux pour que Polly et mes six petites filles les entendent, puis pour la première fois nous les avons laissés sauter et entrer en courant. Polly avait des huîtres chaudes pour eux, afin que les ébats soient couronnés d'une friandise. Il y avait un gâteau de Noël coupé en seize morceaux, qu'ils emportèrent chez eux pour rêver ; puis on remettait les capuches et les manchons, et à dix heures ou un peu après, nous avions toutes les filles et tous les petits chez eux. Quatre des grands garçons, nos deux flancs et les bras droit et gauche d'Harry , supplièrent qu'ils puissent rester jusqu'au dernier moment. Ils pouvaient revenir à pied de l'écurie et « plutôt marcher que de ne pas marcher, en effet ». Ce à quoi nous avons consenti, après avoir obtenu l'autorisation parentale, en laissant les sœurs cadettes dans leurs maisons respectives.

II.

Lycidas et moi pensions tous deux, en entrant dans ces modestes maisons, laisser les enfants, dire qu'ils avaient été bons et souhaiter nous-mêmes un "Joyeux Noël" aux pères, aux mères et aux tantes tutrices, que l'accueil de ces maisons était peut-être la meilleure partie de tout cela. Voilà le grand et gros matelot que nous n'avions pas revu depuis son retour de la mer. Il n'était qu'un enfant lorsqu'il a quitté notre école il y a des années pour se diriger vers l'Est, à bord du navire de Perry, et avoir fait le tour du monde. Voici la courageuse Mme Masury . Je ne l'avais pas vue depuis la mort de sa mère. "En effet, M. Ingham, j'étais tellement habitué à regarder alors, que je n'arrive pas encore à bien dormir la nuit ; j'aimerais que vous connaissiez une pauvre créature qui voulait de moi cette nuit, ne serait-ce qu'en souvenir de Bethléem." « Vous vous donnez beaucoup de mal pour les enfants, » dit Campbell en m'écrasant la main dans la sienne ; "mais tu sais qu'ils t'aiment, et tu sais que je ferais autant pour toi et les tiens", ce que je savais être vrai. « Que puis-je envoyer à vos enfants ? » dit Dalton, qui finissait les lames d'épée.

(Le vent était mauvais à Fort Sumter, mais il a fait du bien au pauvre Dalton, qu'il a installé dans le monde avec sa fabrique d'épées.) "Voici un mètre à ruban à l'ancienne pour la fille et un gimbe de Sheffield pour le garçon. Quoi, il n'y a pas de garçon ? Donnez-le donc à une des filles, cela lui fera un cadeau de plus. Alors il a mis son paquet de papier kraft dans ma main. De chaque maison, même la plus humble, une parole d'amour, aussi douce, en vérité, que si l'on avait pu entendre la voix des anges chanter dans le ciel.

J'ai souhaité une bonne nuit à Harry ; il conduisit Lycidas dans son appartement et présenta à sa femme mes vœux de Noël et une bonne nuit ; et, en redescendant vers le traîneau, j'ai ressenti le sentiment que vous comprendrez tous, je pense, que ce n'était pas le moment de s'arrêter, mais juste le moment de commencer. Car les rues étaient plus calmes maintenant, et la lune plus brillante que jamais, si possible, et les bénédictions de ces gens simples et des grands gens, et des anges mêmes dans le ciel, qui ne sont pas liés à la misère d'utiliser des mots quand ils j'avais quelque chose qui valait la peine d'être dit, tous ces vœux et ces bénédictions m'entouraient, toute la pureté de la nuit d'hiver tranquille, et je ne voulais pas tout perdre en me couchant pour dormir. Alors j'ai réuni tous les garçons, là où ils pouvaient bavarder, j'ai fait encore un tour rapide sur les deux avenues, et puis, passant par Charles Street, je crois que je pensais même à Cambridge, j'ai remarqué les lumières dans la maison de Woodhull, et, voyant qu'ils étaient debout, j'ai pensé que j'allais appeler Fanny à minuit. Elle est venue elle-même à la porte. Je lui ai demandé si elle attendait le Père Noël, mais j'ai tout de suite compris que je ne devais pas plaisanter avec elle. Elle a dit qu'elle avait espéré que je serais son mari. En une minute, ce fut un de ces contrastes qui font la vie, la vie. Dieu nous met au monde pour que nous puissions les éprouver et être éprouvés par eux.

La mère de la pauvre Fanny avait été bloquée dans le train de Springfield alors qu'elle approchait de Noël. La vieille dame avait été refroidie et se trouvait maintenant au lit avec une pneumonie. Les deux enfants de Fanny étaient malades quand elle est arrivée, et ce matin le médecin avait diagnostiqué la scarlatine. Fanny ne s'était pas déshabillée depuis lundi, ni dormi, pensai-je, en même temps. Ainsi , pendant que nous chantions des chants de Noël et souhaitions un joyeux Noël, la pauvre enfant attendait et espérait que son mari ou Edward, tous deux en vagabondage, trouveraient pour elle et lui amèneraient l'infirmière modèle, qui n'avait pas encore été vue. encore apparu. Mais à minuit, cette sœur inconnue n'était pas arrivée et aucun des deux hommes n'était revenu. Quand j'ai appelé, Fanny avait espéré que j'étais l'un d'entre eux. Les modèles professionnels, cher lecteur, ont peur de la scarlatine. J'ai dit au pauvre enfant que c'était mieux ainsi. J'ai écrit une ligne que Sam Perry devait apporter à sa tante, Mme Masury , dans laquelle je disais simplement : " Chère maman, j'ai trouvé la pauvre créature qui te veut ce soir. Reviens dans cette voiture. " Je lui ai demandé de faire un tour chez Gates, où ils attendaient tous que l'assemblée se fasse chez Papanti . Je l'ai envoyé à Albany Street ; et vraiment, pendant que j'étais assis là, essayant d'apaiser Fanny, il me semblait que cela me semblait moins de temps qu'il n'en fallait pour dicter cette petite histoire à son sujet, avant que Mme Masury ne sonne doucement, et je les quittai, après avoir fait promettre à Fanny qu'elle consacrerait le jour, qui à ce moment-là est née, en faisant confiance à Dieu , en se couchant et en s'endormant, sachant que ses enfants étaient entre de bien meilleures mains que les siennes. Alors que je sortais de la salle, la lumière du gaz tomba sur une copie de l'Adoration du Corrège, où Woodhull avait lui-même écrit des années auparavant :

"Ut apparaît C'est qui in tenebris et umbra mortis positi sunt."

"Les ténèbres et l'ombre de la mort" en effet, et quelle lumière comme la lumière et le réconfort qu'apporte une femme comme ma Mary Masury !

Et ainsi, sans l'un de ces accidents, comme nous les appelons, j'aurais déposé les garçons au coin de Dover Street et rentrer chez moi avec ma leçon de Noël.

Mais il arriva, comme nous le disons avec irrévérence, qu'en traversant Park Square, ainsi appelé parce qu'il s'agit d'un pentagone irrégulier dont l'un des côtés a été enlevé, que je reconnus un homme de grande taille, qui traversait péniblement dans la neige. tête baissée, épaules rondes, penché en avant en marchant, l'épaule droite plus haute que la gauche ; et c'est par ces signes que j'ai connu Tom Coram, prince parmi les princes de Boston. Ce n'est pas Thomas Coram qui a construit le Foundling Hospital, même s'il était également de Boston ; mais il était il y a plus longtemps. Il faut le chercher dans la contribution d'Addison à un supplément du Spectator, — l'ancien Spectator, je veux dire, et non le Thursday Spectator, qui est plus récent. Pas Thomas Coram, dis-je, mais Tom Coram, qui construirait un hôpital demain, si vous lui en montriez le besoin, sans attendre de mourir auparavant, et qui aide toujours à avancer, comme doit le faire un prince, quoi que ce soit princier, même s'il s'agit d'un événement princier. une statue à la maison, une école à Richmond, un journal en Floride, une église à Exeter, une ligne à vapeur vers Liverpool ou une veuve qui veut cent dollars. Je lui ai souhaité un joyeux Noël, et M. Howland, par un fin instinct, a arrêté les chevaux pendant que je parlais. Coram lui serra la main ; et comme il arrive rarement que j'aie une voiture vide pendant qu'il est à pied, je lui ai demandé si je ne pouvais pas le reconduire chez lui. Il était content d'y monter. Nous l'enveloppâmes avec les dépouilles de l'ours, du renard et du bison, tournâmes de nouveau la tête des chevaux, cinq heures maintenant depuis qu'ils avaient commencé leur course enchevêtrée, et lui donnâmes son monter. " Je pensais à vous en ce moment, dit Coram, en pensant aux vieux temps du collège, au mystère du langage dévoilé par l'abbé Faria à Edmond Dantès au fond du château d'If . Je me demandais si tu pourrais m'apprendre le japonais si je t'invitais à un dîner de Noël. J'ai ri. Le Japon était alors

vraiment une nouveauté, et je lui demandai depuis quand il était en correspondance avec ce pays scellé. Il semblait que leur maison de Shanghae venait d'y envoyer ses agents pour établir la première maison à Edomo , au Japon, en vertu du nouveau traité. Tout semblait prometteur et les débuts étaient faits pour la succursale qui est depuis devenue Dot et Trevilyan . Il en eut la première nouvelle dans ses lettres envoyées par la poste cet après-midi. John Coram, son frère , lui avait écrit et lui avait dit qu'il avait joint pour son amusement le relevé des détails japonais, tel qu'il avait été rédigé, sur lequel ils avaient fondé leurs commandes pour la première cargaison variée jamais expédiée de L'Amérique à Edomo . Il y avait une note de détails, étirant le long papier de soie en une chirographie exquise. Mais par une sorte de « dépravation totale des choses », la commande traduite pour les marchandises assorties n'était pas là. John Coram, dans le souci de bien plier l'écriture japonaise, avait laissé sur son propre bureau à Shanghae l'anglais le plus intelligible. "Et donc je dois attendre", dit Tom avec philosophie, "jusqu'au prochain courrier des Indes orientales pour mes commandes, certain que sept maisons anglaises ont eu des correspondants moins enthousiastes et philologiques que mon frère."
J'ai dit que je n'avais pas vu cela. Que je ne pouvais pas lui apprendre à parler si bien les dialectes taghaliens , qu'il puisse les lire avec facilité avant samedi. Mais je pourrais faire bien mieux. Se souvenait-il d'avoir écrit un mot pour moi au vieux Jack Percival il y a cinq ans ? Non, il ne se souvenait de rien de tel ; il connaissait Jack Percival, mais ne lui a jamais écrit un mot de sa vie. Se souvenait-il de m'avoir donné cinquante dollars, parce que j'avais emmené un garçon délicat, que j'allais envoyer en mer, et que je n'étais pas tout à fait satisfait de la tenue du gouvernement ? Non, il ne s'en souvenait pas, ce qui n'était pas étrange, car c'était une chose qu'il faisait tous les jours : « Eh bien, peu importe à quel point vous vous en souvenez, mais le garçon au sujet duquel vous avez écrit à Jack Percival, pour lequel La tranquillité d'esprit de votre mère, que vous avez fournie pour la demi-centaine, est de retour, fort, droit et en bonne santé ; ce qui est plus important, il avait toute la charge du commissariat de Perry à terre à Yokohama, a été libéré honorablement là-bas, lit-on Il vaut mieux lire le japonais que l'anglais ; et si cela peut vous aider, il sera ici chez vous au petit-déjeuner. » Car au moment où je parlais, nous nous arrêtâmes devant la porte de Coram. "Ingham", dit Coram, "si vous n'étiez pas pasteur, je dirais que vous étiez en couple." « Mon enfant, dis-je, j'écris quelquefois une parabole pour l'Atlantique ; mais les paroles de mes lèvres sont vérité, comme toutes celles des Sandémaniens. Couche-toi ; ne rêve même pas aux dialectes taghaliens ; sois sûre que l'interprète japonais déjeunera avec vous, et la prochaine fois que vous serez en difficulté, envoyez chercher le ministre le plus proche. George, dites à votre frère Ezra que M. Coram souhaite qu'il déjeune ici demain matin à huit heures ; ne le faites pas. Je n'oublierai pas le numéro, Pemberton Square, vous savez. "Oui,

monsieur", a déclaré George; et Thomas Coram a ri, a dit "Joyeux Noël", et nous nous sommes séparés.

Il était temps que nous soyons tous au lit, surtout ces garçons. Mais je suis assez heureux, au moment où j'écris ces mots, que la rencontre de Coram nous ait fait reculer ce point perdu dans notre voyage nocturne. Il y a eu encore un retard. Nous passions devant l'Old State House, les garçons chantant à nouveau « Carol, Carol, Christians », tandis que nous courions le long des rues calmes, lorsque j'ai aperçu Adams Todd et il m'a reconnu. Il nous avait entendu chanter lorsque nous étions au bureau de l'annonceur. Todd est un de mes anciens camarades d'apprentissage , et il est maintenant, ou plutôt il était ce soir-là, chef de presse au bureau d'Argus. J'aime les gens d'Argus, c'est là que j'étais rédacteur en chef pour l'Amérique du Sud, il y a de nombreuses années, et ils se lient d'amitié avec moi encore aujourd'hui. Todd m'a salué et une fois de plus je me suis arrêté. "Qu'est-ce qui t'a fait sortir de ta chaude chaudière à vapeur ?" "Une chaudière à vapeur, en effet", dit Todd. "Deux rivets desserrés, hammam plein de vapeur, police effrayée, quartier en guerre, et il a fallu éteindre le feu. Elle aurait couru une semaine sans blesser une mouche, seulement une petite bouffée dedans. " La rue parfois. Mais nous y sommes, Ingham. Nous perdrons le premier courrier tel quel. Soixante-dix-huit jetons à travailler maintenant. " On parlait toujours beaucoup de leur édition à l'Argus. Peut-être l'ai-je vu avec de nombreux yeux ; mais cette fois, j'en suis sûr, Todd a dit vrai. J'ai tout de suite saisi son idée. À une époque plus jeune et plus musclée, Todd et moi avions travaillé sur la presse Adams grâce à ce volant pendant cinq minutes complètes à la fois, comme test de force ; et dans mon esprit, je voyais qu'il imprimait son journal en ce moment avec des relais de débardeurs broyants. Il a dit que c'était ainsi. "Mais pensez-y ce soir", dit-il. "C'est la veille de Noël, et pas un Irlandais à embaucher, même si on l'a payé des lingots. Aucun homme ne peut supporter dix minutes." Je le savais très bien par expérience, et je l'ai remercié intérieurement de ne pas avoir dit « la mouture de la démnition » avec Mantihni . « Nous ne pouvons pas diriger la presse la moitié du temps », dit-il ; "et les hommes que nous avons sont en train de se séparer maintenant. Nous allons perdre toutes nos livraisons par transporteur." "Todd," dis-je, "est-ce une nuit pour parler de lingots, ou d'embauche, ou de perte, ou de gain ? Quand apprendras-tu que l'Amour dirige la cour, le camp et le bureau d'Argus." Et j'ai écrit au dos d'une lettre à Campbell : « Venez au bureau d'Argus, n° 2 Dassett's Alley, avec sept hommes qui n'ont pas peur de travailler » ; et je l'ai donné à John et Sam, j'ai demandé à Howland d'emmener les garçons chez Campbell, je suis descendu avec Todd à son bureau, je l'ai mis au défi de prendre cinq minutes au volant, en souvenir du bon vieux temps, j'ai fait rire les relais fatigués. comme ils nous ont vu prendre le dessus; puis, une fois rafraîchi et enfilé mon cardigan, je rencontrai Campbell et ses sept fils d'Anak, dévalant les escaliers, se demandant quelle

grâce le curé avait trouvé pour eux cette fois. Je suis rentré chez moi, sachant
que je devrais maintenant prendre mon Argus avec mon café.
III.
Et donc je suis rentré chez moi. Mieux vaut peut-être, après tout, que dans
le traîneau animé, avec les clochettes qui tintent.
"C'était une nuit calme et silencieuse !—
   Sept cents ans et cinquante-trois
Si Rome avait grandi jusqu'à devenir puissante,
   Et maintenant, elle était reine de la terre et de la mer !

Aucun bruit de guerres conflictuelles n'a été entendu ,—
   La paix couvait le domaine silencieux ;
Apollon, Pallas, Jupiter et Mars
   Tenu intact leur ancien règne
    Dans le minuit solennel,
    Il ya des siècles!"
Quelle éternité cela m'a semblé depuis que j'ai commencé avec ces enfants
chantant des chants de Noël. Bethléem, Nazareth, le Calvaire, Rome, les
sénateurs romains, Tibère, Paul, Néron, Clément, Éphrem, Ambroise et tous
les chanteurs, Vincent de Paul et tous les faiseurs de miracles aimants, Milton
et Herbert et tous les auteurs de chants de Noël, Luther. et Knox et tous les
prophètes, quel monde de gens avaient célébré Noël avec Sam Perry et
Lycidas et Harry et moi ; et voici Yokohama et les Japonais, le Daily Argus
et ses dix millions de jetons et leurs lecteurs, la pauvre Fanny Woodhull et sa
mère malade, là-bas, célébrant Noël aussi ! Pour un monde fini, ce sont de
nombreuses "attentes" qui chantent dans les oreilles d'un pauvre garçon lors
d'une seule marée de Noël.
" " C'était dans la nuit calme et silencieuse !
   Le sénateur de la hautaine Rome,
L'impatient a poussé son char à s'envoler,
   De la fête seigneuriale, je rentre à la maison.
Les arcs de triomphe brillent
   Sa poitrine, avec des pensées d'emprise illimitée
Qu'est-ce qui a compté pour le *Romain,* ce qui est arrivé
   Une pauvre province lointaine,
    Dans le minuit solennel,
    Il ya des siècles!

"Dans cette province lointaine
   Je suis rentré péniblement chez moi, un rustre fatigué;

Un rayon de lumière devant lui s'étendait,
        Tombé à travers une porte d'écurie à moitié fermée
Sur son chemin. Il est passé, pour rien
        Dit *ce qui se passait à l'intérieur* ;
Comme les étoiles sont vives, sa seule pensée,
        L'air comme c'est calme, froid et mince,
            Dans le minuit solennel,
            Il ya des siècles!"

« Train de lumière » : y a-t-il de la lumière dans la chambre de Lycidas ? Ils ne sont pas au lit ! C'est en faire une soirée ! Eh bien, il y a peu d'heures du jour ou de la nuit où je n'ai pas été dans la chambre de Lycidas, alors je me suis introduit avec la clé de nuit qu'il m'a donnée, j'ai couru dans les escaliers, c'est un horrible hôtel à sept étages, premier... pension de classe. Pour ma part, j'avais pour habitude de vivre dans un clocher. J'ai gravi deux étages, deux marches à la fois , - j'étais alors plus jeune qu'aujourd'hui, - j'ai poussé la porte qui était entrouverte et j'ai vu une scène de confusion telle que je n'en avais jamais vue auparavant dans le trop joli salon de Mary. Bizarre ! Je me souviens que la première chose que j'ai vue était une grosse boule de laine allemande blanche sur le sol. Son panier était bouleversé. Un grand sapin de Noël était posé sur le tapis, bien trop haut pour la pièce ; il y avait près de lui un grand couteau espagnol à fermoir pointu, avec lequel ils l'avaient coupé ; il y avait deux immenses paniers de cadeaux en papier blanc, tous deux renversés ; mais ce qui m'effrayait le plus, c'était la table centrale . Trois ou quatre mouchoirs dessus , des serviettes, des serviettes, je ne sais quoi, tout brun et rouge et presque noir de sang ! Je me suis retourné, le cœur malade, pour regarder dans la chambre, et j'ai vraiment ressenti un sentiment de soulagement lorsque j'ai vu quelqu'un. Mais c'était déjà assez grave. Lycidas, mais tout à l'heure si fort et si bien portant, gisait pâle et épuisé sur le lit ensanglanté, les vêtements de sa cuisse et de sa jambe droites étant retirés, tandis que Mary et Morton se penchaient sur lui. J'appris ensuite que le pauvre Lycidas, tout en coupant le sapin de Noël et en causant gaiement avec Mary et Morton, qui, par chance, avait apporté ses cadeaux en retard et restait pour attacher des boules de verre et des pommes, avait donné lui-même avait subi une blessure profonde et dangereuse avec la pointe du malheureux couteau, et avait perdu beaucoup de sang avant de pouvoir maîtriser l'hémorragie. Juste avant mon entrée, le garrot en bâton que Morton avait improvisé avait glissé dans la main inexpérimentée de la pauvre Mary , au moment où il était sur le point de sécuriser l'artère qui saignait, et le sang a suivi avec un tel jet qu'il l'a obligé à consacrer toute son attention à arrêter. son flux. Il ne reconnut mon entrée que par le « Ah, M. Ingham » de la jeune Irlandaise effrayée, qui se tenait inutile derrière la tête du lit.
"Ô Fred," dit Morton sans lever les yeux, "je suis content que tu sois là."
"Et que puis-je faire pour toi ?"

"Un peu de whisky, — tout d'abord."

« Il y a deux bouteilles, dit Mary, qui tenait la bougie, dans l'armoire, derrière son verre à toilette.

J'ai emmené Bridget avec moi, j'ai allumé la lumière dans le vestiaire (comme elle s'est trompée à propos du match) et j'ai trouvé la porte du placard verrouillée ! Clé sans doute dans la poche de Mary , probablement dans la poche d'une « autre robe ». Je n'ai pas demandé. J'ai pris mon propre paquet, j'ai énormément voulu que la clé du tiroir de mon livre de comptes gouverne la serrure, et c'est ce qui s'est produit. Si ce n'était pas le cas, j'aurais dû passer mon poing à travers les panneaux. Bouteille de poison contre les punaises de lit ; bouteille marquée « bay rum » ; une autre bouteille sans marque ; deux bouteilles d'eau de Saratoga. "Déposez-les tous par terre, Bridget." Une grande bouteille de Cologne. Flacon marqué en MS. Qu'est-ce que c'est ? "Apportez cette bougie, Bridget." " Eau destillée . Marron, Montréal. » Pourquoi Lycidas a-t-il apporté de l'eau distillée de Montréal ? Et puis la voix claire de Morton dans l'autre pièce : « Aussi vite que tu peux, Fred. » « Oui ! en un instant. Mettez tout ça par terre, Bridget. » Les voici enfin. « Du whisky Bourbon. » « Tire-bouchon, Bridget. »

" Indade , monsieur, et où est-il ? " "Où ? Je ne sais pas. Descendez aussi vite que possible et apportez-le. Sa femme ne peut pas le quitter." Alors Bridget a couru, et la première chose que j'ai entendue a été le râle alors qu'elle descendait tête baissée les six dernières marches du premier vol. Espérons qu'elle ne s'est pas cassé la jambe. Pendant ce temps, j'enfonce une fourchette à dents d'argent dans les bouchons de Bourbon , et la lame de mon canif de l'autre côté.

"Maintenant, Fred," de George à l'intérieur. (Nous appelons tous Morton « George ».) « Oui, dans un instant », répondis-je. La lame du canif se brise, la fourchette se retire, deux miettes de liège l'accompagnent. Cette fille ne viendra-t-elle jamais ?

Je me suis retourné; J'ai trouvé un gobelet sur le lavabo ; J'ai pris la lourde brosse à linge de Lycidas et j'ai fait tomber le goulot de la bouteille. L'avez-vous déjà fait, lecteur, avec une de ces bouteilles en verre pressé qu'ils fabriquent maintenant ? Il s'est brisé comme une goutte de Prince Rupert dans ma main, s'est effondré en soixante-dix morceaux, - une odeur désagréable de whisky sur le sol, - et moi, ne tenant que le fond dur de la chose avec deux grosses pointes qui s'élevaient sans valeur dans les airs. Mais je saisis le gobelet, y versai ce qui restait au fond et le portai à Morton aussi doucement que possible. Il m'a ordonné de donner à Lycidas autant qu'il pouvait en avaler ; puis il me montra comment substituer mon pouce au sien et comprimer la grosse artère. Lorsqu'il fut convaincu de pouvoir me faire confiance, il recommença son travail, en silence ; je dis juste ce qu'il fallait dire à cette brave Mary, qui semblait avoir trois mains parce qu'il en avait besoin. Quand tout fut sécurisé, il jeta un coup d'œil au visage horriblement blanc, avec des gouttes de sueur sur le front et la lèvre supérieure, posa son doigt sur le pouls et dit : « Nous prendrons encore un peu de whisky. Non, Mary, tu es exagérée. déjà ; laisse Fred l'apporter. " La vérité était que la pauvre Mary était presque aussi blanche que Lycidas. Elle ne s'évanouirait pas – c'était la seule raison pour laquelle elle ne s'évanouissait pas – et à ce moment-là, je me demandais si elle ne tombait pas. Je crois que George et moi nous y attendions tous les deux, maintenant l'excitation était terminée. Il l'appelait Mary et moi Fred, parce que nous étions tous ensemble tous les jours de notre vie. Bridget, voyez-vous, n'était toujours nulle part.

Alors je me retirai pour mon whisky , pour attaquer cette autre bouteille. George murmura rapidement pendant que je partais : « Apportez-en assez, apportez la bouteille. Voulait-il que la bouteille soit bouchée ? Est-ce que Kelt monterait un jour les escaliers ? Je passai devant la corde de la cloche en entrant dans la loge et je sonnai aussi fort que je pouvais. J'ai pris l'autre bouteille et j'ai mordu fermement le bouchon avec mes dents, seulement, bien sûr, pour en arracher le bout. George m'a appelé et j'ai reculé. "Non," dit-il, "apporte ton whisky."

Mary venait de se retourner doucement sur le sol. J'y suis retourné désespéré. Mais j'ai entendu le pas de Bridget cette fois. Premier vol, premier passage ; deuxième vol, deuxième passage. Elle entra enfin en triomphe, avec un *tournevis !*

"Non!" J'ai chuchoté : « non. La chose tordue avec laquelle tu tires les bouchons », et je lui ai montré à nouveau la bouteille. "Trouvez-en un quelque part et ne revenez pas sans lui." Elle a donc disparu pour la deuxième fois.

"Frédéric !" dit Morton. Je pense qu'il ne m'a jamais appelé ainsi auparavant. Dois-je encore risquer la brosse à linge ? J'ai ouvert les tiroirs de Lycidas , papiers, boîtes, tout en ordre, pas la moindre trace d'outil.

"Frédéric !" "Oui," dis-je. Mais pourquoi ai -je dit « Oui » ? "Père de Miséricorde, dis-moi quoi faire."

Et mes yeux hébétés, ternis par les larmes (avez-vous déjà versé des larmes d'excitation ?) tombèrent sur un vieux fil à rasoir de l'époque du rasage, fabriqué par C. WHITTAKER, SHEFFIELD. Le « Sheffield » se détachait en lettres noires du reste comme une vision. Ils fabriquent également des tire-bouchons à Sheffield. Si ce Whittaker avait seulement fabriqué un tire-bouchon ! Et qu'est-ce qu'un "Sheffield wimble" ?

La main dans ma poche, un paquet de papier kraft.

"Où es-tu, Frédéric ?" "Oui", dis-je pour la dernière fois. Enlevez la ficelle ! papier brun. Et j'ai appris que le "Sheffield wimble" était une de ces choses dont vous n'avez jamais entendu le nom auparavant, que les gens vous vendent dans le Thames Tunnel, où un cure-pieds, une vrille, un tournevis et un tire-bouchon se *replient* en un seul manche. .

"Oui", répétai-je. "Pop", dit le bouchon. "Bulle, bulle, bulle", dit le whisky. La bouteille dans une main, le gobelet plein dans l'autre, j'entrai. George en versa à ce moment-là un demi-gobelet dans la gorge de Lycidas. Je n'ose pas non plus dire combien il en a versé par la suite. J'ai trouvé qu'il y en avait besoin, d'après ce qu'il a dit du pouls, quand tout était fini. Je suppose que Mary en avait aussi.

Ce fut le tournant. Il était extrêmement faible et nous nous asseyions à côté de lui toute la nuit, lui donnant, à de courts intervalles, des stimulants et de la nourriture qu'il pouvait avaler facilement ; car je me souviens que Morton faisait très attention à ne pas lever la tête plus que nous ne pouvions l'aider. Mais il n'y avait plus aucun danger réel après cela.

Alors que nous quittions la maison le matin de Noël, moi pour prêcher et lui pour rendre visite à ses patients, il m'a dit : « As-tu fait ce whisky ?

"Non", dis-je, "mais le pauvre Dod * Dalton a dû fournir le tire-bouchon."

Et je suis descendu à la chapelle pour prêcher. Le sermon était prêt chez moi, sur mon bureau, et Polly me l'avait apporté, car je n'avais pas eu le temps d'aller de chez Lycidas à D Street et d'en revenir. Il y avait le texte, tout comme la veille :—

> "Ils aidaient chacun son prochain, et chacun disait à
> son frère : Aie bon courage. Alors le charpentier
> encouragea l'orfèvre, et celui qui lisse avec le marteau
> celui qui frappait l'enclume."

Et il y avait les illustrations pat, telles que je les avais terminées hier ; du réconfort que Marie-Madeleine a apporté à Joanna, la dame de la cour ; et le réconfort que la dame de la cour a donné à Marie-Madeleine, après que le médiateur d'une nouvelle alliance ait servi de médiateur entre eux ; comment Simon le Cyrénéen , Joseph d'Arimathie et le mendiant Bartimeus se réconfortaient, se donnaient mutuellement force, force commune, *réconfort* , lorsque la Vie Unique coulait dans toutes leurs veines ; comment, à bord du navire, le fabricant de tentes s'est avéré être le capitaine, et le centurion a appris son devoir de son prisonnier, et comment ils « sont *tous* arrivés sains et saufs à terre », parce que la vie nouvelle était là. Mais pendant que je prêchais, j'ai croisé le regard de Frye. Frye est toujours critique ; et je me suis dit : "Frye ne prendrait pas ses illustrations d'il y a dix-huit cents ans." Et j'ai vu ce cher vieux Dod Dalton essayer de rester éveillé, et Campbell profondément endormi après avoir essayé, et Jane Masury regarder autour d'elle pour voir si sa mère n'entrait pas ; et Ezra Sheppard, qui ne me regarde pas tant que la fenêtre à côté de moi, comme si ses pensées étaient à l'autre bout du monde. Et je leur ai dit à tous : « Oh, si je pouvais vous dire, mes amis, ce que me disent toutes les douze heures de ma vie : de la façon dont la femme aide la femme et l'homme aide l'homme, quand seule la glace est brisée. — comme nous sommes tous riches dès que nous apprenons que nous sommes tous frères, et comme nous sommes tous dans le besoin, à

moins que nous puissions à tout moment demander la main d'un frère, —
alors je pourrais vous faire comprendre quelque chose, dans le la vie que vous
menez chaque jour, de ce que doit être la Nouvelle Alliance, le Nouveau
Commonwealth, le Nouvel Empire. »

Mais je n'osais pas dire à Dod Dalton ce que Campbell avait fait pour Todd,
ni à Campbell par quels stratagèmes inconscients le vieux Dod avait aidé
Lycidas. Peut-être que le sermon aurait été meilleur si je l'avais fait.

Mais, quand nous avons eu notre arbre le soir à la maison, j'ai raconté toute
cette histoire à Polly et aux enfants , et j'ai donné à Alice son ruban à mesurer,
- précieux avec une tache de sang de Lycidas, - et à Bertha son gibier
Sheffield. "Papa", dit la vieille Clara, qui est la prochaine enfant, "tous les
gens ont donné des cadeaux, n'est-ce pas, comme ils l'ont fait sur la photo de
ton bureau ?"

"Oui", dis-je, "bien qu'ils ne savaient pas tous qu'ils leur donnaient."

"Pourquoi n'offrent-ils pas de tels cadeaux tous les jours ?" dit Clara.

"Ô enfant," dis-je, "ce n'est que pendant trente-six heures des trois cent
soixante-cinq jours, que tous les hommes se souviennent qu'ils sont tous
frères et sœurs, et ce sont ces heures que nous appelons donc, La veille de
Noël et le jour de Noël."

"Et quand ils s'en souviendront toujours", a déclaré Bertha, "ce sera tout le
temps Noël ! Quel plaisir !"

"C'est amusant, bien sûr ; mais Clara, qu'est-ce qu'il y a sur la photo ?"

"Eh bien, une vieille femme a apporté des œufs au bébé dans la crèche, et un
vieil homme a amené un mouton. Je suppose qu'ils ont tous apporté ce qu'ils
avaient."

"Je suppose que ceux qui sont venus de Sharon ont apporté des roses", a
expliqué Bertha. Et Alice, qui a onze ans, qui va à la Lincoln School et qui
sait donc tout, a dit : "Oui, et les gens de Damas ont apporté des Wimbles
de Damas."

"Il est certain", dit Polly, "que personne n'a essayé de donner une paille, mais
la paille, s'il la donnait vraiment, portait une bénédiction."

LE BON MOMENT À VENIR ; ou, Notre nouvelle croisade.
Carré 18mo. Papier, 50 cents ; tissu, 1,00 $
"Il a toutes les caractéristiques de son brillant auteur : un divertissement infatigable, une serviabilité, des conseils suggestifs et pratiques et une vitalité contagieuse qui donne des frissons au sang. Quiconque a lu "Dix fois un fait dix" saura exactement de quoi nous parlons. Nous prédire que le nouveau volume, comme étant une histoire plus charmante, aura une paroisse tout aussi grande de lecteurs. L'essentiel du livre est de montrer combien il est possible pour les meilleurs esprits d'une communauté, grâce à une sage organisation, de se former. en un levier au moyen duquel le ton général du statut social peut être élevé, et le bon et le plus grand bonheur de la plupart sans défense peut être atteint grâce aux efforts d'abnégation de quelques puissants. "- *Southern Churchman.*
LES PAPIERS D'INGHAM, 16mo. 1,25 $.

"Mais ce n'est pas seulement pour leur esprit et leur ingéniosité que nous apprécions les histoires de M. Hale, mais aussi pour la pensée sérieuse, la suggestion morale ou pratique qui les sous-tend toutes. Elles ne sont pas écrites simplement pour amuser, mais ont un objectif plus grave. Parmi les histoires du présent volume, la meilleure à notre avis est « The Rag Man and Rag Woman ». » — *Transcription de Boston.*
COMMENT FAIRE 16mo. 1,00 $

« Le bon sens, les suggestions très pratiques, les illustrations éloquentes (en mots), la fantaisie vive et l'humour délicieux se combinent pour rendre les allusions de M. Hale extrêmement prenantes et stimulantes, et nous ne voyons pas comment l'un ou l'autre des sexes peut échouer, après avoir lu ses pages, à savoir parler, écrire, lire, entrer dans la société et voyager : la vie à l'école, la vie en vacances, la vie seule, les habitudes à l'église, la vie avec les enfants, la vie avec les aînés. Les habitudes de lecture et la préparation sont les différents thèmes de plus d'autant de chapitres et font de ce volume un volume qui devrait trouver son chemin entre les mains de chaque garçon et de chaque fille. toutes les bibliothèques de l'école du sabbat du pays. » — *Congrégationaliste.*
CRUSOE A NEW YORK, et autres Contes, 16mo. 1,00 $

" Si l'on désire quelque chose d'unique, plein d'esprit, un sarcasme voilé et riche à l'extrême, tout cela se trouvera dans ce charmant petit livre. L'air de parfaite sincérité avec lequel on les raconte, la diction, rappelant " Le Vicaire de Wakefield et l'invraisemblance ridicule des contes leur confèrent un pouvoir rarement rencontré dans les « nouvelles ». Il y a de nombreuses leçons à tirer de ce petit volume discret. »
SON MEILLEUR NIVEAU. 16mo. 1,25 $.

"Nous aimons le style de M. Hale. Il est frais, franc, piquant, direct et pointu. La première histoire est celle qui donne son titre au livre, et elle est racontée d'une manière digne, faisant preuve d'un génie particulier et d'un talent humoristique. Le contenu est « His Level Best », « The Brick Moon », « Water Talk », « Mouse and Lion », « The Modern Sinbad », « A Tale of a Salamander » », — *Philadelphia Exchange.*

PARTI AU TEXAS ; ou, Les merveilleuses aventures d'un Pullman, 16mo. 1,00 $.

"Il y a peu de livres de voyage qui combinent dans un roman d'amour véritable autant de touches de la vie réelle de nombreuses personnes, en aperçus de foyers heureux, en images de paysages et de couchers de soleil, comme le magnifique panorama qui se déroule devant nous depuis les fenêtres de cette voiture Pullman. Le livre est vif et lumineux, et a une saveur agréable; et tout ce qui est beau dans l'esprit de son auteur, ou de bonne réputation en son nom, on peut regarder ici et trouver la promesse des deux remplie. "- *Échange* .

QUELLE CARRIÈRE ? ou, Le choix d'une vocation et l'utilisation du temps. 16mo. 1,25 $.

" ' Quelle carrière ?' est un livre qui fera du bien à tout le monde ; c'est surtout un livre profitable pour les jeunes hommes à « lire, noter et digérer intérieurement ». M. Hale semble savoir ce dont les jeunes hommes ont besoin, et il leur donne ici le résultat de sa grande expérience et de son observation attentive. Une liste des sujets traités dans ce petit volume indiquera suffisamment sa portée : (1) Les dirigeants dirigent ; (2) Les spécialités ; (3) Noblesse Oblige ; (4) Le maximum de l'esprit ; (5) Un séminaire théologique ; (6) Le caractère ; (7) Les responsabilités des jeunes gens ; (8) Les études hors de l'école ; (9) La formation des hommes ; (10) Exercice. " – *Gardien.*

DES HAUTS ET DES BAS. Un roman de tous les jours, 16mo. 1,50 $.

"Ce livre est certainement très agréable. Il décrit la vie américaine de manière si graphique que nous avons l'impression que M. Hale a dû voir chaque toit de terre qu'il décrit et avoir connu personnellement chaque personnage qu'il représente si intelligemment. Dans sa chaleureuse camaraderie avec les jeunes L'histoire est imprégnée d'un esprit de bonne humeur et d'élasticité qu'il est des plus rafraîchissants, en cette époque pressée, anxieuse et où l'on gagne de l'argent, de rencontrer chez quelqu'un après l'adolescence ; et la sympathie de l'auteur pour , et le respect pour les petites romances de ses jeunes amis est des plus fraternels. "— *New Church Magazine* .

* * * * *

Vendu partout. Envoyé par la poste, post-payé, dès réception du prix, par les éditeurs ,
FRÈRES ROBERTS, BOSTON.

Remarques

1. Après Chapman.

2. Après Cowper et Pope. Longtemps apres!

3. Iliade, vi.

4. Iliade, vi—PAPE.

5. Iliade, XII., d'après Sotheby.

6. Je ne sais pas si cette explication est claire du tout. Permettez-moi, comme disent les mathématiciens, de donner un exemple qui illustrera l'importance de ce métier. Il y a maintenant quelques mois que j'ai reçu la note suivante d'un distingué membre du Cabinet :

> "WASHINGTON, janvier —— 1842.
> "CHER MONSIEUR :— Nous avons quelques ennuis à propos d'une petite chose. Il y a maintenant dans cette ville pas moins de trois messieurs portant des lettres de créance auprès du gouvernement en tant que chargés de la République d'Oronoco. Ils sont, bien sûr, accrédités par trois pays différents. gouvernements. Le Président a signifié, quand le premier est arrivé, qu'il recevrait le Chargé de ce gouvernement, le 2 proximo, mais aucun de nous ne sait qui est le bon Chargé. Les journaux ne disent rien de satisfaisant à ce sujet. Je suppose que vous savez : peux-tu m'écrire un mot avant le 2 ?
> « Ces messieurs sont : le Dr Estremadura, accrédité du « Gouvernement Constitutionnel », — ses lettres de créance sont datées du 2 novembre ; Don Paulo Vibeira , des « Amis du Peuple », le 5 novembre ; M. Antonio de Vesga , "Constitution de 1823", 27 octobre. Ils attachent une grande importance à notre décision, chacun ayant des titres à vendre. En toute hâte, vraiment le vôtre.

A cette lettre, je répondis ceci :

> " MONSIEUR :— Nos dernières dates d'Oronoco sont au 13 ultimo. La "Constitution de '23' était alors en plein pouvoir. Si, cependant, la politique de notre gouvernement est de reconnaître les messieurs dont les directeurs seront en fonction sur le 2ème proximo, c'est une affaire très différente.

"Vous ne connaissez peut-être pas les formules permettant de déterminer la durée d'une révolution moderne donnée. J'utilise maintenant la formule suivante, que je trouve presque tout à fait correcte.

"Multipliez l'âge du Président par le nombre de kilomètres terrestres de l'équateur, divisez par le nombre de pages de la Constitution donnée ; le résultat sera la durée de l'épidémie, en jours. Cette formule comprend, comme vous le verrez, une compensation pour la chaleur du climat, le zèle du chef et la verbosité des théoriciens. La Constitution de 1823 a été reprolamée le 25 octobre dernier. Si vous voulez bien remettre la formule ci-dessus entre les mains de l'un de vos clercs, le calcul qui en résultera montrera que ce gouvernement perdra le pouvoir le 1er février, à 13 heures 25 minutes. Votre choix, le 2, doit donc être entre Vibeira et Estremadura, ici vous n'aurez aucune difficulté . (le directeur de Vibeira) a été le 13 dernier incarcéré sous peine de mort, à une telle distance de la capitale qu'il ne peut s'échapper et prendre le pouvoir avant le 2 février. Les « Amis du peuple », à Oronoco, ont toujours ils avançaient lentement, ils ne soulevaient jamais d'insurrection en moins de dix-neuf jours de prospection ; c'était en 1839. Généralement, ils sont encore plus longs. Bien sûr, l'Estrémadure sera votre homme.

" Croyez-moi, monsieur, très respectueusement, votre obéissant serviteur,

"GEORGE HACKMATACK"

Le Cabinet a eu le bon sens de suivre mes conseils. Mes informations se sont révélées presque exactes, la seule erreur étant celle des sept minutes de la chute de la Constitution de 1823. Cela venait de ce que je ne tenais pas compte de la différence de longitude entre Piaut , où leur gouvernement était établi, et Opée , où il fut écrasé. La différence de temps entre ces lieux est de six minutes et cinquante-trois secondes, comme le lecteur peut le voir sur un globe.

L'Estrémadure a bien sûr été présentée au président et a vendu son certificat.]

7. Les journalistes de 1868 seront amusés de penser qu'une heure et demie était tard en 1836. A cette époque, le "Great Western Mail" devait arriver à Boston à 18 heures, et il n'y avait pas de nouvelles plus tard, sauf "locales", ou un cheval occasionnel. exprimer.

8. Le lecteur observera les habitudes arcadiennes de 1836, alors que l'Allemand était encore inconnu.

<u>9.</u> Anno Christi, 60 ans.

<u>dix.</u> Tacite. Annales., XIV. 9

<u>11.</u> Anno Christi, 60. Voir Neander, P. & T., B. iii. ch. X

<u>12.</u> Cette correspondance, telle qu'elle est conservée dans les collections de fragments, a trop l'aspect d'un exercice d'écolier pour revendiquer beaucoup de crédit, bien que de hautes autorités la soutiennent comme authentique. Mais la probabilité qu'une telle correspondance ait existé, même si elle est aujourd'hui perdue, est très forte.

<u>13.</u> L'alarme incendie est l'invention du Dr William F. Channing :

"Un sorcier d'une renommée si redoutable,
Quand j'étais dans la grotte de Salamanque,
Il a laissé sa baguette magique agiter,
Les cloches sonneraient à Notre-Dame"

<u>14.</u> Je suis fier de dire que de telles suggestions ont eu un tel poids, qu'en 1868 l'alarme sonna le numéro de la boîte qui télégraphiait en premier le danger, six-quatre, six-quatre, etc., six étant le numéro du district, et quatre le numéro du district. numéro de boîte dans ce quartier.

Tétrao lagopus.

Ce qui veut dire : « Au XIIIe siècle », mon cher petit lecteur de cloches et de coraux. Vous avez deviné à juste titre que la question signifie : « Quelle est l'histoire de la Réforme en Hongrie ?

www.ingramcontent.com/pod-product-compliance
Lightning Source LLC
LaVergne TN
LVHW042111190726
843493LV00006B/1444